Dr. med. Helmut Kolitzus

Das Anti-Burnout-Erfolgsprogramm

Gesundheit, Glück und Glaube

Deutscher Taschenbuch Verlag

Originalausgabe
Juni 2003
6. Auflage Dezember 2008
© Deutscher Taschenbuch Verlag GmbH & Co. KG, München
www.dtv.de
Das Werk ist urheberrechtlich geschützt.
Sämtliche, auch auszugsweise Verwertungen bleiben vorbehalten.
Umschlagkonzept: Balk & Brumshagen
Umschlagbild: The Stock Illustration Source / Abe Gurvin
Umschlagrückseite: Rainer Schwanke
Innenillustrationen: Jan Tomaschoff
Gesetzt aus der Palatino und der MetaPlus
Gesamtherstellung: Druckerei C. H. Beck, Nördlingen
Gedruckt auf säurefreiem, chlorfrei gebleichtem Papier
Printed in Germany · ISBN 978-3-423-34013-7

Inhalt

Vorwort zur 6. Auflage 8
Vorwort: Am Marterpfahl des Stressalltags 11
Wozu dieses Buch Sie anregen möchte 13

Was ist Burnout? 19
Der Tunnelblick 20
Wer erkrankt besonders häufig am Burnout-Syndrom? 21
Die geschichtliche Perspektive 28
Vor der Kernschmelze: Phasen des Ausbrennvorgangs 29
Phasen des Burnout 31
Der Test: Habe ich ein Burnout? 32
Gesellschaftliche Bedingungen 33

Mein persönliches Stressmodell 38
Stress – nur ein Modewort? Ursachen und Hintergründe 41
Stress und Burnout 42
Kontrolle oder Ausgeliefertsein? 46
Zwei Typen 48
Die Symptome der Überforderung 49
Leiden ist leichter als lösen 50
Sex, Stress und Burnout 51
Ein literarischer Fall 52
Wann ärztliche und/oder psychotherapeutische Hilfe
notwendig ist 53

Lebensqualität als Lebenskurve 55
Fünf Fallbeispiele 57
Und die Zukunft? 64

Der Energiekuchen:
Woher bekomme ich meine Energie? Wohin geht sie? 67
Fünf Fallbeispiele 68
Energiebilanz – immer neu 72

Arbeitssucht: Häufig bei Burnout-Geschädigten 74
Arbeitssucht – Bei Burnout-Geschädigten fast die Regel 74
Fragebogen über süchtiges Arbeiten 79

Zeit – unser kostbarstes Gut 81
Tipps zum Zeitsparen 82

Die Wertehierarchie: Unser geheimer Kompass 92
Lebenskrise = Sinnkrise = Wertekrise 92
Lebenskonzepte sind Wertekonzepte 95
Welche Werte sind die richtigen? 98

Der Glaube – »Wie hältst du's mit der Religion?« 105

Kreativität und Spiritualität 116
Auswege aus dem Burnout durch Kreativität? 117
Kreativität ist existenziell wichtig 125

Gesundheit 134
Salutogenese 145
Gesundheit ist nicht alles, aber ohne Gesundheit ist alles
nichts: Wie bleibe ich gesund? 153

Zurück zum Glück 164
Was macht eine Gesellschaft glücklich? 167
Voraussetzungen für persönliches Glück 171

Geld 178
Das finanzielle Desaster 178
Aussagen über das Geld 181
Wie ist Ihre Einstellung zum Geld? 183

Vom Umgang mit Menschen:
Wer tut mir gut? Wer schadet mir? 186
Kontaktpflege 186
Menschen, die wir nicht auswählen können 189
Überlegungen für die Zukunft 193

Die wichtigsten Entscheidungen unseres Lebens: Beruf und Partnerschaft ... 197
Beruf ... 197
Partnerschaft ... 200

Entlastende Rituale und Handlungen ... 203
Aberglaube ... 203
Gegenstände und ihre Magie ... 205
Ballast abwerfen: Freiräume für Neues schaffen ... 206
Die Magie des Zeichensystems Kleidung ... 208

Stärken und Schwächen: Erkenne dich selbst ... 211
Selbsterkenntnis – das Schwierigste ... 212
Das Werte- und Entwicklungsquadrat ... 213
Erwachsen sein ... 218

Loslassen: Entspannungstechniken zum täglichen Gebrauch ... 220
Verschiedene Techniken ... 221

Jahresrückblick und Wunschzettel für das kommende Jahr ... 227

Der Fluss des Lebens ... 229

Hören – Lesen – Schauen: Einige Empfehlungen ... 233
20 Musikstücke klassisch ... 233
10 Literaturempfehlungen ... 236
20 Filme ... 236
10 Ratgeber ... 240

Zum guten Schluss: Keep it simple ... 242
Anleitung zum Unglücklichsein/Glücklichsein ... 248
Dank ... 249
Hilfreiche Internet-Adressen ... 250
Literaturverzeichnis ... 251
Register ... 253

Für Angelika, Matthias und Marlene

VORWORT ZUR 6. AUFLAGE

Liebe Leserinnen und Leser!
Zunächst herzlichen Dank für die zahlreichen Kommentare, für Lob und konstruktive Kritik. Inzwischen sind fünf Jahre vergangen seit der ersten Auflage dieses Buches. Ich konnte viele weitere Erfahrungen sammeln mit Betroffenen in der Psychotherapie und in meinen Seminaren und Vorträgen. Insgesamt hat sich das ökonomische und soziale Klima nach meinen Eindrücken deutlich verschärft. Fast täglich erreichen uns Meldungen über Entlassungen auch in Firmen, die man für völlig krisensicher gehalten hatte. Die Angst ist die beste Quelle für Burnout. Gestern traf es meinen Arbeitskollegen, wann trifft es mich? Mit meinem Praxisteam bekomme ich Einblicke in fast alle Bereiche der Gesellschaft quer durch die Berufe, die sozialen Schichten und die verschiedenen Ebenen von Firmen, Betrieben und Behörden.

Dazu kommen die Selbständigen, die bekanntlich selbst und ständig arbeiten. Nicht zu vergessen die Künstler, mit denen wir in letzter Zeit noch häufiger zu tun haben: In ihren Berufen liegen Glanz und Elend oft nahe beieinander, der Schritt zwischen Überforderung und Arbeitslosigkeit ist oft ein winziger. Und niemand gibt gerne zu, dass nach den aufregenden Drehtagen oder einem scheinbar gut bezahlten Konzert der Gang zum Arbeitsamt angesagt ist. Die Burnout-Gefährdeten und -Geschädigten aller Berufe neigen wie Süchtige dazu, ihr Problem für sich zu behalten. Erst wenn es ganz schlimm kommt, sind sie bereit, Hilfe anzunehmen. Die meisten leisten über Jahre Maximales, in der Regel für andere, getragen von einem Idealismus und nicht selten einer narzisstischen Fehleinschätzung dessen, was sie so alles bewegen können. Ganz plötzlich kommt dann der Gedanke bzw. der ganz konkrete Leidensdruck, dass es so auf die Dauer nicht weitergehen kann und soll. Leben, um zu arbeiten – oder arbeiten, um zu leben!?

Aber ich kann Ihnen Hoffnung machen: Die Psychotherapien im Sinne einer Salutogenese (vgl. S. 134 ff. im Buch) sind hocheffizient.

Jede Veränderung beginnt im Kopf! Das ist die eine wichtige Erkenntnis. Und die andere, die sich bei der Arbeit an Burnout-Problemen regelmäßig zeigt: Die Menge macht das Gift. Das bedeutet manchmal auch Verzicht auf den eigenen Überanspruch. Glück ist Talent für das Schicksal, hat Novalis gesagt. Und diese Talente – use it or lose it – müssen und können wir trainieren. Das Schicksal selbst können wir ansonsten nicht ändern.

Zu meinen Musik-, Literatur- und Film-Empfehlungen: Erstens bin ich stolz, dass die kamen, bevor sie inzwischen bei allen Wochen- und fast allen Tageszeitungen populär wurden. Zweitens wurde ich auch kritisiert und fast beleidigt auf Künstler aufmerksam gemacht, die ich in meinen Bestenlisten vergessen hätte ... Kurz gesagt: Diese Empfehlungen sollten – und so haben die meisten es aufgefasst – schlicht eine Anregung sein zur Entdeckung der vielen schönen Erzeugnisse der Kreativität.

»Kunst ist schön«, hat der schwierige und originelle Karl Valentin gesagt, »aber sie macht viel Arbeit« – und, darf ich hinzufügen, selten reich. Aber darum geht es auch gar nicht. Kreativität ist eine urmenschliche Fähigkeit und eine wichtige Stütze auf dem Weg aus dem Burnout. Eine weitere ist die Spiritualität: ihre Klärung ist eine wichtige Aufgabe, die nicht nur bei Heirat, Geburt und Tod geleistet werden sollte.

Last, but not least darf ich Ihnen zwei Listen anbieten, die die Thematik des Burnout auf den Punkt bringen: Als Gegenstück zu Watzlawicks »10 Regeln zum Unglücklichsein« »10 Regeln zum Glück«. Denken Sie drüber nach!

Mit besten Wünschen!
Ihr Dr. med. Helmut Kolitzus

PS: Für meine eigene Zukunft denke ich u. a. über die Version des Burnout-Seminars als Kabarett nach, da ich bei Vorträgen immer wieder Lachsalven ernte: »Vom Kabarett zum Irrenarzt und zurück«. Unterstützt fühle ich mich dabei von Dieter Hildebrandt, von dessen herzlichem Lachen und seiner prallen Vitalität man sich viel abgucken kann.

VORWORT:
AM MARTERPFAHL DES STRESSALLTAGS

> »*Ich will keine Veränderung mehr.*
> *Ich habe mich so an mich gewöhnt.*«
> PAULO COELHO: DER ALCHIMIST
> »*Der Himmel hilft niemals denen,*
> *die nicht handeln wollen.*«
> SOPHOKLES

Geht es Ihnen auch so: Sie stehen am Marterpfahl der täglichen Sorgen und Pflichten? Und Sie überlegen sich, wie Sie aus den verteufelten Stricken freikommen können? Sagen Sie auch – wie der Ranger in dem deutschen Kultfilm ›Der Schuh des Manitu‹ –, dass Ihnen »die Gesamtsituation« nicht gefällt? Dann sind Sie hier richtig. Wollen Sie gar konkrete Rezepte oder einen Cocktail an Vorschlägen für Ihr weiteres Leben? Dann lesen Sie ruhig weiter!

Von den beiden ersten Zitaten favorisieren Sie hoffentlich das zweite. In dem Bestseller ›Der Alchimist‹ von Paulo Coelho geht es genau um diese Spannung: zwischen dem Drang einerseits, vorwärts zu stürmen zu neuen Ufern, und dem Wunsch andererseits zur meditativen Rückschau und Versenkung, z. B. eine Pilgerreise zu unternehmen nach Santiago de Compostela.

Denken Sie daran: »Lang ist der Weg der Theorie, kurz und erfolgreich der der Praxis.« Der römische Schriftsteller Seneca hat das präzise formuliert. Aber sicher war er genauso wenig theoriefeindlich wie unser großer deutscher Denker Immanuel Kant, der es auf die Formel brachte: »Nichts ist praktischer als eine gute Theorie.« Es lohnt sich also unbedingt, eine gute Theorie zu entwickeln, denn: JEDE VERÄNDERUNG BEGINNT IM KOPF.

Ohne gute Taktik, ohne kluge Strategie gewinnen wir die Spiele des Lebens nicht. Kopfloses Anrennen gegen eine gut organisierte Abwehr hat noch keiner Fußballmannschaft Erfolg gebracht ... Wenn der Trainer in der Pause seinen Spielern dann auf die richtige Art »den Kopf wäscht«, d.h. die falschen Gedanken benennt und neue, erfolgreichere in den Gehirnen verankert, kann es schlagartig besser laufen.

Schnelles Handeln

Wir verlieren Kopf und Kragen, wenn wir in einem brennenden Haus das Philosophieren oder Diskutieren anfangen – oder gar ins Psychologisieren verfallen wie der Ranger und der Indianerhäuptling Abahachi am Marterpfahl in »Bully« Herbigs Erfolgsfilm. Da fragt Abahachi seinen (Zwangs-)Blutsbruder, der genau wie er einem schlimmen Ende entgegensieht: »Was hast denn du in letzter Zeit?« – »Ich bin mit der Gesamtsituation unzufrieden!« Sie beginnen, über ihre sinnlosen Tätigkeiten – Herumreiten und Anschleichen – zu räsonieren. Wenig später sitzen sie erneut in der Klemme, gefesselt in einem brennenden Haus. Wieder fangen sie ihren deplatzierten Streit an, während Abahachis Zwillingsbruder Winnetouch vergeblich versucht, die lodernden Flammen durch Pusten zu löschen.

In brenzligen Situationen geht es um schnelles, trotzdem nicht kopf-loses Handeln. Da sollte man gut präpariert sein – so wie bei Bränden oder Flugzeugabstürzen über dem Meer: Die Zahl der Überlebenden steigt um ein Vielfaches, wenn zum Beispiel eine Notwasserung von der Besatzung und den Passagieren vorher geistig und/oder tatsächlich schon einmal durchgespielt wurde.

Humor als (Über-)Lebensstrategie

Ein wichtiger Faktor zur Bewältigung des Lebens ist der Humor, der bekanntlich bedeutet, dass man »trotzdem lacht«. Wir bewegen uns im Minenfeld der täglichen Probleme ständig zwischen den Polen der ernsthaften Reflexion und der ironischen Distanz zur Welt und zu uns selbst. Wahrscheinlich ist es kein Zufall, dass insbesondere die Juden mit ihrer jahrhundertelangen Leidensgeschichte der Verfolgung eine äußerst intensive Beziehung zum Humor haben.

WOZU DIESES BUCH SIE ANREGEN MÖCHTE

Sind Sie unzufrieden mit Ihrem Leben? Fühlen Sie sich manchmal ausgebrannt, müde, erschöpft? Wachen Sie nachts mit trüben Gedanken auf und fühlen sich tagsüber zerschlagen? Haben Sie schon gedacht, hinter den vielen Wehwehchen stecke eine schlimme Krankheit – und sind zu Ärzten verschiedener Fachrichtungen gegangen, die aber nichts feststellen konnten? Zweifeln Sie manchmal sogar am Sinn des Lebens, fragen Sie sich, ob das nun immer so weitergehen wird? Trinken Sie zu viel Alkohol, rauchen Sie, essen Sie zu viel? Werden Sie gelegentlich zynisch und ungerecht zu den Menschen, mit denen Sie beruflich zu tun haben? Oder gar zu Ihren Partnern und Familienangehörigen?

Wahrscheinlich leiden Sie dann unter dem Zustand, den wir neudeutsch »Burnout« nennen! In manchen Lebensabschnitten »brennt die Kerze an beiden Enden«, wie man sprichwörtlich sagt. Kein Wunder, dass irgendwann ein Gefühl von Erschöpfung und Leere auftritt.

Burnout ist ein Prozess des Ausbrennens, der geprägt ist von starker körperlicher und/oder psychischer Erschöpfung, von Negativismus und Zynismus gegenüber sich selbst, seinen Mitmenschen und der eigenen Arbeit – und von dem Gefühl von Sinnlosigkeit und Ineffektivität. Das Ganze entsteht aus besten Motiven: der Menschheit zu helfen, die Welt zu verbessern und selbst zu den Edelsten zu gehören.

Dieses Buch soll Sie aus der Sackgasse des Burnout herausführen, sodass Sie Ihr Leben wieder als ein spannendes Gesamtkunstwerk erleben können!

Jede Veränderung beginnt im Kopf – und der guten Idee muss das Handeln folgen. Es gibt unendlich viele Programme, um körperlich fit zu werden, schlank zu bleiben oder zu werden, körperliche und geistige »Problemzonen« zu bearbeiten ... Was den meisten Menschen aber fehlt, ist ein Sinn im Leben, aus dem sich vernünftige Schritte zur körperlichen und psychischen Gesundheit von ganz allein ergeben. Wer unglücklich und ohne Ziel ist, für den müssen immer neue Fitnessprogramme her, neue Diäten, neue esoterische Denksysteme, neue Psycho- oder Körpertherapien. Neben den üblichen Süchten gibt es schon eine neue: die Sucht nach Ratgebern.

Das Geniale ist meistens einfach

Dieses Buch will zurückführen zu den einfachen Überlegungen. Durch leicht nachvollziehbare Übungen finden Sie heraus, was der Ist-Zustand Ihres Körpers, Ihrer Seele und Ihres Lebens ist – um daraus Strategien für eine bessere Zukunft zu entwickeln.

So betrachten wir etwa die Kurve Ihrer *Lebensqualität*: Wie ist mein Leben bisher verlaufen? Noten zwischen 0 (= miserabel) und 10 (= super) ergeben Ihre individuelle Kurve. Wie soll sie künftig weitergehen?

Und ziehen eine *Energiebilanz*: Woher bekomme ich wie viel Energie? Wofür verwende ich wie viel meiner Lebensenergie?

Wir befassen uns mit Ihrer *Wertehierarchie*: Aus einer Fülle von Werten – Liebe, Wohlstand, Aussehen, Ansehen etc. – ermitteln Sie Ihre momentane Position und entwickeln eine neue Wertehierarchie mit ganz neuen Prioritäten. Die Werte sind unser innerer Kompass, nach dem wir – mehr oder weniger bewusst – unser Leben ausrichten.

Was ist mit Ihrer *Spiritualität*? Wie halten Sie es mit der *Religion*? Es geht nicht darum, ob Sie Kirchensteuer zahlen, sondern um Ihre innere Einstellung, Ihre Orientierung. Wann haben Sie zuletzt darüber nachgedacht?

Wie steht es um Ihre *Kreativität*? Warum haben Sie die in den Jahren extremer Beanspruchung fast immer vernachlässigt? Wie könnten Sie sie wiederbeleben? Kreativität ist ein Grundpfeiler der menschlichen Existenz. Als Kinder sind wir alle kreativ, sind wir alle Künstler. Und wir können diese Seite wiederentdecken.

Was ist mit Ihrem *Körper*? Haben Sie den gut in Schuss gehalten? Oder laborieren Sie schon länger daran, dass Sie ja eigentlich etwas tun sollten, aber leider... Wer schlecht mit seinem Körper umgeht, geht auch schlecht mit seinem Geist um. »Sit mens sana in corpore sano« (Es soll ein gesunder Geist in einem gesunden Körper sein): Diese Erkenntnis der Römer ist nur allzu wahr. Die Glückshormone kommen nur so geflossen, wenn man sie über körperliche Aktivität in Gang bringt. Was zunächst wie Mühsal aussieht, wird schließlich zum inneren Muss: Bewegung.

Das *Glück* bedarf einer gesonderten Betrachtung: Welche Bedingungen, welche Inhalte machen es aus? Was bedeutet Ihr persönliches Glück? Dazu gehört banalerweise auch *Geld*: Wie gehen Sie damit um? Nachlässig oder verantwortungsvoll?

Nichts ist wesentlicher für unser Wohlbefinden als die *Menschen*, mit denen wir leben: Wer tut uns gut, wer schadet uns? Ein Blick in die Vergangenheit und in die Gegenwart hilft, in der Zukunft sorgfältiger auszuwählen, aber auch sorgfältiger Kontakte zu pflegen.

Stärken und Schwächen: Niemand von uns ist ohne Schwächen. Aber wir haben auch unsere Stärken! Und es gibt jeweils eine Kehrseite der Medaille, d.h. Schwächen können in bestimmten Situationen ihre guten Seiten zeigen, Stärken können unter Umständen durch Übertreibung zu Schwächen werden. Sind wir uns unserer Stärken und Schwächen deutlicher bewusst, kommen wir im Leben besser zurecht.

Allmählich gewinnen Sie so ein Bild Ihrer inneren Einstellungen – und entdecken wahrscheinlich schon beim ernsthaften Nachdenken darüber erste Ansätze zur Veränderung. Dieses Buch fasst alles zusammen, was ich in vielen Praxisjahren an Anregungen gefunden und gesammelt habe. Ich versuche, Ihnen zu zeigen, wie Sie – ohne sich von Rat-Schlägen verfolgt zu fühlen – Ihren ganz individuellen Weg einschlagen können.

Alle meine Überlegungen sind keineswegs am grünen Tisch entstanden, sondern entspringen eigenem Leben und Leiden. Ich schreibe also nicht wie Karl May über Länder, die ich nie gesehen habe. Über fünfzig Jahre Lebenserfahrung, über zwanzig Jahre als Arzt und Psychotherapeut (als Arbeitnehmer, als Chefarzt und als Selbstständiger und Arbeitgeber), noch mehr als Ehemann und Vater haben Spuren in meinem Kopf und Körper hinterlassen. Arbeitsüberlastung bis Arbeitssucht, aber auch Gefühle der Freude über den Erfolg kenne ich ebenso wie die Verzweiflung über das Zuviel an Stress im Dreieck zwischen Praxis, Seminaren und – last, but not least – Familie.

Die meisten von Ihnen brauchen keineswegs eine längere Psychotherapie, um sich aus Ihrer als Elend empfundenen Situation zu befreien. Ein einfaches Ja zum Leben genügt. (Wenn Sie aufgrund Ihres Leidensdrucks jedoch feststellen, dass psychotherapeutische Hilfen notwendig sind, zögern Sie nicht, sie auch in Anspruch zu nehmen. Sich helfen zu lassen ist ein Zeichen von Stärke, nicht von Schwäche!)

Wenn wir die Ratgeber genauer betrachten, finden wir viele durchaus wertvolle Tipps zur besseren körperlichen Fitness, Psychostrategien zum Erfolg etc., aber – mit wenigen guten Ausnahmen, auf die wir uns beziehen – kaum Überlegungen zum *Kern unserer Persönlichkeit*, zu unseren Überzeugungen, zum *Sinn des Lebens*. Die mittel- bis langfristige Erfolglosigkeit vieler Ratgeber beruht darauf, dass Menschen nur vordergründig an ihrer Fassade arbeiten sollen bzw. wollen, aber ihre wesentlichen Überzeugungen, d. h. ihre Wertehierarchie nicht ändern.

Nehmen wir ein krasses Beispiel: Ein Mensch mit einem Suchtproblem legt vor allem Wert darauf, immer und überall Zugang zu seinen Drogen zu haben, sei es nun Alkohol, Heroin, Haschisch, der Computer oder seine Arbeit. Als Nächstes kommt dann vielleicht das schnelle Auto, die Clique von Freunden mit vergleichbarem Wertesystem, Fußball, der Schäferhund, dann endlich die Kinder – und ganz zuletzt die Ehefrau, die sich genauso fühlt wie hier erkennbar: als »das Letzte« ... Ohne eine grundlegende Änderung der Wertehierarchie wird es hier nie Verbesserungen geben. Das Ende mit körperlichen und psychischen Problemen, mit Zerfall der Ehe und Familie ist absehbar.

Nachdem wir also gemeinsam Ihren Ist-Zustand ermittelt haben, geht es an Veränderungen. Hier stoßen wir auf das alte Problem: die Angst vor der Freiheit. Wie schon Goethe sagte: »Man denkt an das, was man verließ; was man gewohnt war, bleibt ein Paradies.« Nun, ich will Sie wahrlich nicht aus einem Paradies verscheuchen, allenfalls aus der Sackgasse Ihrer alten Gewohnheiten, mit denen Sie schließlich im Burnout gelandet sind.

Sie können Ihr Lebensdrehbuch umschreiben, mit neuen Inhalten versehen. Dann wird Ihr Leben eine Wende nehmen, die Sie selbst herausgearbeitet haben.

Dabei bestimmen Sie Ihr Tempo selbst! Mit Ihrem individuellen Tempo gehen Sie voran, manchmal schneller, manchmal langsamer.

Allerdings sollten Sie versuchen, immer wieder einen kleinen Schritt über die Angstschwelle hinauszugehen. Sonst bleiben Sie doch in Ihrem Sessel vor dem Fernseher sitzen! Eine frühere Patientin erreichte in ihrem Leben die entscheidende Wende, als sie einen alten, lieb gewonnenen Sessel, in dem sie früher grübelnd geraucht und getrunken hatte, auf den Sperrmüll warf.

Jede Veränderung beginnt im Kopf – das wurde schon betont. Im Kopf bereiten wir unsere Zukunft, unser Handeln vor.

Danach geht es um konkrete Lösungen! Und dazu braucht es Mut.

Unser Leben ist ein Kunstwerk – und wir, nur wir allein haben die Aufgabe, es so gut wie möglich zu gestalten. Und wir haben nur eine einzige Chance dazu. Solange wir vor der Verantwortung für unser Leben fliehen, sind wir nicht glücklich, nicht kongruent, nicht in Übereinstimmung mit uns selbst. Führen Sie deshalb lieber ein bewusstes und glückliches Leben! Es ist viel zu kurz, um z. B. für dreieinhalb Stunden Fernsehen täglich vergeudet zu werden. Dieses Buch gibt Ihnen Strategien an die Hand, Sie glücklicher zu machen.

An seinem Ende finden Sie Hinweise auf interessante Filme, Literatur, Ratgeber, Musik und Internet-Adressen, wo Sie weitere Informationen und Anregungen bekommen können.

Sie sollten sich ein *Glückstagebuch* zulegen, ein schönes, ansprechendes Notizbuch mit vielen leeren Blättern. Dort können Sie – während und/oder nach der Lektüre dieses Buchs – Ihre eigenen Gedanken zu den vorgeschlagenen Übungen notieren, sie später überprüfen und fortschreiben.

Alles, was Sie schreiben, gehört Ihnen auch. Gesprochenes und Gehörtes sind einen Augenblick später wieder verschwunden. Was wir notieren, ist festgehalten, spielt sich zudem auf einer erwachsenen, reflektierten Ebene ab, da wir Schreiben wesentlich später lernen als Hören und Sprechen.

Wenn Sie Ihre Gedanken gerne mit anderen teilen möchten, können Sie sich auch zu meinen Seminaren (siehe www.kolitzus.de) anmelden (Anmeldung unter dr.h.kolitzus@t-online.de oder 089/89 59 08 22). In Tagesseminaren arbeiten Sie kreativ mit anderen Menschen, die ihr Leben neu ordnen wollen. Meine Bezeichnung für die Seminare: ABS. Das erinnert Sie sicher an Anti-Blockier-System, und genau so ist es gemeint: Blockaden vorbeugen oder aufheben.

Erfolg ist nichts Unanständiges, sondern eine Freude. Kreative Lösungen sind besser als hingebungsvolles Problematisieren. Zum Glück und zum Erfolg gehören *Entspannungstechniken*, die uns von dem Stress entlasten, der sonst zum Burnout führt.

Geburtstage und Silvester eignen sich bestens zu einem Rückblick: Was ist gut gelaufen, was hat gefehlt? Was hat mir gutgetan, was sollte ich eher vermeiden? Wo habe ich mal wieder übertrieben? Und dann können wir uns einen *Wunschzettel* für das nächste Jahr schreiben: Was kommt darauf vor? Was besser nicht? Wer kommt darauf vor? Wer besser nicht?

Wünsche, die wir nicht haben, können auch nicht in Erfüllung gehen. Wie sagte der Dichter und Philosoph Voltaire: »Ich habe beschlossen, glücklich zu sein.« Was ich mit Ihnen trainieren möchte, ist das »Talent für das Schicksal«, laut Novalis das »Glück«.

»Übrigens ist mir alles verhasst, was mich bloß belehrt, ohne meine Tätigkeit zu vermehren oder unmittelbar zu beleben.«
J. W. VON GOETHE, *zitiert von Friedrich Nietzsche in seiner Einleitung zu ›Vom Nutzen und Nachteil der Historie für das Leben‹*

WAS IST BURNOUT?

Im Brockhaus von 1978 finden wir folgende Definition: »Kernenergietechnik: Durchbrennen von Reaktorbrennstäben oder Komponenten infolge zu geringer Kühlung (Kühlmittelausfall) oder zu hoher Wärmeerzeugung (unkontrollierte Kernspaltung).« Damit hätten Sie nicht gerechnet, oder? Die psychologische Definition fehlt in der damaligen Ausgabe. An dem Beispiel eines inzwischen gängigen Begriffs sehen wir also, wie sich Wissen entwickelt, wandelt, wie Sprache versucht mitzuhalten mit der veränderten Realität.

Als Kind des Elektronikzeitalters und als Nutzer des Internet habe ich als Nächstes zu einer aktuellen, unmittelbar zugänglichen Quelle gegriffen: www.wissen.de. Hier findet sich wiederum die physikalische Definition als erste – und dann die zweite, psychologische: »Ein von dem amerikanischen Psychoanalytiker H. J. Freudenberger geprägter Begriff für eine Krankheit, bei der Idealismus, Arbeitseifer und Begeisterung schwinden und zeitgleich körperliche Beschwerden auftreten (Dauermüdigkeit, Magenschmerzen, Schlafstörungen). Burnout trifft vor allem Menschen in helfenden Berufen, die mit besonders hohem Anspruch ins Berufsleben gestartet sind, aber auch Menschen, denen die berufliche Anerkennung versagt bleibt oder die ihren Karrierehöhepunkt überschritten haben.«

In dem viel gelobten elektronischen Lexikon Encarta wird das Thema von einer etwas anderen Seite angepackt, die die Definition oben gut ergänzt: »Burnout-Syndrom (englisch für ›ausgebrannt‹ sein): Zustand der chronischen Erschöpfung, der durch Antriebs- und Leistungsschwäche, Gedächtnisstörungen, Niedergeschlagenheit und Müdigkeit gekennzeichnet ist, häufig begleitet von einer allgemein erhöhten Anfälligkeit für Infektionen. Besonders häufig hiervon betroffen sind Menschen in Berufen des sozialen und medizinischen Bereichs, etwa Lehrer, Sozialarbeiter, Ärzte und Krankenschwestern, sowie Personen, die an sich besonders hohe Anforderungen stellen und über einen langen Zeitraum viel Engagement in ihre Tätigkeit investieren.«

Zu Beginn meiner Recherchen stieß ich in der ›Apotheken-Umschau‹ auf einen aufschlussreichen Artikel von Christine Wolfrum zu unserem Thema. Ein Burnout-Syndrom führt zu Störungen des Wohlbefindens: »Die Betroffenen fühlen sich erschöpft und leer. Sie sehen den Sinn ihrer Arbeit nicht mehr und haben den Glauben an sich selbst verloren. Beim Burnout-Syndrom können außerdem erhebliche Konzentrations- und Gedächtnisstörungen auftreten ... Je nach Veranlagung kommt es zu Kopfschmerzen, Bluthochdruck, Schwindelsymptomen oder Muskel- und Rückenschmerzen ...« – und jetzt ein wichtiger Nachsatz – »... meist ohne ausreichenden körperlichen Befund.« Das zeigt schon vorweg die Gefahr für alle Burnout-Geschädigten: Wie viele andere psychosomatisch Kranke landen sie bei Ärzten oder Heilpraktikern, die an den Symptomen herumkurieren, ohne die Ursachen im Lebenskonzept zu erkennen, zu benennen und anzugehen.

Der Weg ins Burnout kann fünf bis zehn Jahre dauern, nicht ohne erhebliche negative Auswirkungen wie allgemeine Niedergeschlagenheit (»Depression«), reduzierte körperliche und psychische Lebensqualität und Chronifizierung, d. h. Verschleppung und Verstärkung von Symptomen. Burnout ist keine einheitliche Krankheit, sondern ein Syndrom, ein Sammelsurium von möglichen schwächeren oder stärkeren Symptomen, die durchaus Krankheitswert bekommen können.

Viele Symptome des Burnout fallen unter die Kategorie »somatoforme Störung«, d. h., wir Ärzte finden kein somatisches Korrelat, keine röntgenologisch, labordiagnostisch oder ähnlich »beweisbare« Krankheit. Aber: Der Patient fühlt sich miserabel. Also müssen wir ihm helfen.

Der Tunnelblick

Alle Burnout-Geschädigten entwickeln eine Art Tunnelblick für das Leben, wie Betrunkene, die darauf achten müssen, beim nächsten Schritt nicht zu stolpern. Der enge Blickwinkel führt dazu, dass wir die Fülle des Lebens nicht mehr erkennen können. Die Augen sind depressiv auf den Boden gerichtet.

In meiner letzten Klinik in Garmisch hatte ich viele Patientinnen und Patienten mit Burnout-Symptomen, die erst im Laufe ihres Aufenthalts entdeckten, dass es da auch schöne Wälder, ja sogar Berge gab, die man allerdings erst bemerkt, wenn man den Blick hebt. Wer sich in der Spirale von arbeiten-essen-schlafen-arbeiten befindet, nimmt die Umwelt sehr einseitig wahr.

Dazu kommt die Auswirkung auf das nähere Umfeld, die Familie und die Freunde: Der Ausgebrannte wirkt oft wie ein Egoist, ohne es unbedingt zu sein: Denn eigentlich opfert er sich für die anderen auf. Dabei versucht er verzweifelt, die restlichen Energien zu sammeln, um über Wasser zu bleiben und nicht völlig im Stress unterzugehen. Ausgebrannte leben häufig im Energiedefizit. Sie geben mehr, als sie bekommen. Die Umwelt jedoch erlebt den überlebensnotwendigen Rückzug meist als Egoismus. »Jetzt bist du schon mal da – und dann bist du nicht greifbar?« Auf beiden Seiten entstehen Ärger, Wut, Angst, Trauer – beim Ausgebrannten oft neben Schuld- und Schamgefühlen eine gehörige Portion Selbstmitleid.

Wer erkrankt besonders häufig am Burnout-Syndrom?

Lehrer

»Bei den Lehrern sind nach einer neueren Studie etwa 35 Prozent betroffen, weitere 30 Prozent befinden sich in einem Vorstadium... Weil offenbar zu wenig wirksame Hilfen angeboten werden, gehen bei uns etwa die Hälfte aller Lehrer aus gesundheitlichen Gründen in den vorzeitigen Ruhestand.«

Mit dieser inzwischen wohl am stärksten betroffenen Gruppe habe ich Zeit meines Lebens viel zu tun gehabt: Zur familiären »Belastung« kommt die berufliche Begegnung mit LehrerInnen als Patienten und in einer Supervisionsgruppe. Ganz offensichtlich hat sich über die letzten Jahrzehnte die Lage für die Pädagogen zugespitzt.

Mehrere Faktoren kommen hier zusammen: nicht selten mangelnde Unterstützung durch die Vorgesetzten, die Schulleiter und die Schulbehörden – auch gegenüber der Kritik in der Öffentlichkeit –, ein hohes Maß an zum Teil demütigenden Kontrollen, z. B. durch Beurteilungen, und natürlich die Belastung durch immer schwierigere Schüler und nicht minder anstrengende, oft antiautoritär infizierte Eltern, die nicht einsehen wollen, dass sie an ihren so wahnsinnig intelligenten und netten Kindern schon so viel vermurkst haben, dass es auch der beste Lehrer nicht mehr korrigieren kann. Da es vielen Kindern an Disziplin, Fleiß, Ordnung, Höflichkeit und gegenseitiger Solidarität mangelt, haben Lehrer eher mit Autoritätsproblemen als mit Lerninhalten zu kämpfen. Über das gemeinsame Ziel – Lernen für das Leben – müsste man sich gelegentlich neu einigen ...

Ein ganz wesentliches Moment, das zu Frust und Burnout beiträgt: fehlende Anerkennung! Lob ist eine süße Droge, die jeder von uns braucht. Lehrerinnen und Lehrer bekommen sie zu selten. Deshalb ist die mittlere Lebensdauer in diesem Beruf so deutlich zurückgegangen. »Nichts vermag ... Motivation und Antrieb derart nachhaltig zu ruinieren wie ausbleibende positive Verstärker« (Prof. Dr. Joachim Bauer).

Jeder fühlt sich aufgerufen, über die Lehrer herzuziehen, die »vormittags immer Recht und nachmittags immer frei« haben. Dabei wird übersehen, dass es bei Pädagogen – wie in den meisten anderen Berufen – eine große Spannbreite gibt zwischen denen, die in der Arbeit untergehen, und solchen, die »Dienst nach Vorschrift« machen.

Beamte

Unter der Überschrift »Erschöpft, ausgebrannt oder einfach faul?« veröffentlichte ›Der Spiegel‹ (17/2002) folgende Zahlen des Statistischen Bundesamts aus dem Jahr 2000: Derzeit halten nur 47,9 Prozent – also weniger als die Hälfte – der Beamten bis zum vorgesehenen Pensionsalter durch, bei Lehrern sind es sogar nur 35,8 Prozent. Eine Stichprobenauswertung für Schleswig-Holstein ergab, dass in 53,8 Prozent – also in über der Hälfte –

der Fälle psychische Störungen dafür verantwortlich waren. Der Rechnungshof wunderte sich: »Es ist bis heute weitgehend ungeklärt, ob und inwieweit berufstypische Anforderungen ursächlich für die hohen Anteile an Finanzbeamten sowie an Lehrern mit Erschöpfungs- und Burnout-Syndromen, Depressionen und psychosomatischen Störungen sind.« Hier besteht also erheblicher Forschungs-Nachholbedarf.

Ein Psychiater aus Münster, Dr. Hanns Rüdiger Röttgers, bestätigte nach Erfahrungen als beratender Arzt in mehreren Bundesländern die in der Medizin häufige Drittel-Regel: Ein Drittel der Frühpensions-Anwärter ist nach seiner Einschätzung wirklich schwer krank. Ein Drittel besteht aus Menschen, die unter anderen, weniger Burnout fördernden Bedingungen durchaus noch arbeiten können. Und ein Drittel hat einfach keine Lust mehr zu arbeiten. Die offiziellen Pensionierungsgründe entsprechen jedenfalls nur selten den realen gesundheitlichen Problemen.

Dr. Thomas Hilbert, Vorsitzender des Fachausschusses der Amtsärzte, moniert zu Recht die gängige Praxis, dass »trotz anderer amtsärztlicher Empfehlungen in den vorzeitigen Ruhestand versetzt wird«.

Aus eigenen Beobachtungen an – einer natürlich begrenzten Zahl von – Lehrern und anderen Beamten kann ich bestätigen, wie hoch der Leidensdruck in vielen Positionen ist. Manche von ihnen kann ich so weit stabilisieren, dass sie mit wiedergewonnenem Elan weiterarbeiten können. Andere begleite ich bis zur herbeigesehnten Pensionierung.

Pflegekräfte und Ärzte

Die Bewältigungsmechanismen – neudeutsch »Coping« – sehen in diesen Berufsgruppen nach meinen jahrelangen Eindrücken anders aus: Augenzwinkernd geben die meisten Ärzte, Krankenschwestern und Pfleger zu, dass sie selbstverständlich ausgebrannt seien, sie gehen also ständig über ihre Grenzen hinaus, leisten nicht selten Übermenschliches. Auch wenn es dafür keine Orden gibt, tut es schon gut, so herausragend zu sein. Der Endzustand kann also aussehen wie auf der Karikatur.

Vor allem Berufsanfänger sind gefordert. In den ersten acht Monaten als Assistenzarzt – gleich verantwortlich für eine internistische Station – hatte ich genau 1000 Überstunden abzuleisten. Manche Dienste dauerten von Freitagfrüh bis Montagabend, und das in einem kleinen Kreiskrankenhaus, in dem es um die Versorgung von Stoffwechsel-, Herz- und Schmerzpatienten ebenso ging wie um Haushalts- und Sportverletzungen bis hin zur Assistenz bei Operationen und Geburten. Selbstverständlich waren auch die Intensivpatienten zu versorgen.

Unter der Überschrift »Veränderung beginnt im Kopf – Arztberuf in der Krise« beschreibt Ekkehard Ruebsam-Simon im ›Deutschen Ärzteblatt‹ die Lage: Im stationären Arbeitsbereich sind Arbeitszeiten bis zu 60 Stunden keine Seltenheit. Über 86 Prozent aller in Berliner Krankenhäusern tätigen jungen Ärzte werden unter gravierender Verletzung des Arbeits- und Tarifrechts beschäftigt (z. B. Ausschluss der Bezahlung von Überstunden). Die Folge: »Etwa ein Drittel würde den Beruf nicht noch einmal ergreifen.« Viele ausgebildete Mediziner – bis zu 40 Prozent – landen heute gar nicht erst in ihrem mühsam erlernten Beruf, sondern wandern gleich in verwandte Gebiete ab.

Bei Niedergelassenen sieht es nicht besser aus: Bei einer Befragung von 5750 Ärzten beschreiben sich 59 Prozent als ausgelaugt. Fast die Hälfte hat ein Schlafdefizit, 57 Prozent essen nicht regelmäßig. Über zwei Drittel bezeichnen ihr Privatleben als unbefriedigend. Nur 21 Prozent haben genügend Zeit zur Wahrnehmung eigener Interessen. Ein Fünftel der Ärzte ist »oft sehr verzweifelt«, 26 Prozent, also über ein Viertel, würden am liebsten alles hinwerfen.

Unter den gegebenen Umständen – jahrelange Fron im Krankenhaus, später eventuell Niederlassung unter erdrückenden finanziellen Bedingungen – verkümmern »emotionale Aufmerksamkeit und Sensibilität – das wesentliche Handwerkszeug eines guten Arztes«. Fazit des Verfassers: »Es ist ein Wunder, dass das Gesundheitswesen immer noch so gut funktioniert, bedenkt man den Verbrauch an personellen Ressourcen, den die Gesellschaft billigend in Kauf nimmt. Wenn man sich fragt, warum Ärzte dies alles aushalten und mit sich machen lassen, kommt man zu dem vorläufigen Ergebnis, dass sie dies einer missverstandenen Ethik den Patienten, der Gesellschaft und sich selbst gegenüber zu verdanken haben.«

»Untersuchungen zeigen, dass 40 bis 60 Prozent der Pflegekräfte und 15 bis 30 Prozent der Ärzte an Burnout-Symptomen leiden.« Die Pflegekräfte werden nicht nur miserabel bezahlt. Sie finden auch nicht die soziale Anerkennung, die sie verdienen. Die »Halbwertszeit« von Krankenschwestern ist äußerst gering: Nach Abschluss der Ausbildung – in der schon sehr viel klinische Arbeit geleistet werden muss – beenden im Schnitt 90 Prozent ihren Beruf schon nach einem Jahr. Natürlich auch aus Gründen der Familienbildung. Dafür wird der Idealismus derer, die bleiben, umso gnadenloser ausgebeutet.

Der plötzliche Ausstieg

Die folgende Geschichte eines Arztes illustriert die problematische Situation von Menschen, die ja eigentlich zur Milderung und Heilung von Burnout-Symptomen aufgerufen wären:

Über 28 Jahre hatte er seinen Beruf als Oberarzt in einem chirurgischen Fach (unter den beschriebenen Bedingungen) klaglos und tadellos ausgeübt. Seine erste Frau war in dieser Zeit an Krebs gestorben. Zwei Kinder waren zu versorgen. Inzwischen war er in zweiter Ehe mit einer Krankenschwester (!) verheiratet, die in ihrem Beruf nicht mehr tätig sein wollte. Seine Urlaube beschrieb der brave Mediziner so: »Eine Woche brauchte ich, um auf den Boden zu kommen und für mich und meine Umgebung normal zu werden. Die nächste Woche war wirklich Erholung. Und in der letzten Woche stand ich schon wieder in ängstlicher Erwartung des Dienstes im Krankenhaus.«

Und dann kam der Tag, an dem dieser starke Mann – keine Suchtprobleme, kein Übergewicht – mitten in einer schwierigen Operation, die er sonst stets gemeistert hatte, plötzlich unter Tränen sein Skalpell wegwarf. Von dieser Sekunde an war er als Arzt nicht mehr einsatzfähig.

Angehörige von Kranken

Das ist eine kaum beachtete Gruppe: pflegende Angehörige von behinderten Kindern, von Alzheimer-Kranken, Angehörige von Anfallskranken, von Psychotikern etc. Dazu kommt die kaum untersuchte Gruppe von Angehörigen Suchtkranker, etwa acht Millionen, die indirekt unter den Auswirkungen der Sucht zu leiden haben.

Burnout – fast überall?!

Moderne Arbeitsplätze, z. B. in Call-Centern, scheinen ebenfalls krank machend zu sein. So können wir den Kreis der Betroffenen immer weiter ziehen. In dem präzisen Buch von Matthias Burisch ›Das Burnout-Syndrom – Theorie der inneren Erschöpfung‹ werden Studien für über 30 Berufe mit Burnout-Symptomen aufgeführt, u. a. (zusätzlich zu den bereits aufgeführten) Sozialarbeiter, »Hauseltern« in Kinderdörfern, Drogenberater, Sozialberater, Organisationsberater und -trainer, Hauswirtschaftsleiterinnen, medizinisch-technische Assistentinnen, Leiter von Kliniken und Rehabilitationseinrichtungen, Krankenhausapotheker, Sprach- und Stimmtherapeuten, Beschäftigungstherapeuten, Psychotherapeuten, Pfarrer, Erzieherinnen, Sporttrainer, Anwälte, Polizisten, Gefängnispersonal, Stewardessen, Manager, Studenten – und last, but not least Arbeitslose.

Die AOK-Studie ›Gesundheit am Arbeitsplatz‹ (2000) an über 15 000 Befragten erbrachte erschütternde Ergebnisse: 30 bis 35 Prozent der Erwerbstätigen klagen über starke, objektiv vorhandene psychische Belastungen. Darüber noch weit hinaus geht der Anteil jener, die subjektiv psychosomatische Symptome erleben: Zwischen 60 und 80 Prozent liegen die Raten für depressive Verstimmung, Schlafstörungen, Nervosität, Unruhe und Reizbarkeit.

Selbstständige

Ein typischer Gag bei Startseminaren für Jungunternehmer lautet: »Sie sind jetzt selbstständig: Also arbeiten Sie künftig selbst – und ständig!«

Niemand kann ein Unternehmen, eine Firma ohne erheblichen Elan und Arbeitseinsatz in Gang bringen, die weit jenseits der üblichen Belastungsgrenze liegen. Endlich arbeitet man für sich, nicht mehr für den womöglich ungeliebten Arbeitgeber. Finanziell hat man meist nicht den nötigen Überblick (z. B. in Kleinunternehmen wie Handwerksbetrieb oder Arztpraxis). So werden einem viele Anfangsinvestitionen, die vielleicht nicht unbedingt notwendig sind, von »guten« (meist auf Gewinn spekulierenden) Ratgebern aufgedrängt. Und schon hat man eine Finanzierungslast auf dem Buckel, die für die nächsten Jahre für maximalen Stress sorgt. Die Ernüchterung kommt spätestens bei der ersten Steuererklärung. Zeit für sich oder die Familie bleibt da kaum.

Das Bewusstsein, nicht einen müden Euro zu verdienen, sobald man krank ist, führt zu dem bekannten Phänomen, dass etwa eine Blinddarmerkrankung bei Selbstständigen nur halb so lange dauert wie bei Angestellten. Viele schleppen sich mit dem sprichwörtlichen »Kopf unter dem Arm« in die Arbeit.

Der Wohlstand, um den viele Selbstständige später beneidet werden, entspringt oft einer jahrelangen Fron für die eigene Firma. Und wenn dann noch etwas schief läuft, war vielleicht alles umsonst. Das Burnout-Syndrom ist für Selbstständige ein ständig lauerndes Gespenst.

Frauen sind häufiger betroffen

Das dürfte auf die häufige Doppelbelastung durch Beruf und Familie zurückzuführen sein. Wahrscheinlich besteht ein deutlicher Zusammenhang zwischen Burnout und Helfen bzw. Helfer-Syndrom, das bei Frauen aufgrund ihrer biologischen Anlage häufiger ist. Der mitputzende, die Spülmaschine ausräumende, kochende Teilzeit-Hausmann ist eben doch ein Wunschtraum ...

Zusammengefasst ist Burnout also ein weit verbreitetes gesellschaftliches Phänomen, das erst seit dreißig Jahren einen Namen trägt und von dem etwa ein Fünftel der Bevölkerung betroffen ist (Medizin-Forum Internet). Ein Viertel aller Führungskräfte ist chronisch erschöpft, depressiv und hat Schlafstörungen (laut einer Studie des Instituts für Arbeits- und Sozialhygiene in Kassel). Auch Kinder sind bereits betroffen: Laut einer umfassenden, neuen Studie (zitiert in der ›Süddeutschen Zeitung‹ vom 12. 12. 2002) nimmt ein Drittel (!) aller Kinder zwischen acht und zwölf häufig Medikamente ein. Bereits Grundschüler haben stressbedingte, typische Burnout-Gesundheitsprobleme wie Migräne oder Erschöpfung. Der frühe Einstieg in Suchtkarrieren mit Zigaretten, Alkohol und Drogen – zum Teil bereits im Alter von zehn Jahren – zeigt, wie sehr unsere Lebenskonzepte im Argen liegen.

Die geschichtliche Perspektive

Wir können darüber spekulieren, ob es früher schon Burnout gegeben hat, auch ohne einen Begriff dafür. Ganz sicher! Matthias Burisch schreibt dazu: »Der Galeerensklave im alten Rom, der mittelalterliche Lehensmann, der Kleinbauer des 18. Jahrhunderts, der Industriearbeiter um die Jahrhundertwende – sie alle erduldeten u. a. beträchtlichen Stress und oft auch entfremdete Arbeit. Es ist aber verfehlt, bei ihnen Burnout zu vermuten, denn ihre Erwartungen an das Leben dürften im typischen Fall sehr realistisch das vorhergesehen haben, was dann tatsächlich ihr Los wurde.«

Vermutlich konnten sich Menschen in früherer Zeit den Luxus psychologischer Selbstbetrachtung nicht leisten. Sicher litten vor allem Angehörige der unteren Schichten unter zum Teil schrecklichen sozialen und hygienischen Bedingungen. Allenfalls die Oberschicht konnte es sich erlauben, in Dichtung und Literatur über Erschöpfungszustände nachzugrübeln.

Man lebte früher gottergeben. Die Masse musste sich ohnehin alles gefallen lassen. Die Machbarkeit sozialer Veränderung ist relativ neuen Datums. Und es hängt stark von den speziellen gesellschaftlichen Bedingungen ab, wie wir unsere Lage beurteilen und emotional verarbeiten: In den USA gibt es z. B. wesentlich mehr manifeste Armut, aber aufgrund des sehr lückenhaft geknüpften sozialen Netzes wesentlich weniger Jammern als bei uns. Wenn der Staat uns nicht hilft, wenn wir von ihm nichts erwarten können, müssen wir eben zur Selbsthilfe greifen.

Auch die Unvorhersehbarkeit von Lebensläufen ist ein Phänomen der Neuzeit. Früher waren Beruf und familäre Bindungen weitgehend vorhersehbar. Heute ist mit vielen neuen Perspektiven, die mit Familientradition und Schichtzugehörigkeit nichts mehr zu tun haben, auch die Qual der Wahl gegeben.

Die Rahmenbedingungen hinsichtlich Familie und Arbeit(splatz) sind zudem unsicher geworden wie nie zuvor. Viele von uns kommen nicht mehr mit einem einzigen Beruf durch ihr Arbeitsleben, die meisten nicht mehr mit einer einzigen Familie ... Unser Leben ist gleichzeitig so viel länger geworden, dass es unbedingt Sinn macht, in Krisen über Veränderung und neue Richtungen und Lösungen nachzudenken.

Vor der Kernschmelze: Phasen des Ausbrennvorgangs

Matthias Burisch hat aus der Literatur tabellarisch Symptome zum Burnout und im Verlauf des Burnout-Prozesses zusammengestellt, die »von Studie zu Studie überraschend einheitlich« sind. Er kategorisiert unter folgenden Begriffen:

1. Warnsymptome der Anfangsphase
2. reduziertes Engagement
3. emotionale Reaktionen; Schuldzuweisung
4. Abbau
5. Verflachung
6. psychosomatische Reaktionen und schließlich – der Endzustand –
7. Verzweiflung

Fast alle Berufsanfänger beginnen ihren Beruf mit Überengagement. Die meisten sehen ihren Beruf zu dieser Zeit als »Berufung«. Ohne die jugendliche Energie würden wir das alles auch gar nicht schaffen.

Die nächste Phase nach längerer Überbeanspruchung – der innere Motor ist schon heiß – kann man mit dem Terminus »Selbstdistanzierung« umschreiben. So entpersönlichen z. B. Ärzte oder Pflegekräfte ihre Beziehungen zu den ihnen anvertrauten Patienten, nehmen etwa eine (pseudo-)wissenschaftliche Position ein statt einer humanitären.

Verkäuferinnen, die ständig auf blöde Bemerkungen und noch blödere Fragen freundlich reagieren sollen, flüchten womöglich in Alkohol- oder Tablettenkonsum, um ihren Job aushalten zu können. Da gibt es den Lehrer, der seine halbwüchsigen Monster nicht mehr sehen kann, die jede gut geplante und vorbereitete Stunde nur noch kaputt machen. (Einer meiner Patienten folgte meinem Rat und hackte Holz. Bei jedem Stück stellte er sich einen seiner Lieblingsfeinde in der Schule vor und schlug zu ... Er wurde frühpensioniert, weil er eine psychisch bedingte Verdauungsstörung hatte, die zu hochexplosiven Durchfällen führte. Er fand eben alles Scheiße. Andere finden manches »zum Kotzen« und brauchen jeden Morgen Paspertin-Tropfen zur Bekämpfung ihres Brechreizes.)

Körperliche Reaktionen finden sich in Burischs Liste zwar erst unter 6., treten meiner Erfahrung nach aber schon früher auf, ebenso wie die emotionalen Reaktionen.

Phasen des Burnout

Eigentlich müssen wir hier auf die anfängliche Feststellung zurückkommen, dass jeder individuell verschieden auf den Stress des Burnout reagiert. Außerdem ist das Ausbrennen ein dialektischer Prozess, der durch ein Auf und Ab, ein Vor und Zurück gekennzeichnet ist. Wir alle kennen das Phänomen, dass wir nach einem Zustand der Verzweiflung plötzlich wieder neuen Mut, neuen Elan entwickeln.

Theorien über Burnout-Phasen sind deshalb von begrenztem Wert. Am ehesten könnte man noch Michael Lauderdale folgen:

Phase 1: *Verwirrung*
Phase 2: *Frustration*
Phase 3: *Verzweiflung*

Zur ersten Phase gehört: »Vages Gefühl, dass etwas nicht in Ordnung ist. Gelegentlich grundlose Angst. Beginnende somatische Symptome wie Kopfschmerzen, Angespanntheit, Schlaflosigkeit, Energiemangel.« Zur zweiten Phase: »Unzufriedenheit und Ärger. Gereiztheit gegen Freunde und Kollegen. Evtl. Arbeitsplatzwechsel. Gefühl, betrogen zu werden. Ausgeprägtere somatische Symptome wie Rückenschmerzen, Migräne. Entspannung nur noch mit Alkohol und Tranquilizern.« Zur dritten Phase: »Insuffizienzgefühle. Gefühle der Sinnlosigkeit. Selbstanklagen. Zynismus. Misstrauen. Mechanisierung des Lebens. Erschöpfungsgefühl schon bei kleinsten Anforderungen. Rückzug. Apathie« (zitiert nach Burisch).

Ganz typisch sind auch die Anzeichen, die auf eine Abnahme von Kreativität hindeuten: Alles wird nach Schema F abgehandelt, frei nach dem Motto: »Das haben wir schon immer so gemacht! Da kann ja jeder kommen! Und was das kostet! Wo kämen wir denn da hin? Und überhaupt ...«

Ein weiterer Punkt ist mir wichtig, den ich nicht nur bei den deutschen, sondern auch bei allen amerikanischen Quellen vermisse: die Abnahme von Spiritualität. Natürlich gibt es auch Burnout-Betroffene, die in Religion wie in eine Sucht flüchten. Aber viele verlieren im Rahmen eines Burnout-Geschehens auch diese wichtige Grundlage unserer Existenz aus dem Auge. Sinnlosigkeit geht einher mit Zynismus, der zunächst oft in der getarnten und milderen Form der Ironie daherkommt.

Der Test: Habe ich ein Burnout?

Test: Sind Sie überfordert?
Wie groß ist die Gefahr, dass Sie »ausbrennen«? Bitte beantworten Sie die folgenden Fragen mit Ja oder Nein

	ja	nein
1. Ich bin nach wie vor von meiner Arbeit begeistert.	☐	☐
2. Alles, was ich mache, ist eigentlich sowieso sinnlos.	☐	☐
3. Seit geraumer Zeit fühle ich in mir eine ungeheure Leere.	☐	☐
4. Ich bin trotz allem immer noch ein richtiger Optimist.	☐	☐
5. Ich leide immer öfter unter Kopfschmerzen, Schlafstörungen und einer inneren Unruhe.	☐	☐
6. Genau betrachtet, habe ich mir meist zu hohe Ziele gesteckt.	☐	☐
7. Irgendwie empfinde ich Nähe inzwischen häufig als Stress.	☐	☐
8. Für meine Aufgaben habe ich glücklicherweise genügend Tatkraft.	☐	☐
9. Meine beruflichen Ziele decken sich eigentlich nie so ganz mit meinen eigenen.	☐	☐
10. Genau genommen ist mein Beruf auch nur ein Job.	☐	☐
11. Ich finde es traurig, dass so wenig zurückkommt für das, was ich alles leiste.	☐	☐
12. Meinen Alkoholkonsum und Medikamentenverbrauch halte ich, ehrlich gesagt, für nicht ganz normal.	☐	☐
13. Die Umstände haben mich voll im Griff.	☐	☐
14. Ich habe oft Angst.	☐	☐
15. Ich habe oft einen richtig guten Tag.	☐	☐
16. Im Grunde genommen fühle ich mich völlig wertlos und überflüssig und mag mich selbst nicht.	☐	☐
17. Ich bin körperlich erschöpft, häufiger erkältet und krank.	☐	☐
18. Ich kann mich für nichts mehr richtig begeistern, bin gefühlsmäßig erschöpft.	☐	☐
19. Immer häufiger mag ich anderen gar nicht mehr zuhören.	☐	☐

	ja	nein
20. Entscheidungen fallen mir immer schwerer.	☐	☐
21. In der Freizeit kann ich mich auch kaum noch entspannen.	☐	☐
22. Ich erlebe viel zu selten erfüllende Sexualität und Zärtlichkeit.	☐	☐
23. Wenn ich morgens aufstehe, freue ich mich auf den Tag.	☐	☐
24. Meine Arbeit schlägt mir so richtig auf den Magen.	☐	☐

Auswertung
Bitte zählen Sie Ihre Nein-Antworten auf die Fragen 1, 4, 8, 10, 15 und 23 zusammen, und addieren Sie diese Zahl zu Ihren Ja-Antworten auf die restlichen 18 Fragen.

0 bis 8 Punkte
Sie sind eins mit Ihrer Umwelt. Schließlich gestalten Sie Ihre Lebensumstände selbst und sind nicht etwa deren Opfer. Nur weiter so! Sie können sich für etwas begeistern und sind leistungsfähig – nicht nur im Beruf. Sie wissen außerdem, dass Sie um Ihrer selbst willen gemocht werden.

9 bis 17 Punkte
Sie sind auf dem besten Weg, ein Burnout zu entwickeln. Ihre Chancen stehen jedoch gut, dieser Gefahr noch rechtzeitig zu entkommen. Stellen Sie Ihre eigenen Bedürfnisse und Interessen nicht immer hintan. Niemand wird es Ihnen jemals danken. Denken Sie daran: Kein Mensch ist unentbehrlich. Der zweite Merksatz für Sie: Anerkennung kommt niemals, wenn wir sie dringend brauchen. Und: Lachen Sie bitte etwas häufiger!

18 bis 24 Punkte
Sie sind gefährdet, auszubrennen. Beginnen Sie gleich damit, Ihren Lebensstil zu ändern, damit Sie nicht ernsthaft körperlich und seelisch krank werden. Erlernen Sie Entspannungsübungen, damit Sie Ihre leeren Krafttanks wieder auffüllen. Wichtig: Nehmen Sie nicht alles gleich persönlich.

Gesellschaftliche Bedingungen

In ihrem kämpferischen Buch ›Die Wahrheit über Burnout – Stress am Arbeitsplatz und was Sie dagegen tun können‹ betonen die bekannten amerikanischen Burnout-Forscher Christina Maslach und Michael P. Leiter den gesellschaftlichen Faktor bei der

Entstehung von Burnout. Die Dimension von Erschöpfung, Zynismus und Ineffizienz beruhen den Autoren zufolge auf der Umgebung: »Unsere umfassenden Studien haben ergeben, dass Burnout nicht das Problem der Menschen selbst ist, sondern das Problem des *sozialen Umfeldes*, in dem Menschen arbeiten. Die Strukturierung und Ausgestaltung des Arbeitsplatzes prägt die Interaktion zwischen den Menschen und der Art und Weise, wie sie ihre Arbeit erledigen.«

In den siebziger Jahren war Burnout vor allem ein Problem der so genannten »Hightouch-Berufe« in der Ausbildung, im Gesundheitswesen und in diversen Dienstleistungsberufen. Bis heute hat sich das Problem epidemisch ausgeweitet, weil wir dem Phänomen lange Zeit keine Beachtung geschenkt haben.

Inzwischen sehen wir in Deutschland – wie bei vielem anderen – amerikanische Verhältnisse auf uns zu kommen. Unser einst so dichtes und weiches soziales Netz wird an vielen Stellen löchrig. Kanzler wie Opposition (egal von welcher Partei) mahnen uns, den Gürtel enger zu schnallen und uns auf harte Zeiten vorzubereiten ... (Ein Berliner würde wahrscheinlich mit dem typischen Witz antworten: »Wenn man et mir nich jesacht hätte, hätt ick det jar nich jemerkt!«)

Laut Gesundheitsreport der Deutschen Angestellten Krankenkasse (DAK) 2002 (›Süddeutsche Zeitung‹ vom 1./2. 2. 2003) schnellte die Zahl der Krankschreibungen wegen psychischer Erkrankungen – bei insgesamt sinkendem Krankenstand! – seit 1996 um 50 Prozent in die Höhe. Diese alarmierenden Zahlen hätten etwas mit den Veränderungen in der Arbeitswelt zu tun: Angst um den Arbeitsplatz, Mobbing, vermehrter Leistungsdruck. Die Auswirkungen wären mit dem Stichwort Burnout bestens zusammengefasst mit allen schon beschriebenen Symptomen. Auch die betroffenen Berufsfelder sind wiederzufinden: Auf 100 DAK-Mitglieder kommen 158 (!) Krankheitstage bei Menschen, die in Krankenhäusern, der Alten- oder Hauspflege tätig sind, dagegen nur 65 Tage bei Mitarbeitern in der Datenverarbeitung.

In der ärztlichen Praxis begegnet uns mit den Patienten die Gesellschaft quasi in repräsentativen Ausschnitten. Und hier sind die Beobachtungen eindeutig: In allen Arbeitsbereichen nimmt der Stress zu. Immer weniger Menschen sollen immer mehr Arbeit bewältigen. Arrogante Unternehmensberater geben zur Sanierung von Firmen und Behörden immer häufiger denselben glorreichen Rat, für den sie sich auch noch teuer bezahlen lassen: Entlasst doch einfach (z. B.) 15 Prozent eurer Belegschaft! Der Rest schafft die Arbeit auch. Und zwar mit dem Druck im Nacken, beim nächsten Mal dabei zu sein, wenn wieder Entlassungen anstehen (die man sprachlich auch noch als »Freistellungen« oder »Frühberentung« tarnen kann). Zynischerweise steigt bei derartigen Aktionen oft der Wert des Unternehmens an der Börse, da Personalkosten eingespart werden.

Einerseits haben wir in den nächsten Jahren also eine beängstigende Zahl von Arbeitslosen, andererseits stehen die mit einem Arbeitsplatz Gesegneten unter immer höherem Stress, drohen vorzeitig auszubrennen. Statt die Arbeit also besser zu verteilen, Überlastung und Überstunden abzubauen, intensiviert man sie und presst aus allen das Maximale heraus. Diese Mechanismen haben in den letzten Jahren praktisch alle gesellschaftlichen Bereiche erfasst.

Obwohl wir es in der psychotherapeutischen Praxis primär mit den individuellen Sorgen und Nöten der Menschen, die sich uns anvertrauen, zu tun haben, kann kein Angehöriger eines Helferberufs die zunehmend krank machenden Effekte der Gesellschaft ignorieren. Was hilft es, an den Symptomen »herumzudoktern«, wenn der negative Stress am Arbeitsplatz die Menschen zu Patienten macht, zu Leidenden? (Gerade Kliniken sind wie beschrieben Stätten des Burnout.)

Ein aufschlussreiches Beispiel für die Verknüpfung von Krankheitssymptomen und negativem Stress am Arbeitsplatz ist eine Studie über die Augenbelastung bei häufiger Arbeit am Computer: »Eine von drei Beschwerden ... ist eigentlich eine Beschwerde über die herrschenden Arbeitsbedingungen ... Fühlten sich die Mitarbeiter unterstützt und verstanden, wurden um ein Drittel weniger Fälle von Augenbelastung gemeldet« (Jatros Neuro, 17/2001, S. 423).

Maslach und Leiter kommen nach jahrzehntelanger Forschung zu folgendem Wegweiser zur Verbesserung der Situation (S. 154):

- ertragbare Arbeitsbelastung
- Gefühl von Entscheidungsfreiheit und Kontrolle
- Anerkennung und Belohnung
- Gemeinschaftssinn
- Fairness, Respekt und Gerechtigkeit
- sinnvolle und wertvolle Arbeit

Wir sollten das Feld nicht denen überlassen, die nur an Bilanzen und Shareholder-Value denken, sondern ein jeder sollte in seinem beruflichen Umfeld auf Verbesserungen hinwirken. Falls einige meiner Leser Menschen in leitenden Positionen sind: Überdenken Sie Ihre eigene Burnout-Situation und übertragen Sie die Folgerungen daraus so weit wie möglich auf die Menschen, die Ihnen anvertraut sind!

Sabbatical trotz Jobkrise?

Im 3. Buch Mose finden wir gewissermaßen eine Anleitung zum Ausstieg aus dem Burnout: »Sechs Jahre sollst du dein Feld bestellen und sechs Jahre die Früchte einsammeln. Aber im siebten Jahr soll das Land dem Herrn einen feierlichen Sabbat halten.« Hieraus entstand die Idee des Sabbatjahres, das für einige privilegierte Menschen schon Realität geworden ist.

In einem aufschlussreichen Artikel (›Süddeutsche Zeitung‹ vom 28./29. 12. 2002) beschreibt Rolf Winkel Chancen und Risiken eines zeitweiligen Ausstiegs. Arbeitsrechtliche Bedingungen sollte man genau beachten, wie in dem Buch ›Aussteigen auf Zeit‹ von Anke Richter dargestellt. Aber dann ergeben sich Möglichkeiten, die offenbar noch viel zu wenige nutzen. (Für eine Fernsehsendung waren trotz umfangreicher Recherchen kaum Menschen im Sabbatical zu finden.)

Durch Arbeitszeitkonten bleibt nach dem so genannten Flexi-Gesetz von 1998 sogar der Schutz der Renten-, Kranken-, Pflege- und Arbeitslosenversicherung erhalten.

Obwohl das Sabbatical vielen Menschen heute als utopisch

erscheint, kann es in Zukunft vielleicht so manchem helfen, nicht ins Burnout zu geraten. Und sogar die Arbeitgeber können zufrieden sein: »Der Mitarbeiter bringt nach der Auszeit neue Ideen ins Unternehmen ein ... Und in der Regel ist er auch sehr viel motivierter als vorher« (so der Zuständige für Arbeitszeitkonten bei einer großen Firma).

Supervision

Wann immer möglich, sollte es für MitarbeiterInnen eine Form von externer Supervision geben bzw. so genannte Balint-Gruppen, benannt nach dem ungarischen Freud-Schüler Michael Balint. In einer regelmäßig etwa im Abstand von drei bis vier Wochen stattfindenden Gruppe ohne Leistungsdruck können sowohl Kommunikationsprobleme besprochen werden als auch inhaltliche Fragen der Arbeit. Wie geht man besser miteinander um? Wie können Reibungsverluste vermieden werden? Das durch einen Leiter moderierte Gespräch, dessen Inhalte der Schweigepflicht unterliegen, ist die einfachste Methode, Stress abzubauen, Mobbing und Angst vorzubeugen. Der finanzielle Aufwand für solche Gruppen ist überschaubar und zahlt sich nach meinen Erfahrungen mehr als aus.

MEIN PERSÖNLICHES STRESSMODELL

Wirklich, er war unentbehrlich!
Überall, wo was geschah,
Zu dem Wohle der Gemeinde,
Er war tätig, er war da.
Schützenfest, Kasinobälle,
Pferderennen, Preisgericht,
Liedertafel, Spritzenprobe,
Ohne ihn da ging es nicht.
Ohne ihn war nichts zu machen
Keine Stunde hatt' er frei.
Gestern, als sie ihn begruben,
War er endlich auch dabei.
WILHELM BUSCH

Aufgrund des Burnout-Tests und seiner Auswertung haben Sie einen guten Überblick über Ihre Position im Burnout-Prozess. Wie Sie gemerkt haben, gibt es keine letztgültige Definition des Ausgebranntseins. Das ist ähnlich wie die Frage, ab wann z. B. ein Mensch als »groß« bzw. »klein« zu bezeichnen ist. Es geht darum, dass Sie offensichtlich einen Leidensdruck haben, der Sie dazu bringt, über sich und Ihr Leben nachzudenken. Und bevor es zu weiteren, womöglich irreparablen Schäden an Ihrer Seele oder Ihrem Körper kommt, will dieses Buch Ihnen helfen.

Damit Sie noch weitere Dimensionen Ihres persönlichen Modells von Stress und Burnout kennen lernen, schlage ich Ihnen zwei bewährte Übungen vor.

> **Übung 1:**
> Machen Sie ein Brainstorming zu dem Wort »Burnout«.

Im Folgenden gebe ich Ihnen einige Hinweise zur Technik des »Gedankenstürmens«. Um den Wust der Gedanken ein wenig zu strukturieren, hier ein Vorschlag: Schreiben Sie unter den Gesichtspunkten »Mensch« – »Ort« – »Sache« – »Ereignis«, M-O-S-E, Ihre Assoziationen auf, wie in dem spannenden Buch von Carmen Thomas ›Vom Zauber des Zufalls‹ beschrieben. Sie schlägt als Eselsbrücke für ein effektives Brainstorming außerdem die Abkürzung A-K-U-T vor, und zwar in diesem Sinne:

A wie »Assoziationen« als Weg zu unserer rechten, mehr gefühlsmäßigen und kreativen Gehirnhälfte.

K wie »keinerlei Kritik« – also entgegen unserer Gewohnheit des vernunftvollen Sprechens alles zuzulassen, auch wenn dessen Sinn zunächst nicht erkennbar ist.

U wie »Umnutzen« – einen Einfall, der mich irgendwie ärgert oder in die Klemme bringt, einfach umzudrehen, ganze Ketten zu bilden, »unkontrolliert, neugierig und offen«. Auch Querschläger können überraschende Einsichten darstellen oder bewirken.

T wie »Tempo-Menge«: Viele Menschen können gedanklich schlecht loslassen. Setzen wir uns jedoch unter einen Tempodruck, bleibt nicht mehr viel übrig von der üblichen Kontrolle. Also produzieren Sie bitte in einer Minute dreißig (30!) Einfälle zu einem beliebigen Thema oder Stichwort, z. B. »Ball« oder »Auto« oder »Weihnachtsbaum«! Beim ersten Test werden Sie in einer Minute kaum auf mehr als fünf bis acht Ideen kommen. Doch »stürmen« heißt ja gerade nicht bedächtig Schritt vor Schritt zu setzen wie ein Kind, das gerade laufen lernt, sondern loszurennen, sich dem Rausch der – gedanklichen – Geschwindigkeit hinzugeben.

Fertigen Sie bitte jetzt Ihre Assoziationsliste zum Stichwort »Burnout« an!

In Carmen Thomas' Listen finden sich all die Berufsgruppen – »Menschen« – wieder, die auch Burisch aufgelistet hat, ebenso die »Orte« wie Schule, Krankenhaus, Gefängnis, Beratungsstelle, Kindergarten, Küche, unter »Sachen« Begriffe wie Überforderung, Schlaflosigkeit, Konkurrenz, Sinnverlust etc., unter »Ereignis« Auswandern, Selbstmord, Tagträume, Mobbing, Herzinfarkt, Kaufsucht oder gar Beruf wechseln.

Fangen Sie nun nicht das Grübeln über Ihren Gedankensalat

an, sondern widmen Sie sich einer zweiten Übung, die ebenso wegführt von den üblichen Formen kontrolliert-zwanghaften Denkens.

> **Übung 2:**
> Was fällt Ihnen zu den Anfangsbuchstaben des Wortes
> B-U-R-N-O-U-T ein?
> Schreiben Sie die Begriffe, die Sie damit assoziieren, auf oder zeichnen Sie Ihre Gedanken.

Diese erfolgreiche Technik der »Analografie« stammt von der vielfachen Bestsellerautorin und Seminarleiterin Vera F. Birkenbihl: Analografie meint analoges (= bildhaftes, symbolisches) Denken mit einem Stift (vgl. ›Das Birkenbihl-ALPHA-Buch‹, S. 117 ff.). Dabei geht es um »KaWa«s oder »KaGa«s, kreative Wortassoziationen oder grafische Assoziationen.

Als aufschlussreiche Vorübung nehmen Sie einmal Ihren Vornamen und schauen, was Ihnen dazu einfällt:

C-H-R-I-S-T-A oder H-E-I-N-R-I-C-H oder L-I-S-A oder A-X-E-L

Natürlich sind die Begriffe, die Ihnen zu Ihrem Namen einfallen, nicht zufällig. Insgeheim bzw. unbewusst assoziieren wir zu dem eigenen wie zu fremden Namen immer etwas Bedeutsames. Umso interessanter, wenn wir es zu Papier bringen.

Ein Patient lieferte folgende Assoziationen zu B-U-R-N-O-U-T im Sinne eines KaWa, einer kreativen Wortassoziation:

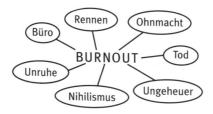

Mit diesen beiden Assoziationsübungen – die eine frei, die andere an die Anfangsbuchstaben des Begriffs gebunden – haben Sie einiges an persönlichem Material gesammelt. Vielleicht sind Ihnen

dabei schon erste »Lichter« aufgegangen für anstehende Veränderungen in Ihrem Leben. Im Laufe der Lektüre dieses Buchs wird dies ständig geschehen. (Wichtig aber auch die Erkenntnis, dass in diesem oder jenem Bereich Ihr Leben ganz in Ordnung ist.)

Alles hier Aufgezeichnete soll als *Hilfe zur Selbsthilfe* dienen, als Anregung, als Katalysator für neue Entwicklungen in Ihrem Leben. Je mehr Sie bereit sind, sich – schriftlich – auf die einzelnen Fragestellungen einzulassen und Ihre Übungen zu machen, desto mehr profitieren Sie davon!

Stress – nur ein Modewort?
Ursachen und Hintergründe

Ein Burnout-Syndrom ist praktisch immer die Auswirkung von zu viel negativem Stress, von *Über-forderung*. Genauso wie der Begriff »Burnout« wird auch der Begriff »Stress« häufig ge- und fast noch häufiger missbraucht. Das vage Gefühl, das wir mit Stress verbinden, wollen wir hier mit konkretem Inhalt füllen: Woher kommt das Wort? Was bedeutet es? Woher kommt der Zustand? Was bewirkt er?

Der ungarisch-kanadische Arzt Hans Selye hat nach Forschungen in den dreißiger Jahren des letzten Jahrhunderts etwa 1950 den Begriff »Stress« in die Medizin und die Psychologie eingeführt. Das Wort kommt – wie »Burnout« – ursprünglich aus dem technisch-physikalischen Bereich, aus der Materialprüfung. »Stress« bedeutet hier die Anspannung und Verzerrung von Metallen oder Glas. Der plastische Begriff meint im seelischen Bereich etwas ganz Ähnliches: »Die Belastungen, Anstrengungen und Ärgernisse, denen ein Lebewesen täglich durch viele Umwelteinflüsse ausgesetzt ist. Es handelt sich um Anspannungen und Anpassungszwänge, die einen aus dem persönlichen Gleichgewicht bringen können und bei denen man seelisch und körperlich unter Druck steht« (zitiert nach der TKK-Broschüre ›Der Stress‹, Angela Wagner-Link).

Entwicklungsgeschichtlich haben wir den Mechanismus, den Stress auslöst, zum Überleben dringend gebraucht: »Sinn der

Stressreaktion ist ursprünglich die Lebenserhaltung durch einen reflexhaften Angriffs- und Fluchtmechanismus. Wenn Gefahr droht, kommt es zu einer immensen Kraftentfaltung und -bereitstellung: Die Nebennieren schießen unter anderem Adrenalin ins Blut. Die Tätigkeit des Sympathikus-Nervs wird gesteigert. Dadurch werden Energien in Muskeln und Gehirn freigesetzt, es erfolgt eine blitzartige Mobilmachung aller Körperreserven. Puls, Blutdruck und Atemfrequenz steigen, der Magen-Darm-Bereich stellt die Verdauungsarbeit ein, aus den Blutreserveräumen werden sofort rote Blutkörperchen zum Einsatz geschickt, die eine Sauerstoffaufnahme und Kohlendioxydabgabe erleichtern sollen; der Blutgerinnungsfaktor nimmt zu.

Innerhalb kürzester Zeit ist der Mensch kampf- oder fluchtbereit« (ebd.). Es handelt sich also um eine notwendige und völlig natürliche Alarmreaktion, die automatisch bei jeder möglichen Gefährdung des Wohlergehens erfolgt und unsere Existenz sichert.

Stress und Burnout

Es muss ja nicht der viel zitierte Säbelzahntiger sein, der uns bedroht. Es reicht schon der Chef, der uns mit einem von Kritik und schlechter Laune geprägten Auftritt unter Druck setzt. Und am liebsten würden wir gerne wegrennen oder dem Chef die Keule über den Kopf hauen – wie unser steinzeitlicher Vorfahre –, aber das ist einer Karriere nicht gerade förderlich.

Der dem chronischen Stress nachfolgende Burnout-Zustand kommt nun dadurch zustande, dass wir die Ausschüttung von Stresshormonen anders verarbeiten müssen. Die frei werdenden Energien können in der Situation nicht in körperlicher Aktion ausagiert werden, sondern sie richten sich gegen den eigenen Körper, vor allem wenn wir auch in unserer freien Zeit nicht für eine Mobil-Machung sorgen (s. das Kapitel »Gesundheit«, S. 134).

Richtig eng und problematisch wird es, wenn der Körper sich nicht wieder entspannen kann, sondern in eine ständige Alarmbereitschaft gerät. Diese entsteht durch teils bewusst wahrgenommene, teils unterschwellige Stressoren (Stress-Auslöser) wie Lärm, ein Überangebot an Reizen oder psychische Faktoren wie Frustration, Ärger und Angst.

Die Medizin hat sich bis heute viel zu wenig mit dem unwillkürlichen, dem vegetativen Nervensystem beschäftigt. Dabei wäre genau dies die Brücke zwischen Organ- und Psychomedizin. Auch heute noch werden z. B. Patienten mit Bluthochdruck bis zu 60 Prozent als »idiopathische« Fälle eingestuft. Simpler ausgedrückt: Wir wissen nicht, woher ... Als Psychosomatiker stellen wir dagegen oft fest, dass der Hochdruck ganz reale, geradezu auf der Hand liegende Gründe hat. (Psychosomatisch Kranke haben durchschnittlich sieben Jahre vergeblicher Diagnostik- und Therapieversuche hinter sich, bevor sie psychisch/psychotherapeutisch behandelt werden. Die Verdrängung oder Leugnung psychischer Momente liegt natürlich bei den Patienten ebenso wie bei den Behandlern!)

Stress entwickelt sich zu Dauerstress – und dieser wird schließlich zum Burnout mit körperlichen, psychischen und sozialen Auswirkungen.

Stress müssen wir alle aushalten. Er gehört zum Leben. Aber so wie der Rhythmus im gesellschaftlichen Leben verloren gegangen ist, so fehlt er auch im Privatleben. Man bewundert etwa eine Stadt, die (wie in dem berühmten Song von Frank Sinatra) »niemals schläft«: New York. Ob das den Bewohnern gut tut? Das Gehtempo auf der Wall Street in New York soll etwa doppelt so hoch sein wie das in einem griechischen Dorf. Menschen auf der Flucht? Vor dem Stress? Vor einer ungewissen Zukunft? Vor sich selbst?

Früher gab es – obwohl die Menschen in der Mehrheit viel härter arbeiten mussten, vor allem körperlich – die Arbeit und den Feiertag. Für kaum etwas wurden so strenge Kirchenstrafen verhängt wie für Sonntagsarbeit. Gewiss sollten wir frühere Epochen nicht romantisieren. Aber es ist schon grotesk, dass wir es in einer Zeit der Entlastung von destruktiver körperlicher Anstrengung nicht geschafft haben, den Nutzen dieser Entwicklung wirklich auszuschöpfen. Wie viele Menschen (wie viele meiner Patienten!) arbeiten – malochen – oft tagelang ohne Unterbrechung, auch an Wochenenden, obwohl sie es genau genommen nicht nötig hätten. Der innere Zwang, immer mehr zu erreichen, tüchtiger als andere zu erscheinen, immer mehr Geld zu verdienen (z. B. mehr als der Nachbar), ist der entscheidende Faktor.

Die Instanz, die wir seit Freud Über-Ich nennen und die unsere Überzeugungen und Werte enthält, erzeugt den maximalen Stress. Unser Selbst-WERT-Gefühl machen wir in der Regel zu sehr abhängig von der Anerkennung, die wir von außen bekommen, und von dem Anspruch des inneren Antreibers, der uns diktiert, wie edel, hilfreich und gut wir zu sein haben.

Die Menge macht das Gift.
PARACELSUS

Aber unabhängig davon gibt es natürlich weitere Faktoren, die die Menge des Stresses ausmachen.

Das gilt eben auch für den Stress. Sind wir unterfordert, werden wir auf gut Bayerisch »lätschert«, langweilig, träge. Sind wir überfordert, entwickeln wir die Symptome von ungesundem Stress bis hin zum Burnout. Dazwischen liegt der Bereich, der vielen von uns abhanden gekommen ist: die mittlere Stressdosis, bei der wir uns durchaus wohl fühlen.

Die Stressdosis ergibt sich aus dem Zusammenwirken von Auftretenshäufigkeit von Stressoren, der Vielfalt, der Dauer der Einwirkung und der Intensität. Zu wenig Stress ist interessanterweise (z. B. für Menschen mit epileptischen Anfällen) genauso problematisch wie zu viel: Der Organismus zeigt uns den gesunden grünen Bereich auf.

> **Übung:**
> **Was sind Ihre Stressoren?**
> Wählen Sie aus der unten stehenden Liste die für Sie wichtigen Stressoren aus. Dann überlegen Sie jeweils die Häufigkeit (nie, manchmal, häufig, sehr oft) und geben eine Bewertung ab (nicht störend, kaum, ziemlich und stark störend). Für die Häufigkeit und die Bewertung setzen Sie jeweils die Faktoren 0, 1, 2 oder 3 ein und erhalten in der Multiplikation die Belastung, die Stressdosis für diesen Punkt.

Beispiel: Konflikte mit Kollegen gibt es häufig (2), es stört mich ziemlich (2), was die Belastung 2 x 2 = 4 ergibt.

	Häufigkeit	Bewertung	Belastung
Stressoren am Arbeitsplatz:			
Termindruck			
Zeitnot			
Dienstreisen			
ungenaue Anweisungen von Vorgesetzten			
Verantwortung			
Konkurrenzkampf			
Konflikte mit Kollegen/Mitarbeitern			
Ärger mit dem Chef			
Ärger mit Kunden			
ungerechtfertigte Kritik			
Telefonklingeln			
Lärm			
Autofahrt in der Stoßzeit			
private Stressoren:			
Krankheitsfall in der Familie			
Ärger mit der Verwandtschaft			
Hausarbeit			
hohe laufende Ausgaben			
Konflikte mit dem Partner/der Partnerin			
Schulprobleme der Kinder			
Zigaretten-/Alkohol-/Drogenkonsum in der Familie			
Schlafmangel			
Trennung von Partner oder Familie			
Behördenbesuche			
körperliche Beschwerden			
Gesamtergebnis:			

Meine Stressbelastung liegt momentan bei _____ Punkten.

(In Anlehnung an Angela Wagner-Link: Der Stress. Broschüre der TKK 1999.)

Natürlich können Sie diese Liste individuell ergänzen. Insgesamt haben Sie so ein präziseres Bild über Ihre Stresssituation gewonnen – und können schon beginnen, das eine oder andere zu verbessern. »Problem erkannt, Problem gebannt!« So einfach ist es selten. Aber ohne genaue Übersicht keine Besserung.

Kontrolle oder Ausgeliefertsein?

Ein entscheidender Faktor bei der Frage, ob sich Stress zu Dauerstress und Burnout entwickelt, ist das Gefühl, dass man entweder die Situation »im Griff« hat oder ihr hilflos ausgeliefert ist. Wenn wir herausgefordert sind zu Kampf, Flucht oder Wettbewerb, kommen uns die physiologischen Stressreaktionen zugute und spornen uns an. Sind wir aber hilflos, fühlen wir uns elend.

In meiner Praxis habe ich u. a. viele Menschen, die sich als Angehörige von Suchtkranken hilflos fühlen. Sie haben seit Jahren an den – völlig uneinsichtigen – Suchtkranken appelliert, gefleht, gebettelt, geflucht, gedroht, alle Register gezogen. Ohne Ergebnis. Am meisten leiden die Angehörigen, nicht der Suchtkranke, der sich mit seinen Suchtmitteln zudröhnt und nichts spürt. Wenn ich frage, welche Gefühle sich hinter dem Wort »hilflos« verbergen, kommen nicht selten Tränen, was also Trauer bedeutet. Fast noch wichtiger ist die Wut über den geliebten kranken Menschen – und über sich selbst. Schließlich die Angst, was die Zukunft bringen wird beziehungsweise die nächste Konfrontation etwa mit dem betrunkenen Ehemann. Nicht zu vergessen der Ekel und der psychische (nicht selten auch physische!) Schmerz.

Wenn es in der Therapie gelingt, aus dem re-agierenden Menschen einen selbstbewussten, agierenden zu machen, ist die Sache gelungen. Der Süchtige hat im Prinzip das Recht, sich zu Tode zu trinken, zu fixen, zu rauchen. Aber als Angehöriger muss ich dabei nicht unbedingt zusehen, womöglich unter dem Dauerstress ins Burnout geraten und früher sterben als der Suchtkranke ...

Ähnlich geht es Angehörigen von Kranken, deren Leid weniger selbsterzeugt als schicksalhaft ist: Bei Krebs, Schizophrenie, chronischen neurologischen Erkrankungen wie Multiple Sklerose, Sklerodermie, Myasthenie, Anfallsleiden (Epilepsie), Alzheimer oder bei Asthma, Neurodermitis etc. geraten die Angehörigen oft ebenfalls in einen gefährlichen Kreislauf von Überforderung und Erschöpfung. Angesichts des Leidens eines geliebten Menschen meinen sie, ihre eigenen Befürfnisse nicht mehr wahrnehmen zu dürfen.

Alle Menschen in Helferberufen bzw. mit Helferfunktionen benötigen Sympathie (griechisch für Mitleiden) als »Berufswerkzeug«. Aber Vorsicht: Der Helfer kann schnell zum »hilflosen Helfer« (Wolfgang Schmidbauer) werden, der mehr leidet als der Ratsuchende/Patient/Klient. Es gilt eben, das richtige Maß zu finden zwischen mitleiden, mitfreuen, Distanz und Nähe.

Der Dichter Stefan Zweig hat das Mitleid mit Morphium verglichen: »Nur am Anfang ist es eine Wohltat für den Kranken. Die ersten Injektionen erleichtern, beruhigen, lindern den Schmerz. Aber der Organismus besitzt die Fähigkeit zur Toleranzentwicklung. Das Nervensystem benötigt immer mehr Morphium, im Bild gesprochen, immer mehr Mitleid. Schließlich ist dieses Bedürfnis größer als die höchstmögliche Dosis, die der Helfer geben kann. Wie Morphium muss Mitleid also sehr vorsichtig dosiert werden, um dem Kranken, und ich möchte ergänzen, auch dem Helfenden, nicht mehr zu schaden als zu nützen.« Zweigs Fazit: »Wer damit nicht umgehen kann, sollte die Hand davon lassen und vor allem das Herz.«

Als Erste Hilfe sei hier der Spruch zitiert, der in Selbsthilfegruppen aller Art am Ende der Sitzung gesprochen wird:

> Gott gebe mir die Gelassenheit, Dinge hinzunehmen, die ich nicht ändern kann, den Mut, Dinge zu ändern, die ich ändern kann – und die Weisheit, das eine vom anderen zu unterscheiden.

Es lohnt sich, die tiefe Weisheit dieser Formulierung auf sich wirken zu lassen. Vielleicht hängen Sie sich diesen Gelassenheitsspruch über den Schreibtisch oder an die Außentüre Ihres Kühlschranks!

Erst wenn wir zu Handelnden werden, bekommen wir wieder Selbstwertgefühl, müssen uns nicht mehr als Opfer fühlen.

Zwei Typen

Es gibt im Prinzip zwei Charaktertypen im Umgang mit Stress. Bitte überlegen Sie, welcher Gruppe Sie sich zuordnen würden:

Typ-A-Menschen sind geprägt von hohem Leistungsstreben, Konkurrenzdenken, Ungeduld, Perfektionismus, hohem Verantwortungsbewusstsein, Hektik, Aggressionsbereitschaft und starker Zielorientierung. (Ich wette, die meisten von Ihnen haben sich schon seufzend zu diesem Typ bekannt. Sonst würden Sie über Burnout gar nicht nachzudenken brauchen.)

Der Typ B ist das Gegenteil, er/sie reagiert gelassener auf Stress. Dieser Stressbewältigungs-Typ setzt sich keine zu hohen Ziele, kennt seine Grenzen, wird getragen von einem gesunden Gefühl des Maßes. Übertriebener Ehrgeiz fehlt ihm ebenso wie starke Neid- und Konkurrenzgefühle. An der Stelle von übertriebenem Altruismus steht ein gesunder Egoismus, die Fähigkeit, auch mal nein zu sagen.

Aber es besteht Hoffnung: Auch der hoch burnout-gefährdete Typ A ist veränderbar und hat gute Chancen zur Gesundung, wenn er wieder zur Be-sinn-ung kommt.

Die Symptome der Überforderung

1. *Im gedanklichen Bereich:* Konzentrations-, Gedächtnis- und Leistungsstörungen, Tagträumen, Realitätsflucht, Scheuklappeneffekt: Einengung der Wahrnehmung
2. *Im Bereich der Gefühle:* Aggressionsbereitschaft, Angst, Unsicherheit, Unzufriedenheit, starke Gefühlsschwankungen, Nervosität, Gereiztheit, Apathie (Teilnahmslosigkeit), Depression, Leeregefühle
3. *Vegetativ-hormonelle Reaktionen:* Herzrasen, Herzstolpern, Blutdrucksteigerung, Verdauungsbeschwerden mit Durchfällen, Magen-Darm-Geschwüre durch erhöhte Säureproduktion, Schlafstörungen (»Das raubt mir den Schlaf!«), sexuelle Schwierigkeiten, Menstruations- und Zyklusprobleme bei Frauen, Schwitzen, Schwindel, Kurzatmigkeit (»Da bleibt einem die Luft weg!«), Kopfschmerzen (»Das hältst du ja im Kopf nicht aus!«)
4. *Muskulär:* Allgemein erhöhte Muskelspannung bewirkt verminderte Sauerstoffzufuhr mit entsprechenden Folgen. »Das sitzt mir im Nacken!« führt zu Hart-näckigkeit und Spannungskopfschmerz. Leichte Ermüdbarkeit bei unruhigem Schlaf, Rückenschmerzen (»So ein Kreuz!«), nächtliches Zähneknirschen (unterdrückte Wut!), die geballte Faust in der Tasche, vor allem die Umgebung bemerkt eine starre Mimik mit maskenhaftem Gesicht, Ticks, fahrige Gestik, Fingertrommeln, Fußwippen.

Kurzzeitig können wir alle das eine oder andere Anzeichen entwickeln. Bedenklich wird es dann, wenn

1. die Symptome schon bei geringer Stressdosis auftreten,
2. die Aktivierung intensiver ist,
3. die Erholung langsamer,
4. Langzeitschäden feststellbar sind (z. B. erhöhter Blutdruck).

Mit dieser Symptombestimmung haben wir das vage Gefühl, dass etwas nicht stimmen könnte mit uns, weiter konkretisiert – und wissen im Prinzip schon, wo wir ansetzen könnten/sollten. Also, was steht einer Änderung im Weg?

Leiden ist leichter als lösen

Wir alle haben eine mehr oder weniger starke Angst vor Veränderung, vor allem wenn unser familiärer Hintergrund ein schwieriger war. Im Zweifelsfall kann da nur was Schlimmes kommen, sind wir dann geneigt zu denken. Das innere oder äußere Gefängnis kann zum vertrauten Ort werden, den wir gar nicht mehr verlassen möchten. Vielleicht haben wir sogar schon vergessen, dass es noch was anderes gibt.

Freiheit macht nicht selten Angst. Aber wir müssen das Leben riskieren! Das Finden von Lösungen erfordert geistige, später auch körperliche Anstrengung. Deshalb wählen viele Menschen den Satz »Leiden ist leicher als lösen« als Motto, um in ihrem womöglich »wunschlosen Unglück« (nach dem Titel eines Buchs von Peter Handke) zu verharren.

Die tieferen Beweggründe

Die meisten Konzepte von Stressprävention greifen zu kurz, da sie die Motive der Menschen auf einer tieferen Ebene nicht berücksichtigen. Die Frage ist ja gerade: *Warum* ändern wir an dem offensichtlich zu hohen Stressniveau nichts? *Warum* bekämpfen wir den Stress-Teufel lieber mit untauglichen Mitteln wie Alkohol, Essen, Zigaretten, Fernsehen bis zum Einnicken? Weil etwas mit unserem *Wertesystem* nicht stimmt, mit unserer *Kreativität* und *Spiritualität*. Wenn wir dies jedoch ändern, ergeben sich die notwendigen Korrekturen fast von selbst.

Außerdem, machen wir uns nichts vor: Der Leidensdruck muss größer sein als z. B. die sekundäre Belohnung, der Krankheitsgewinn durch reale und vor allem geistige Ehrennadeln und Bundesverdienstkreuze. Als unersetzbar zu gelten, macht mächtig stolz. Aber leider erleben manche Burnout-Geschädigte die Ordensverleihung nicht mehr ... (siehe das Gedicht von Wilhelm Busch).

Sex, Stress und Burnout

Wilhelm Reich, Begründer und Wegbereiter aller körperorientierten Psychotherapieverfahren, war der Ansicht, dass ein erhöhter Skelettmuskeltonus mit allen Folgen vor allem dann entsteht, wenn wir keine regelmäßige sexuelle Befriedigung mit darauf folgender völliger muskulärer Entspannung erleben. Das unschöne deutsche Wort »fickerig« verweist auf diesen Zusammenhang: psychische und körperliche nervöse Anspannung wegen ausbleibender genitaler Erfüllung.

Zugleich leiden viele Menschen – trotz (halbherziger) Sexueller Revolution (benannt nach einem Buchtitel Reichs) – nach wie vor darunter, dass sie sich in der sexuellen Vereinigung (oder bei der Masturbation) z. B. aus Scham nicht wirklich hingeben können – und womöglich nach dem Sex Muskelkater und schlechte Gefühle haben.

Durch den Stress im Burnout kann der Teufelskreis sexueller Störungen verstärkt werden – und umgekehrt. Der Stress führt nicht selten zum Libidomangel (Mangel an sexuellem Interesse), zu relativer oder absoluter Impotenz und/oder Gefühllosigkeit (Frigidität). Und der jetzt doppelt frustrierte Mensch flüchtet umso mehr in Arbeitssucht und Karriere, Kaffee, Alkohol und Zigaretten.

Diese Süchte wurden von dem selbst schwer nikotinabhängigen Sigmund Freud zu Recht als Sexualersatz angesehen: »Genauere Untersuchung weist in der Regel nach, dass diese Narkotika zum Ersatz – direkt oder auf Umwegen – wegen mangelnden Sexualgenusses bestimmt sind.« (Bleibt die nahe liegende Frage, wie es mit Freuds eigenem Sexualleben ausgesehen hat ...)

Aber es gibt unter Burnout-Betroffenen auch nicht wenige, die sich (wie z. B. John F. Kennedy) in zahllose oberflächliche Affären stürzen, oft direkt am Arbeitsplatz (wo sonst?). Die Verbindung von Sexualität mit Zuwendung und Liebe geht verloren. Wie bei anderen Süchten muss die Dosis ständig erhöht werden, wird die zurückbleibende Leere immer intensiver.

Ein literarischer Fall

Nachdem wir nun die Ursachen – übermäßiger Stress bei gleichzeitig fehlendem Ausgleich – und die Folgen auf geistiger, psychischer und körperlicher Ebene ausführlich betrachtet haben, kehren wir zurück zum Vollbild des Burnout. Schauen wir uns dazu den Fall Thomas B. an:

»Die phantasievolle Schwungkraft, der muntere Idealismus seiner Jugend waren dahin. Im Spiele zu arbeiten und mit der Arbeit zu spielen, mit einem halb ernst, halb spaßhaft gemeinten Ehrgeiz nach Zielen zu streben, denen man nur einen Gleichniswert zuerkennt – zu solch heiter-skeptischen Kompromissen und geistreichen Halbheiten gehört viel Frische, Humor und guter Mut; aber Thomas B. fühlte sich unaussprechlich müde und verdrossen. Was für ihn zu erreichen gewesen war, hatte er erreicht, und er wusste wohl, dass er den Höhepunkt seines Lebens, wenn überhaupt, wie er bei sich hinzufügte, bei einem so mittelmäßigen und niedrigen Leben von einem Höhepunkte die Rede sein konnte, längst überschritten hatte ... In ihm war es leer, und er sah keinen anregenden Plan und keine fesselnde Arbeit, der er sich mit Freude und Befriedigung hätte hingeben können. Sein Tätigkeitstrieb aber, die Unfähigkeit seines Kopfes, zu ruhen, seine Aktivität, die stets etwas gründlich anderes gewesen war als die natürliche und durable Arbeitslust seiner Väter: etwas Künstliches nämlich, ein Drang seiner Nerven, ein Betäubungsmittel im Grunde, so gut wie die kleinen, scharfen russischen Zigaretten, die er beständig rauchte ... sie hatte ihn nicht verlassen.«

Gegenstand dieser subtilen Darstellung ist der Senator Thomas Buddenbrook, der Senior in dem berühmten deutschen Familienroman, der Thomas Mann den Nobelpreis für Literatur eingebracht hat. Der kleine »Tommy« hat seinen Vater – unverkennbar der alte Buddenbrook – offenbar gut beobachtet und später, als Erwachsener, den psychischen Zustand glänzend wiedergegeben.

(Wie in der Familie Freud ist übrigens auch in der Familie Mann die Nikotinsucht vom Vater auf den Sohn übergegangen als eine der ungesunden Möglichkeiten, dem Burnout zumindest scheinbar zu entkommen, seine Symptome zu lindern. Beide Junioren erkrankten an Karzinomen, die durch das Rauchen verursacht waren.)

Wann ärztliche und/oder psychotherapeutische Hilfe notwendig ist

Als Arzt, d. h. Psychiater und Facharzt für Psychotherapeutische Medizin, ist mir daran gelegen, dass Sie über der Beschäftigung mit dem Burnout nicht ernstere Probleme übersehen. Das kann eine der vielfältigen Formen einer ernsthaften Depression sein. Aber auch bei Neurosen, Suchtkrankheiten und Psychosen, Persönlichkeitsstörungen, Panikattacken etc. bitte ich Sie, einen Facharzt aufzusuchen. Wenn Sie fortdauernde schwere psychische, aber auch körperliche Beeinträchtigungen erleben, ist ärztliche Hilfe erforderlich. Eine fachgerechte Therapie bereits krankheitswertiger Symptome schließt die Beschäftigung mit dem fortschreitenden Burnout und seinen Ursachen ja keineswegs aus.

Der »Club« der Burnout-Betroffenen neigt insgesamt dazu, Krankheitssymptome zu bagatellisieren oder zu verdrängen. Sollte dieses Buch dazu beitragen, dass Sie sich wieder aufmerksamer beobachten, mal Zeit – unersetzlich für den ehrgeizigen Burnout-Geschädigten – für einen Arztbesuch einplanen, dann ist schon viel gewonnen. Ein Gesundheits-Check mit Labor (Blutfette, Leberenzyme etc.), spezifischen Vorsorgeuntersuchungen, einem Belastungs-EKG, also die genaue Diagnostik vorhandener Symptome kann Ihr Leben retten. Es muss Ihnen nicht gehen wie einem meiner Patienten, der vierzehn Tage vor Beendigung seiner extrem stressreichen Berufstätigkeit erfuhr, dass er ein schweres Krebsleiden hat. Erst da wurde ihm bewusst, dass er die ungute Ahnung und die dumpfen Schmerzen im Unterleib eigentlich schon viele Monate mit sich herumgetragen hatte.

Für einen Arztbesuch hat ein Arbeitssüchtiger in der Regel also keine Zeit. Das kenne ich aus meiner Praxis gut genug. Bei psychischen und körperlichen Problemen ist es wie bei Zahnschmerzen: Man tut erst was dagegen, wenn es sehr weh tut ...

Hier ein nicht ganz ernst gemeintes Angebot für Burnout-Geschädigte bzw. solche, die es werden wollen: Burnout als Videospiel!
Burnout 2 – Point of Impact
»... wo Burnout draufsteht, ist Raserei pur drin. Ohne stahlharte Nerven, blitzschnelle Reflexe ... bleibt man ... schnell auf der Strecke – oder an einem Tanklaster hängen ... Möglichst immer im Gegenverkehr (!) fahren, möglichst nah ran an die anderen Autos ... – all diese Aktivitäten laden nämlich die ›Burn-Anzeige‹ auf ... Ran ans Steuer, rein in den Straßenverkehr und so Gas geben, dass die Reifen oder gar die anderen Verkehrsteilnehmer ins Qualmen kommen ... Schnapp dir einen Gegner und dränge ihn von der Fahrbahn ... Perfektioniertes Unfall- und Schadensmodell ... So rast der Spieler nicht nur wie gewohnt ohne Rücksicht auf Verluste mit anderen um die Wette, sondern darf in einem neuen Spielmodus gezielt Massenkarambolagen produzieren ... Nachschub für den Autofriedhof« (aus dem amazon-Werbetext im Internet).

Der Titel »Burnout« deutet also auf die Realität: ausgebrannte Autowracks mit qualmenden Leichen. Jede Form von Verantwortung für sich und andere, alle Gefühle sind eliminiert.

LEBENSQUALITÄT ALS LEBENSKURVE

Viele Menschen tun sich schwer, ihre Gemütslage in Worten zu beschreiben. Wenn man aber eine statistische Größe oder eine Ziffer anbietet, geht das relativ leicht. Wenn jemand von sich z. B. sagt, er sei »depressiv«, kann das viel heißen, aber auch ziemlich inhaltsleer sein. Bei Bewertungen von 0 bis 10 legen sich die meisten Menschen ganz schnell fest: 0 bedeutet miserabel, die 10 ist die Höchstnote.

Also, wie ist im Moment Ihre Stimmungslage? Nicht überlegen! Aha, bei 6 bis 7, das geht ja, ist aber nach oben ausbaufähig.

Nun wenden Sie dieselbe Bewertung auf Ihre gesamte Biografie an. Schauen Sie zurück auf Ihr bisheriges Leben: Wie begann es? Wo liegen die Höhepunkte? Wo die Tiefpunkte? Wo stehen Sie heute? Wo waren die wesentlichen Schwankungen? Wo deuteten sich Aufschwünge an?

Wie war die Atmosphäre im Elternhaus? Gab es lustige, gab es tragische Ereignisse, Trennungen, Todesfälle? Wie war Ihr Schuleintritt? Wie der Wechsel in die nächste Schule? Wie gestaltete sich der Schulabschluss?

Was bewirkten die Pubertät, die erste Liebe? Wann wurde ein Bruder oder eine Schwester geboren? Wie wirkte sich das aus? Wann haben Sie sich ein Bein gebrochen? Wann starb die Oma?

War der Abschied von zu Hause eher traurig oder eine Befreiung? Wie war das Studium/die Ausbildung in ...? Wie der Wechsel nach ...? Haben Sie das Examen/den Abschluss schön feiern können? War der Einstieg in den Beruf etwas Positives? Wie war es am Arbeitsplatz X oder Y?

Wie war die Hochzeit mit A? Was bedeutete die Geburt der Kinder? Was bedeutete die Trennung von Partner/in A? Was die neue Liebe zu B? Wann war ich allein? Wie war das?

Zeichnen Sie nun Ihre bisherige Lebenskurve: Sie können sie entweder frei zeichnen oder das folgende Diagramm benutzen. Versuchen Sie es erst einmal ohne Vorgabe der Quadrate, dann im Rahmen der Abbildung.

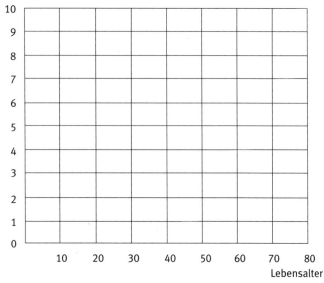

Was fällt Ihnen auf? Bewegt sich Ihre Kurve stark auf und ab? Berg und Tal? Oder ist alles wunderbar auf einem hohen Niveau zwischen 7 und 10? Dann kann man nur gratulieren. Leben Sie so weiter!

Beginnt Ihre Kurve weit unten, weil z. B. Ihre Mutter getrunken hat oder der Vater nicht mit im Haushalt lebte? Hatten die Eltern erdrückende Geldsorgen? Gab es Gewalt, Missbrauch, Schreierei? Wohnten Sie in beengten Verhältnissen, wo die Intimsphäre nicht gewahrt war? Haben Sie sich wegen Ihrer Herkunft oder wegen eines Elternteils geschämt, der sich in der Öffentlichkeit peinlich aufgeführt hat?

Oder erinnern Sie sich mit Freude an Ihre Kindheit, weil es lustig zuging im Elternhaus? Weil Sie Ihre Freiheit hatten, keine Leistungsprobleme in der Schule, Freude am Sport, an der Natur, am Spiel mit Freunden.

Sie können sich vorstellen, dass es interessant wäre, sich einmal die Kurven anderer Menschen anzuschauen. Wie schätzt Ihr Partner/Ihre Partnerin sein/ihr Leben ein? (Oder Ihres?)

Wie schätzen Sie das Leben Ihres Partners/Ihrer Partnerin ein? Wäre ebenso spannend! Vielleicht stellt sich heraus, dass die Menschen in Ihrer Nähe eigentlich recht wenig über Sie wissen. Oder sie beurteilen manches zu harmlos, was Ihnen an Negativem passiert ist. Probieren Sie es! Die gegenseitige Betrachtung der Kurven kann sehr viel Nähe herstellen.

Fünf Fallbeispiele

Folgende Lebenskurven und die jeweils unterschiedlichen Lebensgeschichten der Personen sollen verdeutlichen, welche Schlüsse wir aus der Lebenskurve ziehen können.

Der selbstständige Ingenieur

Nehmen wir die Kurve von Herrn W., einem 54-jährigen Diplom-Ingenieur, der zu Beginn seiner Therapie tief im Burnout-Loch steckte:

Herr W. beschreibt – auch grafisch gut erkennbar – eine schöne Kindheit und Jugend in einer behüteten Umgebung, ökonomisch und von den Beziehungen her sicher. Schon früh lernte er seine erste Frau kennen. Noch im Studium – das, an der Delle erkennbar – nicht ganz befriedigend war, wurde geheiratet. Danach steiler Aufschwung. Ein Sohn kam. Alles »Rama-Familie« ... – wäre da nicht das merkwürdige Verhalten seiner Frau gewesen, die immer auffälliger auf ihre Freiheit pochte. Es stellte sich heraus: Frau W. hatte ein Verhältnis mit einem anderen Mann. Mit der Ehe ging es hin und her und schließlich bergab. Streit, Trennung, Scheidung unter ungünstigen finanziellen Bedingungen. Der Tiefpunkt aber immer noch bei über 5. Denn zu dieser Zeit, mit 39 Jahren, lernte Herr W. im Elternbeirat der Schule seines Sohnes eine Frau mit Kind kennen und lieben. Es ging wieder steil bergauf, wenn auch im Zickzack ...

Zu dem Zeitpunkt, als für Herrn W. das Ende seiner ersten Ehe erkennbar wurde, musste er auch eine berufliche Krise bewälti-

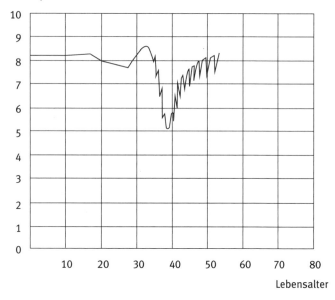

gen. Er hatte sich nach einigem Hin und Her zur Selbstständigkeit und zur Einrichtung eines eigenen Planungsbüros entschlossen. Zum Zeitpunkt seiner Ehekrise befand er sich mitten in der Aufbauphase. Das lenkte ihn zwar teilweise von seinen privaten Sorgen ab, doch er begann in dieser Zeit auch vermehrt Alkohol zu trinken und mit Unmengen Zigaretten seine Gemütslage zu stabilisieren. Dadurch kam es trotz des Aufschwungs zu regelmäßigen Einbrüchen, die schließlich mit Scheidungsdrohungen seiner zweiten Frau endeten.

Inzwischen ist er stark genug, sich Hilfe zu holen in einer Psychotherapie. Dadurch vermochte er auch weitere Schicksalsschläge zu verkraften wie den erschütternden Selbstmordversuch seiner Stieftochter, der mit einer körperlichen Behinderung endete.

Die Hausfrau und Mutter

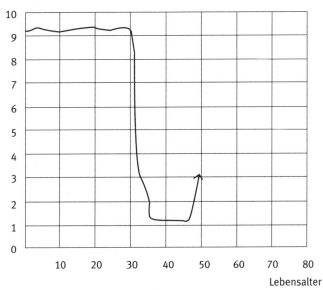

Die Lebenskurve von Frau T. sieht bis zu ihrem 31. Lebensjahr unauffällig-harmonisch aus. Dann ein jäher Einbruch: Ihr Ehemann beging Selbstmord. Er war der Zeit nach der Wende nicht gewachsen, zu sehr war er in das alte Regime der DDR verstrickt gewesen. Eines Morgens hatte er sich deshalb im Wald erhängt.

Der Schock saß tief. Was sollte die junge Frau machen? Ihr Sprachenstudium hatte sie gerade beendet. Dennoch stabilisierte sie sich aufgrund ihres guten Fundaments aus der Kindheit psychisch bald wieder. Sie lernte einen neuen Mann kennen, mit dem sie inzwischen zwei Kinder hat.

Alles schien in Ordnung, bis dem Ehemann die ständige Gewichtsabnahme seiner Frau auffiel, die jedoch beteuerte, es gehe ihr prächtig. Bald stellte sich aber heraus, dass Frau T. unter einer Essstörung litt. Sie versorgte die Kinder scheinbar mühelos und verantwortungsvoll. Aber bei ihr selbst gab es immer mehr Einbrüche. Ihr Gewicht geriet in bedrohliche Bereiche. Die schöne Fassade fiel in sich zusammen.

Das Ende der Geschichte von Frau T. ist noch offen. Sie will ihr Burnout, verbunden mit der Verschlimmerung einer vorhandenen Persönlichkeitsstörung, noch nicht wahrhaben.

Der Computerspezialist

Herr M. wuchs in einem zwar geordneten, aber düsteren Elternhaus auf. Vor allem der Vater warf mit seiner Herrschsucht und seinen hohen Leistungsansprüchen einen Schatten auf die Familienatmosphäre. Der ältere Sohn konnte den Anforderungen gerecht werden, der jüngere, Herr M., litt still vor sich hin, schaffte alles mit Ach und Krach. Schwierig war für ihn vor allem, etwas »zur Sprache« zu bringen. Ausfragen in der Schule oder gar Referate waren für ihn die Hölle. Die Welt der Computer kam ihm entgegen. Da waren Gefühle, vor allem Angst, aber auch Wut, ausgespart. Alles war korrekt, berechenbar ...

Leider war das mit den menschlichen Beziehungen nicht so. Er wählte – als Gegenstück – eine Ehefrau mit Hang zu hysterisch-dramatischen Ausbrüchen, die alle Gefühle in Übersteigerung zum Ausdruck brachte und ihn auf Dauer nervte. Noch immer hatte er nicht gelernt zu reden. Also zog er sich zurück, meist an den Computer, und suchte sich insgeheim eine weibliche »Alternative« namens Helga ... (In der Betrachtung seiner Energieverteilung im nächsten Kapitel werden wir die Art und Qualität dieser Beziehung kennen lernen.)

Vielleicht werden Sie fragen: Aber wo finden sich denn die Bewegungen des Lebens in den beiden geraden Strichen wieder? Stimmt: Aufgrund der Anamnese, der Biografie mit innerem und äußerem Ablauf des Lebens, würde ich in der Tat im Kopf eine ganz andere Kurve entwickeln, als Herr M. sie gezeichnet hat. Aber er neigt nun einmal zum Geradlinigen ...

Und die Wende zum 40. Geburtstag? Nun, das ist die Einsicht in die Lebenskrise, eine wahre Midlife-crisis ... Seine mühsam aufrechterhaltene Stabilität geriet ins Wanken. An seinem 50. Ge-

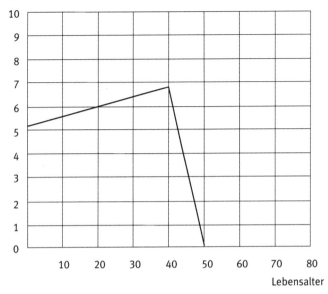

burtstag der absolute Tiefpunkt. Erst 5, dann langsames Hocharbeiten auf 6, schließlich 8, dann steiler, geradliniger Abfall auf die Nulllinie ...

Keine Angst, Herr M. hat sich nichts angetan. Allerdings wird am Verlauf seiner Lebenskurve deutlich, dass er dringend Hilfe braucht, dass er sein Wertesystem und seine Beziehung ändern muss.

Die strahlende Management-Beraterin

Was halten Sie von der folgenden Kurve?

Sie stammt von einer hübschen Frau, Mitte 30, die ihr ganzes Leben ohne Zögern auf gleich bleibend hohem Niveau durchgezeichnet hat. Wer Frau K. sieht, würde bei ihr nie eine Krise oder gar ein Burnout vermuten. Doch genau daran leidet sie. Man denkt: »Ja, so hübsch, erfolgreich, wohlhabend, gut verheiratet wie Frau K. möchte ich auch sein!« Aber leider fühlt

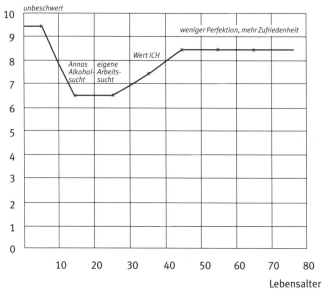

sie sich ziemlich elend. Vielleicht hat sie Angst vor der Zukunft?

Da gab es, im Verlauf kaum zu erkennen, den Einbruch durch die zunehmende Alkoholkrankheit ihrer Mutter und die folgende Trennung und Scheidung der Eltern. Das ist insgesamt doch viel dramatischer und einschneidender, als hier zu erkennen. Frau K. kann sich nur teilweise damit anfreunden, irgendwann selbst Mutter zu sein. Dann fiele die geballte Anerkennung aus, die sie jetzt fast täglich durch ihre Kunden bekommt. Das ist ihr inzwischen teilweise bewusst. Es bleibt abzuwarten, wie sie sich aus ihrer Krise herauswindet.

Für Außenstehende sind die Symptome der Krise von Frau K. aufgrund ihrer stimmigen Fassade kaum erkennbar. Aber ihr Körper gibt klare Signale: Immerhin hat sie seit längerer Zeit keine regelmäßige Monatsblutung mehr. Für Sex ist sie oft zu müde. Und insbesondere spürt sie eine tiefe innere Traurigkeit, die gelegentlich, im Schutz der Psychotherapiestunde, mit Tränen durchbricht.

Der Landarzt – allgegenwärtiger Helfer

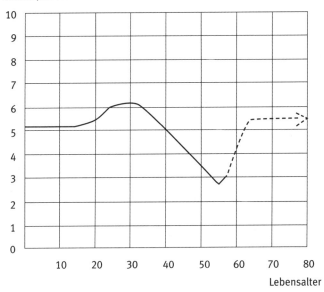

An dieser Lebenskurve fiel mir außer dem relativ niedrigen Einstieg bei 5 die Begrenzung unterhalb von 7 auf: Was ist da los, Herr Dr. N.? Der Kollege war selbst etwas verdutzt: »Ja, so ganz frei und unbeschwert habe ich mich nie gefühlt. Irgendwie waren immer andere wichtiger. Erst mein Bruder, der durch seine Eskapaden mir und den Eltern immer wieder Schwierigkeiten gemacht hat, dann zunehmend meine Ehefrau durch ihren Hang zum Luxus und schließlich ihr Medikamentenproblem. Sie ist kaum mehr wiederzuerkennen. Lange hat es keiner gemerkt – außerhalb der Familie. Aber jetzt wird es peinlich. Vielleicht nimmt sie mir auch übel, dass ich mich neben der Praxis so intensiv um meine berufspolitischen Ehrenämter kümmere. Also, das ist schon hart in Zeiten der Gesundheitsreform!«

Vielleicht gelingt ja Dr. N. noch ein Durchbruch in höhere Genuss-Sphären. Eigentlich ist er ein Genussmensch, aber möglicherweise verdrängt er durch seinen Hang zum guten Essen und Trinken seine Unzufriedenheit mit einem begrenzten Leben ... Er leidet unter Schlafstörungen und schlechten Träumen, wacht auf und empfindet den Tag wie einen Berg vor sich. Für seine Patienten spielt er weiterhin den gut gelaunten, immer hilfsbereiten Doktor. Aber innerlich denkt er manchmal an Götz von Berlichingen und ballt die Faust in seinem Kittel.

Und die Zukunft?

Es geht hier um die Frage: Gibt es ein Leben vor dem Tod? Und wie gestalten wir es? Irgendetwas stimmt nicht: Finden Sie es heraus – und bestimmen Sie dann eine neue Richtung. Das betrifft natürlich auch die Einschätzung Ihres gesamten Lebens: Wenn Sie Ihre Lebensqualität jetzt niedrig benotet haben, dann stellen Sie für die Zukunft eine Prognose zur Besserung. Verlängern Sie probehalber einfach die Linie bis zum Lebensende – mit der Tendenz nach oben!

»Ja, aber ich weiß doch gar nicht, wann mein Leben zu Ende ist!« Richtig, aber stellen wir uns einfach mal dieser Frage: Wann und wie sterbe ich?

Statistisch gesehen werden wir immer älter. Seit etwa 1840 steigt die Lebenserwartung jedes Jahr um etwa drei Monate. Beim Jahrgang 1910 lag das statistische Lebensende noch bei 45 (Männer) beziehungsweise 48 (Frauen). Beim Jahrgang 1936 lag es schon bei 60 beziehungsweise 63. Und wer 1999 geboren wurde, hat eine Lebenserwartung von 74 beziehungsweise 81 Jahren (Zahlen des Statistischen Bundesamts, zitiert im ›Spiegel‹, 21/2002). Auch jetzt stoßen wir noch nicht an die biologische Barriere. Der Grundlagenforscher Jim Oeppen im ›Spiegel‹ dazu: »Wohlstand, Ernährung oder Medikamente spielen eine Rolle. Es gibt aber keinen Einzelfaktor, der einen großen Einfluss hätte ... Der Zuwachs an Lebenserwartung begann ... schon zu einer Zeit, als es Hightech-Medizin und Pharmafirmen noch nicht gab.«

Über den zunehmenden Abstand in der Lebenserwartung von

Männern und Frauen darf spekuliert werden. Frauen nehmen aufgrund ihrer Biologie ihren Körper viel bewusster wahr, werden etwa durch ihre Regel ständig an die Rhythmen der Natur erinnert.

Mein mögliches Todesjahr

Haben Sie den Mut, die Jahreszahl Ihres möglichen Endes zu benennen! Sind Ihre Vorfahren recht alt geworden? Dann dürfen Sie etwas höher gehen. Wenn es viele frühe Todesfälle gab, ein wenig hinunter. Haben Sie Probleme mit Alkohol? Durchschnittlich sieben Jahre weniger. Rauchen Sie mehr als sieben Zigaretten täglich? Nicht mogeln! Runter mit den Jahren. (Dazu ein Rechenbeispiel: Ein 40-jähriger, übergewichtiger Mann, der auch noch raucht, verliert statistisch etwa 13 seiner noch ausstehenden Lebensjahre gegenüber dem normalgewichtigen Nichtraucher. Das berichtete die ›Süddeutsche Zeitung‹ am 8. 1. 2003 als Ergebnis einer Studie an Amerikanern seit 1948.) Haben Sie vor fünf Jahren aufgehört? Wieder im Normalbereich.

Das mögliche Jahr meines Abschieds von dieser Erde: _____

Diese Jahreszahl gibt ein mögliches biologisches Ende wieder. Aber es ist eine ebenso triviale wie selten bewusste Einsicht, dass unser Leben in jedem Moment beendet sein kann. Die Menschen in den Türmen des World Trade Center haben in der Sekunde des Einschlags der Flugzeuge ebenso wenig an den Tod gedacht wie die über hundert Menschen in dem ICE, die

Jeden Tag so leben, als könnte es der letzte sein.

wegen eines um Bruchteile eines Millimeters zu stark abgenutzten Radreifens bei Eschede in den Tod gerissen wurden.

Das sollte unser Motto sein. Das passive Warten beschert selten Gutes, ebenso wenig wie das überstürzte Handeln.

Das Nachleben

Es gibt also viele Variablen, die unser Leben und unser Ende beeinflussen. Aber eines ist so sicher wie das Amen in der Kirche: Irgendwann sterben wir alle einmal. Oder, etwas gröber ausgedrückt: Auf lange Sicht sind wir alle tot. Und die Nachwelt wird darüber miturteilen, wie wir gelebt haben.

Denn der zweite Tod, so sagt man, ist das Vergessen. Ob, wann und wie wir in Erinnerung bleiben oder in Vergessenheit geraten, hängt wesentlich von unserem Leben ab. Man kann ein ganzes Leben für den Nachruhm schreiben wie Thomas Mann – und darüber das richtige Leben vergessen. »Er war anwesend, wenn er abwesend war – und abwesend, wenn er anwesend war« (seine Tochter Elisabeth Mann Borgese).

Das Wesentliche an unserem Nachleben ist sicher, in guter Erinnerung zu bleiben durch menschliche Qualitäten, genauer gesagt, durch die Liebe, die wir in Worten und Taten gegeben haben.

DER ENERGIEKUCHEN: WOHER BEKOMME ICH MEINE ENERGIE? WOHIN GEHT SIE?

Menschen, die unter Burnout leiden, unter dem Zustand des Ausgebranntseins, beschreiben häufig, dass sie ihre Lebenskerze über längere Zeit »an beiden Enden angezündet« hätten. Übersetzt bedeutet das: Die Energie der Kerze wird von beiden Enden her aufgezehrt. In der Mitte wird es irgendwann eng, da ist dann keine Substanz mehr übrig.

Menschen, die ins Burnout geraten, überschätzen ihre eigenen Kraftreserven oft erheblich. Doch uns allen steht nur ein begrenzter Vorrat zur Verfügung. Gerade überaus gestresste Geistesarbeiter scheinen auf einem höheren Energieniveau zu funktionieren als der Durchschnitt. Ein bodenständiger Mensch, der seine eigenen Grenzen kennt und sich nicht bis zum Übermaß strapaziert, sondern das Leben genießt, hat dieses Problem sicher nicht.

Um eines Tages eine Erleichterung herbeizuführen und die Arbeitsbrennstäbe herunterzukühlen, müssen wir uns erst einmal bewusst werden, wie wir denn mit unserer Kraft, unserer Energie umgehen. Dafür gibt es eine verblüffend einfache Übung. Wir klären die Frage: Woher kommt meine Energie? Und wohin geht sie? Wenn wir das als Kuchen aufzeichnen, sieht das so aus:

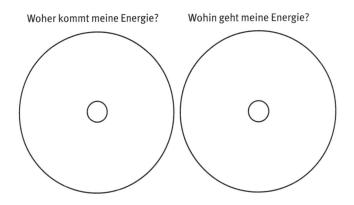

Tragen Sie bitte ein: Meine Energie kommt: aus der Natur, der Musik, meiner Beziehung, meiner Arbeit, aus dem Sport, aus meinen Hobbys, vom Lesen, vom Wandern. Fertigen Sie zunächst eine Liste Ihrer möglichen Energiequellen an. (Falls Ihnen wenig einfällt oder die Liste recht einseitig aussieht: Könnte das ein Hinweis sein, dass es mit Ihrer Energieversorgung nicht zum Besten steht?!)

Nun teilen Sie den Energiekuchen ohne großes Nachdenken auf. Grübeln behindert nur. Stellen Sie sich der Aufgabe, d. h. der Wahrheit über Ihren Energiehaushalt!

Fünf Fallbeispiele

Wir greifen hier die Lebensgeschichten auf, die wir aus der Betrachtung der Lebenskurve schon kennen. Natürlich kann sich der Energiehaushalt genauso verändern wie die Lebenslinie. Der Energieverteilungskuchen ist also nur eine Momentaufnahme, um uns Aspekte unserer Lebenssituation deutlicher zu machen.

Der Ingenieur

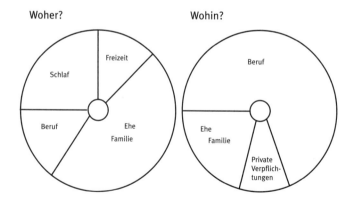

Es fällt sofort ins Auge, wie viel Raum die Arbeit einnimmt. (Arbeitssucht ist eine häufige Burnout-Ursache!). Das dürften hier zwei Drittel des Lebens sein. Immerhin bezieht Herr W. –

wie viele der Burnout-Betroffenen – einige Energie, Ansehen, Selbstbewusstsein aus dem Beruf, ca. 20 Prozent. In der Bilanz aber ein Verlust von über 40 Prozent!

In etwa umgekehrt sieht es bei Ehe und Familie aus: Hierher kommt ein erheblicher Teil der Energie. Gegeben wird im Vergleich deutlich weniger. »Private Verpflichtungen« sind für Herrn W. Einladungen, Treffen mit Freunden etc. Schlaf ist eine gute Energiequelle. Schlafmangel macht jeden Menschen krank. Hier sorgt Herr W. allerdings vor, ebenso mit Freizeitaktivitäten. Was hier fehlt: Der Energieverlust durch reichlich Zigaretten und gelegentliche Rückfälle in den Sekt.

Diese Energiebilanz wurde vor dem schrecklichen Selbstmordversuch der Stieftochter erstellt. Zusätzlich erkrankte die – inzwischen verstorbene – Schwiegermutter. Da wurden die Energievorräte notgedrungen ständig angegriffen. Sogar der Beruf musste zurückstehen vor Krankenhausbesuchen und Planungen für die Zukunft mit einem behinderten Kind.

Die Hausfrau und Mutter

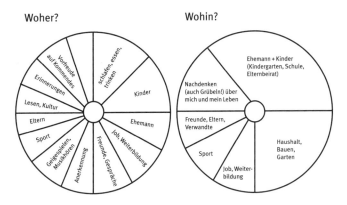

Eine vielfältige Verteilung, ein relativ abwechslungsreiches Leben – aber es übersteigt die Kräfte. In der Kategorie »Nachdenken über mich und mein Leben« steckt Gefahr. Hoffentlich will sie nicht insgeheim – obwohl sie das heftig von sich weist – ihrem

Ex-Mann nachfolgen. Sonst sieht alles schön glatt aus, wie so manche Fassade.

Der Computerspezialist

Hier wird es sehr einseitig:

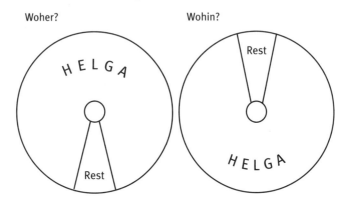

Von seiner Freundin Helga kommt alles, an sie verliert Herr M. alles. Der »Rest« ist nicht einmal definiert. So kann eine Beziehung zur Sucht werden. Alle negativen Zeichen von Helgas Unzuverlässigkeit und Überheblichkeit ignoriert Herr M. Sie soll ihn offenbar retten – und ist dazu denkbar ungeeignet. Immer wieder kokettiert sie damit, ständig Präservative dabei zu haben für einen möglichen Seitensprung. Herr M. lässt sich alles gefallen, unfähig Grenzen zu setzen. Seine Beziehung ist eine amour fou, eine verrückte einseitige Liebe ohne Perspektive ... Beziehungssucht trägt alle Anzeichen anderer Suchterkrankungen – und endet ebenso schrecklich.

Die Management-Beraterin

Was fällt als Erstes ins Auge? Wiederum – wie bei so vielen Burnout-Geschädigten – die Überbetonung der Arbeit. Darüber könnte sich Frau K. gut mit unserem Ingenieur Herrn W. unterhalten, in dessen Energieverteilung die Arbeit einen vergleichbar

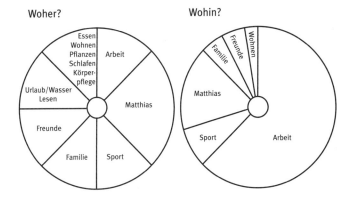

hohen Prozentsatz einnimmt. Daneben spielen – in dieser Reihenfolge – eine Rolle: der Ehemann Matthias, der Sport, die Familie, Freunde und Wohnen. Energiequellen sind für Frau K. der Ehemann, Freunde, Familie, Sport, Urlaub, Lesen, Wasser, außerdem Essen, Wohnen, Pflanzen, Schlaf, Körperpflege.

Was würde passieren, wenn da plötzlich eine – angeblich erwünschte – Schwangerschaft dazwischenkäme? Vom Bereich Arbeit ließe sich ja einiges abzwacken.

Der Landarzt

Nicht einfach zu lesen der Entwurf von Dr. N.:

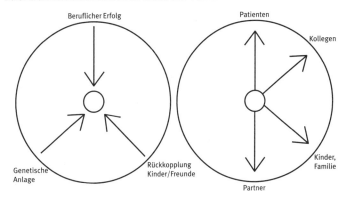

Energiequellen sind offenbar zu gleichen Teilen das, was er als »genetische Anlage« bezeichnet (biologistisches Denken?), beruflicher Erfolg und Rückkopplung durch Kinder und Freunde.

Verbraucht wird die Energie wohl zur Hälfte durch Patienten und Partnerin, der Rest geht an Kollegen, Kinder und Freunde.

Energiebilanz – immer neu

An den Beispielen lässt sich wiederum die Vielfalt menschlicher Existenzen erkennen. Vielleicht kommt Ihnen das eine oder andere sogar bekannt vor in seinen Parallelen zu Ihrem eigenen Schicksal.

Führen Sie sich die eigene Energiebilanz immer mal wieder vor Augen. Das kann in einer unvorhergesehenen Pause geschehen, wenn Sie auf einen Zug oder einen Flug warten. Das kann aber auch eine gezielte Auseinandersetzung sein, indem Sie Einschnitte wie Geburtstage, Silvester o.Ä. für eine Besinnung nutzen. Allein aus der Betrachtung ergeben sich bereits Folgerungen.

Ich mache mir meistens eine Liste: Was will ich mehr, was weniger? Und nach einem Jahr schaue ich dann, ob ich das auch umgesetzt habe.

Sehen Sie sich Ihr Ergebnis noch einmal an! Was fällt Ihnen jetzt auf? Was ist zu viel, was zu wenig vertreten?

Wohin geht die Energie?

Sollte es Ihnen auch – wie vielen im Burnout – passiert sein, dass Sie zuerst die Vergabe (um nicht zu sagen: Verschwendung) Ihrer Energie betrachtet haben? »Das ist so, als ob du losfahren wolltest, ohne zu tanken!« So beschrieb es treffend ein Kollege aus einer Selbsterfahrungsgruppe, als wir die Ergebnisse unserer Energieübung verglichen und austauschten.

Woher kommt die Energie?

Schauen Sie sich jetzt noch einmal Ihre Energiequellen an: Allein die Aufmerksamkeit dafür hat Folgen. Es wirkt schon! Das Befassen mit unseren Energiequellen hat fast automatisch zur Folge, dass wir uns intensiver auf das eine oder andere besinnen, das uns Kraft gibt.

In den folgenden Kapiteln werden wir detailliert darauf eingehen, wie wir z. B. die Energiequellen Kreativität und Spiritualität aktivieren, unseren Körper und unsere Gesundheit pflegen und über eine veränderte Wertehierarchie neue Strategien des Glücks entdecken können.

Der Ausgleich der Energiebilanz

Stillschweigend haben wir vorausgesetzt, dass die Energiebilanz im Gleichgewicht ist. So sollte es sein. Wie sieht die Energieverteilung bei Ihnen aus? Haben Sie etwa festgestellt: »Hoppla, bei mir sind die Kuchen total unterschiedlich. Ich bekomme viel zu wenig – und gebe ständig zu viel. Für Beruf und Familie verausgabe ich mich täglich bis zum Anschlag, aber das wird keineswegs durch entsprechende Gegenleistungen ausgeglichen.«

Das kann dann natürlich nicht gut gehen. Ein Motor, der ständig auf Hochtouren läuft, knallt irgendwann durch, wenn er nicht bestens überwacht und gewartet wird – und gelegentlich Ruhepausen bekommt.

Grundaufgabe ist: die Gewinnung neuer Energiequellen auf der einen und die Vermeidung unnötiger Energieverluste auf der anderen Seite.

Falls Sie aufgrund Ihrer Bestandsaufnahme, Ihres Ist-Zustands, schon erste Ideen haben, wie der neue Soll-Zustand aussehen könnte: Notieren Sie es sich! Was soll in Ihrem Leben wieder mehr Platz haben, mehr Energie bringen oder mehr Energie bekommen? Dann ist der Anfang geschaffen für eine Bewegung zu einem ausgeglicheneren Leben mit einer besseren Energiebilanz.

ARBEITSSUCHT:
HÄUFIG BEI BURNOUT-GESCHÄDIGTEN

Arbeitssucht – Bei Burnout-Geschädigten fast die Regel

Nach Einschätzung des Bremer Wirtschafts- und Sozialwissenschaftlers Holger Heide leiden mindestens eine Million Deutsche unter Arbeitssucht (›Abendzeitung‹ vom 10.2.2003). Flexible Arbeitszeiten machen Arbeit als Suchtmittel dauerhaft verfügbar. Das Leiden breite sich aus »wie eine Epidemie«.

»Wir arbeiten uns noch zu Tode«

Diane Fassel hat in diesem Titel ihres bekannten Buches über die Arbeitssucht zusammengefasst, was sie bei ihren Seminaren in Firmen und Behörden beobachtet hat: Die Arbeitssucht trägt praktisch alle Züge anderer Süchte – und sie kann ebenso tödlich enden. Hier geht es wiederum um Kontrolle und Kontrollverlust, um die Mengen, um heimliches Arbeiten, um Vorratshaltung, um Entzugserscheinungen, um Ärger, Scham und Schuldgefühle etc. Der Test »Fragebogen über süchtiges Arbeiten« gibt die Möglichkeit, eine eigene Gefährdung zu erkennen. (Natürlich kann hier auch ein Partner oder Angehöriger die vermuteten Antworten zusammentragen und damit ein deutliches Bild gewinnen.)

Warum ist man bei uns noch nicht so weit, wie zum Beispiel in Japan, als Todesursache auch die Diagnose »Arbeitssucht« (»Karoshi«) einzuführen? Arbeitssucht – oft als bloßer »Stress« getarnt, der als schick gilt – führt laut Heide zu Herz-Kreislaufstörungen, Magenproblemen, Rückenleiden, Alkoholismus – und treibt manche Menschen sogar zum Suizid (www.labournet.de).

Mit den sozialen und psychischen Dimensionen von Krankheiten tut sich die Medizin seit jeher schwer. Arbeitssüchtige Wissenschaftler, die ihr Feldbett sozusagen neben den Versuchstieren oder heute neben dem Computer aufgeschlagen haben, die auch die Reste ihres Privatlebens in die Labors verlegen, dürften kein

Interesse daran haben, dass man ihr Verhalten mit den Begriffen von Missbrauch und Abhängigkeit in Verbindung bringt. Der bereits erwähnte Paracelsus-Satz »Die Menge macht das Gift« trifft besonders auch auf die Arbeit zu. Selbstverständlich bestimmt sie einen wesentlichen Teil unseres Lebens. Aber letzten Endes darf es nicht dazu kommen, dass der Spruch »Arbeiten, um zu leben« zur Version »Leben, um zu arbeiten« verkommt.

Natürlich legen arbeitssüchtige Chefs, ob Rechtsanwälte, Ärzte, Manager, Politiker, Handwerksmeister oder andere, unbedingt Wert darauf, dass in ihrer Umgebung auf keinen Fall der Gedanke aufkommt, es könne sich bei ihnen um ein pathologisches Verhalten handeln. Sie strukturieren die Arbeit so, dass alle anderen mitziehen, oft über lange Zeit unter der Verkündung »höherer« Ziele und unter dem Einsatz ihres ganzen Charismas, um perfekte und unbegrenzte Leistungen aus ihren Mitarbeitern herauszupressen.

Die Auswirkungen der Arbeitssucht sind vielfältig. Wie etwa beim Alkohol gibt es körperliche, psychische und vor allem auch soziale Schäden. Von Einzelfällen abgesehen, kommt kaum ein Arbeitssüchtiger von selbst zur Therapie. Oft wird er (wie der spätere Therapeut) kaum einen Zusammenhang herstellen zum Arbeitsverhalten. Es wird verdrängt, bagatellisiert und geleugnet. Erst bei dramatischen körperlichen Folgeerscheinungen, die durch weitere Süchte hervorgerufen werden, wird der Arbeitssüchtige den Weg in die Praxis finden. Manche lernen es aber auch nach dem zweiten Herzinfarkt nicht ...

Jeden Tag zu arbeiten ist ein Zeichen für ...telligenz!« ...in Patient zu seinem öllig überarbeiteten Arzt Ich gehe jetzt – wie heißt ...as noch? – nach Hause!« in völlig überarbeiteter Oberarzt am Ende eines Nachtdienstes

In Helferberufen ist Arbeitssucht besonders verbreitet, unter Ärzten fast eine Berufskrankheit. Auch in der breiten Bevölkerung geht man davon aus, dass der klassische Hausarzt, aber auch der engagierte Kliniker eigentlich 24 Stunden Dienst hätte ... Dabei vernachlässigen viele Ärzte ihre eigene Gesundheit, greifen zum Abschalten zu Medikamenten und Alkohol und sind oft für ihre Angehörigen nicht mehr erreichbar. Kurz gesagt: klassisches Burnout!

Eine Sucht kommt nie allein: Dieser Spruch gilt besonders für Arbeitssüchtige. Es geht hier nicht nur um Geltungs- oder Machtsucht, obwohl das starke Antriebe für Arbeitssucht sind. In der Regel kommen stoffgebundene Süchte wie Alkohol oder Tranquilizer zur Beruhigung, Kokain für den Größenwahn, Fresssucht zum Auffüllen der inneren Leere oder Sexsucht zum kurzfristigen Abreagieren sexueller Wünsche hinzu.

Glanz und Elend eines Lebensstiles

In einer narzisstischen und süchtigen Gesellschaft ist Arbeitssucht anerkannt. Sie wird bewundert und gefördert. Die indirekten Opfer, die Angehörigen, Partner und Kinder, bleiben im Hintergrund, die direkten Opfer werden geradezu als Helden gefeiert, gefallen an der Arbeitsfront.

Arbeitssucht wird auch unterstützt durch mehr oder minder offen proklamierte gesellschaftliche Normen wie etwa »ora et labora« (bete und arbeite). Wenn in einer Religionsrichtung wie im Calvinismus die Gnade Gottes direkt am materiellen Erfolg ablesbar ist, bleibt einem ja nichts anderes übrig, als mit den Nachbarn mitzuhalten – und das geht meistens nur über mehr und noch mehr Arbeit.

Die Arbeit kann man deuten als große Mutter mit mehr oder minder großen Brüsten, die ernährt, aber auch für Verfehlungen straft. *Die Klinik, die Firma, die Schule, die Behörde* – alles zufällig weiblich? Das (unbewusste, verinnerlichte) Über-Ich der großen Mutter ist bei Arbeitssüchtigen meistens streng bis sadistisch ausgeprägt. Lob gab es oder gibt es nur für Leistungen, nicht für den Menschen an sich. Die innere Stimme »Du bist nicht gut genug!« kann zum Lebensmotto werden.

Motive für Arbeitssucht

Das Selbstbewusstsein des Arbeitssüchtigen ist meistens direkt proportional zur bewältigten Arbeitsmenge. Wie gesagt: Die Menge macht das Gift. Der Arbeitssüchtige erlebt nach einem gewissen »Aufbautraining« positive Gefühle, schließlich Räusche der Bestätigung durch Arbeit. Freie Tage oder gar verlängerte Wochenenden können zur Qual werden, da das Suchtmittel nicht zur Verfügung steht. Da werden womöglich heimlich Akten mitgenommen, um wenigstens die Illusion der Arbeitsmöglichkeit zu erhalten. Spätestens am Sonntagnachmittag steigt das Unwohlsein. Was am Montag alles auf mich wartet ... Während vordergründig noch Kontakt zum Partner oder zur Familie besteht, arbeitet der Hinterkopf längst auf hohen Touren, um Strategien für die kommende Woche zu entwerfen.

Warnende oder gar kritische Stimmen sind lästig: »Ich schaffe das schon! Lasst mich in Ruhe!« Nicht verwunderlich ist daher auch die Beobachtung, dass Menschen in typisch arbeitssüchtigen Bereichen wie der Politik, der Medizin und in Rechtsanwaltskanzleien sich nach gescheiterten Ehen Menschen aus dem unmittelbaren Arbeitsbereich suchen: die Chefsekretärin, die Arzthelferin etc.

In Vorgesetzten tauchen für Arbeitssüchtige oft Mutter-, manchmal aber auch Vaterfiguren auf, ebenso konkurrierende Geschwister. Wer wird vom (arbeitssüchtigen) Chef am meisten geliebt? Wer bekommt den nächsten Chefposten im Ausland? Wer darf sich an der Universität habilitieren? Wer darf den Chef begleiten? Unbewusst wird gekämpft, gelitten und gewütet. Die Arbeit wird zum Selbstzweck, man versucht, sich gegenseitig zu überbieten – wie im Leistungssport. Aber selbst die Goldmedaille kann manchmal nicht mehr gutmachen, was die Zeiten vorher zerstört haben.

Arbeitssucht allein führt nicht zur Therapie

Durch die hohe soziale Anerkennung von Arbeitssucht sind Betroffene für eine Therapie kaum motiviert oder motivierbar. Hinter glänzenden Fassaden spielen sich Tragödien ab, die oft bis zum letzten Moment unsichtbar bleiben. Wie auf einer Opernbühne wird dort ein wunderschönes Stück mit dramatischer Musik gespielt, während hinter der Bühne die Revolution geplant wird und unter dem Bühnenboden eine Bombe schlummert ...

Vielleicht warten schon Angehörige mit einer Mischung aus Schadenfreude, Angst, Wut und Trauer auf einen möglichen Zusammenbruch: »Dann wird er es endlich kapieren!«

Wie Alkoholiker versuchen die Betroffenen stets noch eine letzte Frist zu bekommen. Sie müssten noch dieses oder jenes Projekt zu Ende führen, diese oder jene Beförderung erreichen, unbedingt noch etwas Geld verdienen, um die Familie vor dem Ruin zu bewahren – und *dann* wird sich alles ändern! »Ab morgen ist Schluss!« Das ist bei allen Süchtigen dasselbe Motto.

Wieder arbeiten, um zu leben

Brave Broschüren nützen bei Arbeitssüchtigen genauso wenig wie bei Alkoholikern. Es muss schon etwas Gravierendes passieren oder der Druck des Umfeldes so stark werden, dass der Betroffene etwas unternimmt. Der Abschied von der Arbeitssucht läuft wie bei anderen schweren Erkrankungen über den Trauerprozess, das heißt über das anfängliche Leugnen zur Wut, zum Feilschen (»Ein bisschen was geht immer noch ...«), schließlich zur Trauer und zum Annehmen. Kleine Schritte stehen am Anfang. Obwohl Arbeitssüchtige oft heimliche Aussteigerträume haben, können sie in der Regel nicht vollständig auf ihr Suchtmittel verzichten, sondern müssen es anders dosieren und Kontrollverluste vermeiden.

Der genesende Arbeitssüchtige muss wieder bereit sein, sich etwas zu gönnen, für sich etwas zu tun – genau im Sinne einer guten Mutter! Dazu muss er unter anderem Hilfsangebote aus seiner Umgebung annehmen, Geben und Nehmen in ein Gleichgewicht bringen.

»Im Schweiße deines Angesichts ... .« – Gewiss, aber wie gesagt: Wir leben nicht, um zu arbeiten, sondern arbeiten, um zu leben! Und – nicht zu vergessen – die wichtigsten Dinge im Leben sind umsonst.

Liebe, Arbeit und Wissen sollten unser Leben bestimmen, nicht Sex, Macht und Geld.

Fragebogen über süchtiges Arbeiten

Sind Sie arbeitssüchtig? – Mit diesem Fragebogen können Sie Ihre Anfälligkeit für Arbeitssucht testen. Beantworten Sie jede Frage mit »Ja« oder »Nein«.

		ja	nein
1.	Arbeiten Sie heimlich? (Zum Beispiel in der Freizeit, im Urlaub?)	☐	☐
2.	Denken Sie häufig an Ihre Arbeit? (Etwa, wenn Sie nicht schlafen können?)	☐	☐
3.	Arbeiten Sie hastig?	☐	☐
4.	Haben Sie wegen Ihrer Arbeit Schuldgefühle?	☐	☐
5.	Vermeiden Sie in Gesprächen Anspielungen auf Ihre Überarbeitung?	☐	☐
6.	Haben Sie mit Beginn der Arbeit ein unwiderstehliches Verlangen weiterzuarbeiten?	☐	☐
7.	Gebrauchen Sie Ausreden, weshalb Sie arbeiten?	☐	☐
8.	Zeigen Sie ein besonders unduldsames, aggressives Benehmen gegen die Umwelt?	☐	☐
9.	Versuchen Sie periodenweise, nicht zu arbeiten?	☐	☐
10.	Neigen Sie zu innerer Zerknirschung und dauernden Schuldgefühlen wegen des Arbeitens?	☐	☐
11.	Haben Sie versucht, sich an ein Arbeitssystem zu halten, etwa nur zu bestimmten Zeiten zu arbeiten?	☐	☐
12.	Haben Sie häufiger den Arbeitsplatz oder das Arbeitsgebiet gewechselt?	☐	☐
13.	Richten Sie Ihren gesamten Lebensstil auf die Arbeit ein?	☐	☐
14.	Zeigen Sie auffallendes Selbstmitleid?	☐	☐
15.	Haben Sie bemerkt, dass Sie sich außer für Ihre Arbeit für nichts mehr interessieren?	☐	☐
16.	Haben sich Änderungen im Familienleben ergeben?	☐	☐
17.	Neigen Sie dazu, sich einen Vorrat an Arbeit zu sichern?	☐	☐
18.	Vernachlässigen Sie Ihre Ernährung?	☐	☐
19.	Arbeiten Sie regelmäßig am Abend?	☐	☐
20.	Haben Sie mitunter Tag und Nacht hintereinander gearbeitet?	☐	☐
21.	Beobachten Sie einen moralischen Abbau an sich selbst?	☐	☐
22.	Führen Sie Arbeiten aus, die eigentlich unter Ihrem Niveau sind?	☐	☐

	ja	nein
23. Wurden Ihre Arbeitsleistungen geringer?	☐	☐
24. Wurde Ihnen das Arbeiten zum Zwang?	☐	☐
25. Wurden Sie wegen Folgekrankheiten der Arbeitssucht in ein Krankenhaus aufgenommen?	☐	☐

Wer fünf dieser Fragen mit »Ja« beantwortet, ist zumindest suchtgefährdet. Wer mehr als zehn Fragen mit »Ja« beantwortet, ist mit ziemlicher Sicherheit arbeitssüchtig. Dem Suchtkranken kann geholfen werden. Voraussetzung ist, dass er sich seiner Arbeitssucht bewusst ist und sie als behandelbare Krankheit anerkennt.
(Nach: Jörg Fengler: Süchtige und Tüchtige. Begegnung und Arbeit mit Abhängigen. München: Pfeiffer 1994, S. 370 f.)

(Abdruck des Kapitels »Arbeitssucht« und des Fragebogens mit freundlicher Genehmigung des Kösel-Verlags)

ZEIT – UNSER KOSTBARSTES GUT

Wenn Sie Ihre Energiebilanz angeschaut haben, sind Ihnen sicher auch Gedanken bezüglich Ihrer Zeiteinteilung durch den Kopf gegangen. Energieverbrauch und Zeitverbrauch stehen in einem mittelbaren Verhältnis: Für die Dinge, die uns viel Zeit kosten, brauchen wir auch einiges an Energie, aber die Relation ist nicht immer eins zu eins. Es gibt Dinge, die zwar viel Zeit in Anspruch nehmen, aber relativ wenig Energie – und umgekehrt. Eine Fahrt mit dem Auto über Land kostet vielleicht viele Stunden, aber trotzdem wenig Energie, weil wir unterwegs Zeit zum Nachdenken haben, schöne Musik hören, uns mit unseren Mitfahrern unterhalten können.

Umgekehrt ist jede belastende, durch negativen Stress gekennzeichnete Situation geeignet, uns viel Energie abzuzapfen, ohne dass sie unbedingt sehr zeitaufwändig wäre. Pflegende Angehörige können z. B. ein Lied davon singen, wie anstrengend die körperliche und seelische Versorgung von kranken Menschen sein kann. Hier können die Faktoren Zeit und Energie sich multiplizieren.

Sich Zeit nehmen

Die meisten von uns sind nicht mehr in der glücklichen Lage, einen Abend spontan zu gestalten wie in der Schul-, Ausbildungs- oder Studentenzeit. Wer berufstätig ist, einen Partner, ein Haus, Haustiere oder gar kleine Kinder hat, muss seine schönen Momente ziemlich genau vorausplanen. Sonst finden z. B. Kino-, Theater- oder Konzertbesuche einfach nicht statt. Urlaub bleibt auf der Strecke. Und für Hobbys bleibt nichts mehr übrig im Zeitbudget.

Aufgrund unserer Energiebilanz und ebenso im Zusammenhang mit unserem Wertesystem (s. »Die Wertehierarchie«, S. 92), müssen wir bewusst Zeit einplanen – für uns selbst, für den Partner, die Kinder, die Freunde, die Kollegen ...

Zeitmanagement

Zum Thema Zeitmanagement werden Bücher und Kurse angeboten, aus denen man im Einzelfall gute Anregungen bekommt. Aber meistens gehen diese Programme nicht in die Tiefe der menschlichen Motivation. Menschen finden in der Regel für alles, was ihnen wirklich wichtig ist, die nötige Zeit. Im Alltag eines jeden gibt es Zeitabschnitte, über die er nicht frei verfügen kann. Und dennoch stellen wir immer wieder erstaunt fest, dass wir trotz allem eine Menge Zeit haben, die wir eben hier oder dort verpulvern.

Tipps zum Zeitsparen

Weniger ist mehr ist hier wiederum die wichtigste Erkenntnis. Meistens haben wir als aktive Menschen zu viele Jobs und Nebenjobs. Müssen Sie wirklich Elternsprecher sein, Kassenwart im Tennisverein, Funktionärin bei der Partei oder den Jungunternehmern, Schriftleiter bei der Fachzeitung, dritter Bürgermeister etc.? Das soll keine Geringschätzung dieser Posten bedeuten! Im Gegenteil: Sie können uns einen wesentlichen Teil unserer Identität geben.

Bürgersinn und aktive Beteiligung an der Demokratie sind wesentliche Glückselemente. Aber es geht um das Maß! Es kann ja auch mal jemand anders machen. Insgesamt müssen Aufwand und Gewinn in einem guten Verhältnis stehen.

Daher die Empfehlung: Einfach mal *nein* sagen! Oder *nein, danke*, das muss jetzt nicht sein!

Telefon und E-Mails

Das sind gemeine Fallen! Außer dem Fernseher frisst kaum etwas mehr Zeit als das Telefon, das genau dann klingelt, wenn wir einen vernünftigen Gedanken fast zu Ende gedacht haben ...

Nicht nur, dass unser Gesprächspartner wahrscheinlich etwas von unserer Verstimmung abbekommt. Wir verlieren auch den Faden und müssen uns neu sammeln. Auch das kostet Zeit. Also klare Regelungen finden und absolut telefonfreie Zeiten einplanen. Für diesen Zweck gibt es etwa einen Anrufbeantworter, sodass wir dann konzentriert und motiviert zurückrufen können – wenn wir wollen! Und wir selbst können den Adressaten fragen: »Passt es gerade – oder soll ich mich später melden?«

Inzwischen sind E-Mails zu einer Landplage geworden. In Firmen oder Krankenhäusern wird oft über die negativen Nebenwirkungen dieses an und für sich optimalen Mediums geklagt. Was mache ich, wenn ich am Montag, sowieso einem arbeitsreichen Tag, feststelle, dass ich über 70 E-Mails auf dem Schirm habe. In einigen Büros ist man dazu übergegangen, Texte auf ein Minimum zu beschränken und alles andere einfach zu löschen. Es hat etwas mit Disziplin und Höflichkeit zu tun, dem andern nicht zu viel zuzumuten, sondern einfach und klar sein Anliegen mitzuteilen. Das beginnt schon damit, dass wir genau überlegen, an wen die Message denn nun wirklich gerichtet sein soll, statt wahllos im Gießkannenprinzip alle mit unseren Mails zuzumüllen.

Eine weitere Zeitersparnis bedeutet es, unnötige E-Mails mit

Firmenwerbung weitestgehend abzuwehren oder gleich zu löschen. Sonst haben wir schon wieder eine halbe Stunde damit zugebracht, in einem Katalog nach unnötigen Konsumgütern zu schauen.

Das Handy

Je mehr Kommunikationsmittel, desto weniger Kommunikation. In Mode scheint jetzt zu sein, dass man etwa mit dem Partner spazieren geht – und dabei gleichzeitig mit jemand anderem telefoniert. Das Handy ist nicht nur eine Unkostenfalle, sondern ein Suchtmittel der besonderen Art. Beziehungslosigkeit wird durch ständige Erreichbarkeit überspielt. Das kann – wie das normale Telefon und die E-Mails – nicht zu knapp zum Burnout beitragen.

Schützen Sie sich davor, indem Sie Ihre Handy-Nummer wirklich nur wenigen Menschen Ihres Vertrauens geben. Außerdem können Sie das Gerät die meiste Zeit abstellen und Nachrichten auf der Mailbox sammeln. So bleibt nur das Notwendigste übrig.

Der Fernseher: Die Zeitvernichtungsmaschine

Die Medien an sich sind weder gut noch schlecht. Die Menge und die Qualität machen das Gift. Der glänzende Zivilisationskritiker Neil Postman hat sich viel mit dem Hauptsuchtmittel seiner Landsleute beschäftigt – und fand für die Kiste mit dem ovalen Bild den Begriff »time destroying machine«. Wenn man bedenkt, dass die Amerikaner 270 Minuten pro Tag, also 31 Stunden pro Woche, vor dem Flimmerbild verbringen, ist das bedenklich. Bei uns sind es nach neuesten Erhebungen (IP Deutschland für RTL, zitiert in der ›Abendzeitung‹ vom 24. 12. 2002) immerhin schon 205 Minuten täglich, fast dreieinhalb Stunden, pro Woche also ein voller 24-Stunden-Tag. International liegen wir damit hinter den Spitzenreitern Italien, Großbritannien und Spanien auf einem achtbaren siebten Platz. Die Schweiz weit abgeschlagen an letzter Stelle mit nur 138 Minuten. Die am Fernseher der Testpersonen installierte Uhr der Kommunikationsforscher und Werbungsverkäufer läuft natürlich auch dann, wenn der angebliche Konsument längst eingeschlafen ist, auf die Toilette geht, sich dem Sex widmet oder gar die Gäste bewirtet.

Da kämpfen Gewerkschaften Jahrzehnte um eine Verkürzung der Wochenarbeitszeit von früher über 60 auf unter 40 Stunden – und dann wird die gewonnene Zeit womöglich vor dem Fernseher totgeschlagen. Bei meinen Besuchen in den USA stellte ich fest, dass in vielen amerikanischen Familien die Kiste die ganze Zeit lief, sogar zum Essen oder wenn Gäste da waren. In Deutschland ist es inzwischen in vielen Haushalten ähnlich. Insofern muss man sich fragen: Was sehen die Zuschauer überhaupt?

Die von Postman in seinem ersten Bestseller ›Wir amüsieren uns zu Tode‹ referierten Ergebnisse sind jedenfalls erschütternd. Über die Hälfte der Zuschauer von Nachrichtensendungen konnten sich schon wenige Minuten später an keine einzige Meldung mehr erinnern. Die USA sollen einmal eine gebildete Nation gewesen sein, beneidet von Europäern. Inzwischen ist die Allgemeinbildung – trotz oder wegen? – des Fernsehens auf ein Allzeit-Tief gesunken.

Das Fernsehen hat also nicht die Erwartungen erfüllt, die wir in das Medium gesetzt haben. Von der erhofften Informationsoffensive oder der Bildung für alle ist nicht viel übrig geblieben. Im Gegenteil: Die Verblödung nimmt zu. Offenbar war Fernsehen in der Evolution nicht vorgesehen. Die Menschen – mehr oder weniger alle – können einfach nicht damit umgehen.

Der Bildungsforscher und -kritiker Dietrich Schwanitz hat im Zusammenhang mit der PISA-Studie eine ironische Rede à la Luther an die Erzieher entworfen. Darin heißt es u. a.: »Nur wer liest, kann auch sein Inneres erschließen ... Und so überlasst Ihr die Seelen der Euch Anvertrauten der Erfindung des Teufels, dem Fernsehen: Die Magie der Bilder folgt nämlich genau dem Stimulationsbedarf des Hirns. Es kann dann zwischen Innen und Außen nicht mehr unterscheiden. Damit verliert es die Fähigkeit, eigene Sinnwelten zu konstruieren, und möchte nur noch unterhalten werden. Wer so (in der Fernsehtrance – d. Verf.) erzogen ist, dem fällt sein eigenes Inneres zur Last. Dann verfällt er einer der drei Plagen des Teufels: der Sucht nach Drogen, der Sucht nach Unterhaltung und der Sucht nach Therapeuten« (›Focus‹, 50/2002, S. 49). (Den letzten Schlenker hätte sich Schwanitz schenken können, denn gerade wir Therapeuten bringen die Dinge im wahrsten Sinne des Wortes »zur Sprache«. Allerdings tun wir uns in der Tat oft schwer mit Patienten, die die deutsche Sprache aufgrund der beschriebenen Fernseherziehung, mangelnder Kommunikation in den Familien und fehlender Leseerfahrung nur noch rudimentär beherrschen.)

Qualität statt Quantität

Es gibt wie im Kino, wie bei Büchern und Musik, Theater und Oper verschiedene Ebenen der Qualität: Was z. B. arte, 3Sat (das Beste aus ARD und ZDF) oder einige der dritten Programme zu bieten haben, ist oft großartig. Da finden wir Dokumentationen, Magazine und Spielfilme, die uns dazu verhelfen, unseren Horizont zu erweitern. Das Material, das verantwortungsbewusste Medienfachleute hier zusammengetragen haben, können wir uns so kaum selbst erarbeiten. Gezielter Fernsehkonsum kann also nicht nur ein Genuss sein, sondern auch unsere eigene Kreativität anregen, uns im wahrsten Sinne des Wortes bereichern. Gerade gute Fernsehsendungen regen dazu an, weitere Medien zu nutzen, z. B. Bücher heranzuziehen.

Aber sicher kennen auch Sie den unkritischen Fernsehkonsum, wenn wir die Glotze anwerfen, »nur mal um zu schauen, was kommt«. Und schon ist der ganze Abend rum, man hat nichts gesehen, wofür es sich lohnt aufzubleiben. Manchmal sind wir womöglich angewidert von dem, was uns da zugemutet wird.

Fernsehen ist kein neutrales Medium. Es hat eine hohe Suggestionskraft im Positiven wie im Negativen. Nicht zuletzt unterstützt Fernsehen die Werteveränderung und -verschiebung. Medienmacher hören es nicht gerne, aber die schamlose Darstellung menschlicher Intimität und die ständige Berieselung mit Gewalt hat Folgen: Es tritt eine Abstumpfung ein. Die Schwellenangst wird vermindert, die Nachahmung gefördert.

Manfred Spitzer hat (im Editorial der ›Nervenheilkunde‹, 6/2002) die Ergebnisse der Medienforschung zusammengefasst: Fernsehen fördert Gewalt, Gewalt fördert Fernsehen. Wer das leugnet, muss Interessen ganz anderer Art haben – oder ein menschenverachtender Zyniker sein. »Wir haben uns eine Generation von Barbaren erzogen, die gelernt haben, Gewalt mit Vergnügen zu assoziieren«, zitiert Spitzer Dave Grossman, einen amerikanischen Ex-Militär und Psychologen.

Die amerikanische Akademie für Kinderheilkunde resümiert, dass Kinder in den USA bis zum 18. Geburtstag etwa 200 000 Gewaltakte allein im Fernsehen gesehen haben. Diese Brutalitäten sind nicht nur von Mitgefühl weitgehend befreit, sondern im Gegenteil: Verletzung und Tod werden so dargestellt, dass wir nicht nur kalt bleiben, sondern uns bestens amüsiert fühlen, uns vielleicht sogar auf die Schenkel schlagen. Und es gibt kaum etwas Grausameres als so genannte Comics (zu Deutsch »komisch«), in denen alle denkbaren Folterungs- und Tötungsmethoden bis zur Neige ausgekostet werden.

In der Regel ereilen uns Medienentwicklungen aus den USA so direkt und unausweichlich wie Coca-Cola und McDonalds. Haben wir nicht lange geglaubt, Amokläufe in Schulen seien das »Privileg« der Amerikaner? Inzwischen hat uns die Realität eingeholt: Nach den Ereignissen von Erfurt, wo der Schüler Robert St. seine Fantasie eines Rachefeldzugs gegen angeblich ungerechte Lehrer zur realen Mordtat werden ließ, war unsere Gesellschaft aufgrund ach so toleranter Gesetze (Toleranz für was?) nicht einmal in der Lage, das Computerspiel zu verbieten, das dem Verbrecher als Vorlage gedient hatte. Er hatte mit dem Videospiel vor dem heimischen Fernseher in einer sicher nicht so heilen Familie alles üben können, was für die Tat nötig war.

Die Tötungshemmung wird Menschen nicht nur in den Trainingscamps der Terroristen oder den Militärakademien der Armeen aberzogen. Das geschieht offenbar auch sehr effektiv mit den Simulationen der heutigen Kommunikationsmittel.

Wenige Wochen vor der Bluttat in Erfurt meinte ein Magazin noch, unter dem Titel »Kinder müssen fernsehen« den Konsum von Fernsehen verteidigen zu müssen. Sie würden sonst zu Außenseitern ... Dann sollten wir für Außenseiter plädieren! In Waldorf-Kindergärten müssen sich Eltern zur Fernsehabstinenz verpflichten – furchtbar altmodisch oder zukunftsweisend?

Eine Gebrauchsanleitung

Aber zurück von der Medienschelte zu unserem eigenen Gebrauch des Fernsehens: Haben Sie sich noch nie gewundert, wie viel unnötige Zeit Sie vor der Glotze zugebracht haben, um sich Skirennen, Fußball, Tennismatches anzuschauen? Wie viele Krimis, wie viele Seifenopern mit minimalem Tiefgang Ihnen die Zeit buchstäblich gestohlen haben? Da das Thema so wichtig ist, hier eine kleine Gebrauchsanleitung, die Ihnen künftig vielleicht hilft, das Fernsehen zu nutzen, ohne sich von ihm benutzen zu lassen:

1. *Nur gezielt einschalten!* Nie »einfach mal reinschauen«! Dann sind Sie schon der Fernsehtrance verfallen.
2. *Planen Sie voraus*, freuen Sie sich auf wahre Höhepunkte, z. B. alte Spielfilme oder die Erstaufführung eines Filmes, den Sie verpasst haben, solange er in den Kinos lief.
3. Sie können auch *aufzeichnen* mit dem Videorecorder oder auf DVD. Sprechen Sie sich mit Ihrem Partner oder Ihrer Familie ab, was alle gerne sehen möchten. Die Wahrscheinlichkeit, dass an einem normalen Tag z. B. eine vierköpfige Familie zur gleichen Zeit Muße hat und dann auch noch dieselbe Sendung sehen will, geht gegen 0! Aber wenn wir für das Wochenende einen Spielfilmabend planen oder durch die Aufzeichnung vorbereitet haben, kann das wunderschön werden. Ebenso können Sie informative Sendungen ganz gezielt dann anschauen, wenn Ihnen danach ist, und nicht, wenn das Programm es verordnet. Wer ist noch aufnahmefähig für die auf nachts um elf Uhr verschobene Dokumentation?!
4. *Ein fernsehfreier Tag!* So einfach. Fasten bringt auch hier viel.
5. *Nichts anderes nebenher tun!* Ist die Sendung die Aufmerksamkeit und Zeit womöglich sowieso nicht wert?
6. *Fernseher nicht im Wohnzimmer.* Das ist natürlich schon ein herber Schritt in Zeiten, wo das Wohnzimmer, die Sitzecke und die Schrankwand sich um den Medienschrein gruppieren. Aber es schafft Freiräume, lässt vielleicht wieder Unterhaltungen zu, die früher von den Fernsehsüchtigen unterbrochen wurden: »Sei still, ich will das sehen!«

Mit nichts anderem können Sie Ihr Zeit- und Energiekonto so schnell und nachhaltig bereichern wie mit der Einschränkung der Wochenfernsehzeit.

»Ja, und der Computer?« Hier gilt genau dasselbe. Zusammen genommen könnte sich Ihre wahrhaft »freie« Zeit schlagartig verdoppeln oder verdreifachen.

Lesen – auch eine Zeitfalle

Nicht wenige Burnout-Geschädigte sind/waren lesesüchtig. Auch mit dem Konsum von Büchern und Zeitschriften können wir uns unserer Zeit berauben.

Als Kind und Jugendlicher habe ich schon extrem viel gelesen. Alles, was mir in die Hände kam, wurde vernichtet ... Die Bücherei gab bald nichts mehr her. Dann kamen die Zeitschriften, vor allem ein Hamburger Nachrichten-Magazin (Ich las es von der letzten bis zur ersten Seite. Etwas erleichtert war ich, als ich erfuhr, dass es die meisten Leser in der gleichen Richtung tun.), später die Fachzeitschriften, Bücher aller Art. Bis mir bewusst wurde, dass mein unstillbarer, unkritischer und wahlloser Wissensdurst so nicht weitergehen konnte: Waren viele Artikel es wirklich wert, gelesen zu werden? Da war doch auch viel Ausschuss dabei, der lediglich die Seiten zwischen den Werbeanzeigen füllte.

Inzwischen bin ich dazu übergegangen, gezielt und streng auszuwählen. So bieten die Tageszeitungen, die Wochenzeitungen und die Fachzeitschriften gewiss interessante und aufschlussreiche Artikel, aber auch viel Überflüssiges. Dasselbe gilt für Bücher. Wenn wir uns zu Beginn einer Lektüre fragen, wozu wir die Information wirklich benötigen, erübrigt sich schon vieles. Weitere Zeit können wir durch Schnelllesetechniken, z. B. Foto-Reading (Scheele), gewinnen. Am Ende schmilzt der Zeitverbrauch für Sach-Lektüre auf einen Bruchteil.

Für Belletristik gelten freilich andere Regeln: Ein faszinierendes Buch kann gar nicht lang genug sein. Manche Passagen kann man mehrfach lesen, anderen vorlesen, zitieren, abschreiben ... Der emotionale Gewinn hängt wiederum nicht von der

Menge ab, sondern von der Qualität. Ein schönes Gedicht kann uns mehr geben als ein 400 Seiten langer mittelmäßiger Roman.

First things first

»Was uns belastet, sind nicht die Dinge, die wir bearbeiten, sondern die, die unbearbeitet in der Schublade liegen«, hat mal ein schlauer Mensch gesagt. Und dann das Problem der Wichtigkeit, der Prioriäten: die wichtigsten Dinge gleich erledigen! Man kann es noch drastischer ausdrücken: »Die dickste Kröte zuerst!« Unser innerer Schweinehund möchte uns natürlich dazu verführen, erst einmal lauter kleine, nebensächliche Dinge zu erledigen, die uns die Scheinbefriedigung vermitteln, wir hätten schon so wahnsinnig viel geschafft ... Dabei sitzt im Hinterkopf dieser saublöde Brief oder das Angebot an X oder die Behördensache Y... Aber sachte, lieber noch eine Zigarette, ein Plausch mit dem Kollegen, ein unwichtiges Telefonat.

»Man merkt nie, was getan wurde. Man sieht immer nur, was noch getan werden muss.«
MARIE CURIE

Der Zeitvorrat als Wasserschüssel

Stellen Sie sich vor, Ihre Zeit für diesen Tag stünde als Wasser in einer Schüssel vor Ihnen. Nun werfen Sie für jede unerledigte Aufgabe ein kleineres oder größeres Stück trockenen Schwamm hinein. Die Wassermenge wird immer geringer, die Stückchen saugen die Zeit beziehungsweise die Energie auf. Schließlich ist von der Oberfläche nichts mehr zu sehen. Wenn wir jetzt zuerst die größeren Stücke herausfischen, d. h. die wichtigen Aufgaben erledigen, und dabei das Wasser ausdrücken, wird die Wassermenge wieder größer. Die Energie steht wieder zur Verfügung, kann wieder freier fließen ...

Zeit widmen – Zeit schenken

In Partnerschaften kommt es nicht darauf an, eine möglichst große Zeitmenge miteinander zu verbringen, sondern *qualitativ hochwertige Zeit*. Deshalb sind manche (wahrlich nicht alle!) Wochenendehen besser als Partnerschaften, die nicht unter einer zeit-weiligen räumlichen Trennung leiden müssen. Wenn der andere ständig da ist, na ja. Wenn ich aber weiß, dass er/sie am Sonntagabend oder Montagfrüh schon wieder weg ist, wird die Zeit kostbar.

Auf jeden Fall müssen wir uns in der Regel gezielt vornehmen, den geliebten Menschen mehr Zeit zu widmen. Das ist das größte Geschenk, das wir ihnen machen können, vor allem wenn es auch noch gelingt, diese Zeit mit schönen Dingen zu füllen.

So grotesk es klingt: Sogar für die Liebe und den Sex müssen wir vorausplanen, jedenfalls wenn wir Kinder haben. Da geht spontan nur noch wenig. Also macht es Sinn, Zeitfenster für die Intimität einzuplanen. Und ein Wochenende allein zu zweit in einem schönen Hotel kann Wunder in einer vom Ausbrennen bedrohten Partnerschaft wirken.

DIE WERTEHIERARCHIE: UNSER GEHEIMER KOMPASS

Lebenskrise = Sinnkrise = Wertekrise

Menschen, die Hilfe suchend zu mir kommen, sind oft überrascht, wenn ich sie danach frage, welche Werte in ihrem Leben eine Rolle spielen und welche Prioritäten sie setzen. Bei solchen Gesprächen wird nach und nach deutlich, dass sie ihr Leben entlang einer Wertehierarchie führen, die ihnen zum einen nicht bewusst ist und die zum anderen offenbar in eine Schieflage geraten ist. Wer an einem Burnout leidet, darf sich sicher sein: Etwas stimmt nicht an seiner Wertehierarchie.

Wenn man dann genauer hinschaut, blinken plötzlich alle Lampen auf: »Ach, mir war gar nicht bewusst, wie hoch ich diesen Wert in meinem System angesetzt hatte!« Oder umgekehrt: »Jetzt begreife ich endlich, warum es mir in meinem Leben gar nicht mehr gut ging. Bewusst habe ich mir immer vorgenommen, meine Ehe und meine Kinder besonders ernst zu nehmen. Nun muss ich feststellen, dass ich in Wirklichkeit meinen Job, die Autorennen im Fernsehen und den Computer viel besser ›gepflegt‹ habe.«

Die meisten von uns rennen also durch das Leben, ohne sich die innere Richtschnur klar zu machen, die sie leitet: Irgendwie werde ich schon hinkommen ... Wir driften durch unsere kurze Zeit auf der Erde, statt uns genau zu überlegen, was wir eigentlich wollen, was wir *wert*schätzen. Ist unsere Rangfolge vielleicht Geld – Macht – Sex oder Kinder – Küche – Kirche oder Karriere – Partnerschaft – Auto?

Concordia, Integritas, Industria (Eintracht, Anständigkeit, Fleiß) – die Werte im Familienwappen der Bankiersfamilie Rothschild

Die Wertehierarchie ist eine sehr persönliche, individuelle Angelegenheit: Jeder muss »nach seiner eigenen Façon selig werden«. Das bedeutet jedoch auch, seine Werte anderen gegenüber zu verteidigen. »Das bringt doch nichts!«, hören wir manchmal Menschen sagen, die uns von Beschäftigungen abbringen wollen, die ihnen nichts wert sind. Wenn jemand ein Bild malt, ein Instrument spielt, ein Buch liest, kann es durchaus sein, dass es im Sinne des Kritikers »nichts bringt«. Dass jedoch der Wert »Kreativität« jemandem so wichtig sein kann, dass er künstlerische Betätigung wie die Luft zum Atmen braucht, will dem Kritiker (vielleicht ein Börsenmakler mit Dollarzeichen in den Augen) natürlich nicht einleuchten. Möglicherweise fällt diesem beim nächsten Börsen-Crash auf, dass Geld von ausgesprochen relativem Wert ist ... Und vielleicht entdeckt er dann sogar, dass ihm seine Gitarre früher auch viel Freude gemacht hat.

Erschütterung der Werte in der Krise

Bisweilen bedarf es heftigen Leidensdrucks, bis wir uns der Wertehierarchie, nach der wir unser Leben ausrichten, bewusst werden und auch bereit sind, sie zu ändern. Denn nur dann bleiben wir (psychisch und physisch) gesund und machen im Leben Fort-Schritte. Vielleicht ist es unserem Börsenmakler ein Anlass umzudenken oder zumindest nachzudenken, wenn er nach einem erfolglosen Arbeitstag auch noch feststellen muss, dass seine Freundin ausgezogen ist, weil sie keine Lust mehr hatte, mit einem lebenden Taschenrechner zusammenzusein.

Besonders simpel und drastisch ist das Wertesystem bei Suchtkranken: Nicht nur der Heroinabhängige, auch der Alkoholiker und der Zigarettensüchtige denken im Prinzip immer nur an das Eine: Wo kriege ich meinen Stoff her? Und: Reicht der Vorrat noch für heute oder bis morgen? Für die Beschaffung werden dann im Extremfall alle ethischen Regeln über den Haufen geworfen.

Übertreibung macht Werte zu Gift

Doch auch Werte wie Perfektion und Sauberkeit können zur Belastung, wenn nicht zur Krankheit werden. Die Menge macht, wie wir schon gesehen hatten, das Gift. Das gilt speziell auch für das Thema Sauberkeit.

Der Begriff von Sauberkeit ist nicht nur kulturell sehr verschieden, sondern auch individuell: Jeder hat da seine eigenen Regeln. Sie kennen sicher Wohnungen von Freunden, in denen Sie sich wegen der herrschenden Unordnung außer zu einem Kurzbesuch nicht aufhalten möchten. Und wahrscheinlich auch andere, in denen Sie das Gefühl haben, sich nur mit einem OP-Kittel und Handschuhen bekleidet bewegen zu dürfen.

Einer allein erziehenden Mutter mit zwei kleinen Kindern und einer Vollzeit-Arztpraxis »nebenbei« ging erstmals ein Licht auf, als ich ihr ausgeprägtes Bedürfnis nach Ordnung und Sauberkeit in Frage stellte. Wie verhielt es sich mit den anderen Werten? Gab es nicht – gerade in einer so extremen Situation – Wichtigeres als ein blitzsauberes Ambiente? Machte es nicht mehr Freude, mit den Kindern zu spielen oder spazieren zu gehen? Bald rückte der Wert »Bei uns kann man vom Fußboden essen« hinter den Wert »Familienatmosphäre«.

Perfektion – zerstörerisch

Das Thema Perfektion beherrscht ganze Lebenskonzepte, vor allem auch die von Burnout-Bedrohten. Das schleichende Gift unmenschlicher Ansprüche an sich selbst und andere kann alles zerstören. Perfektion ist ein Prinzip höherer Ordnung, das sich auf die Einstufung und Bewertung aller Werte und Überzeugungen auswirkt. Deshalb: Wenn Sie unglücklich werden, sein oder bleiben wollen, halten Sie an Ihrem Perfektionsanspruch fest! Falls Sie menschlich denken und fühlen, sich und andere glücklich machen wollen, geben Sie Ihren Anspruch auf! Machen Sie Ihre Sachen gut, hervorragend, professionell, leidenschaftlich – und denken Sie immer daran, dass nichts Menschliches perfekt ist! Gerade das macht es sympathisch.

> **Übung: Meine Wertehierarchie**
>
> Schreiben Sie, ohne groß nachzudenken, all das auf, was Ihnen in Ihrem Leben wichtig und wert-voll ist und wobei Sie sich glücklich und zufrieden fühlen. Vielleicht brauchen Sie einige Minuten, um sich über-

> haupt darüber klar zu werden, was das nun ist. (Bodenständige Menschen antworten meistens ziemlich schnell, Intellektuelle und Städter tun sich schwerer.)
> In einem zweiten Schritt ordnen Sie nun die Begriffe in eine Reihenfolge, indem Sie eine Ziffer davor schreiben. Erst wenn Sie sich festgelegt haben, dürfen Sie zur folgenden Fallgeschichte übergehen.

Meine Wertehierarchie:

_____
_____
_____
_____
_____
_____

Lebenskonzepte sind Wertekonzepte

Schauen wir uns also einen konkreten Fall an: Ein höherer Angestellter, nennen wir ihn Herrn Schmidt, mit Frau und zwei Kindern lebt (unbewusst!) nach folgendem Wertesystem: Ganz wichtig ist ihm »ein guter Tropfen« – sein Weinkeller ist dementsprechend bestens ausgestattet. Man gönnt sich ja sonst nichts ... Dann kommt sein Job als Software-Entwickler, der ihm (ganz wichtig!) eine Menge Geld einbringt, so dass er sich einen Porsche für den Weg zur Arbeit und zum Vergnügen leisten kann. Da Herrn Schmidt seine Ehefrau nach sechzehn Ehejahren nicht mehr attraktiv genug erscheint, hat er sich aus dem Vorzimmer eine wesentlich jüngere Freundin zugelegt. Nicht unwichtig auch die Machtverteilung in der Firma. Also wenn er jetzt nicht endlich die Abteilungsleitung kriegt! Ausland wäre auch nicht schlecht ... An seine Kinder denkt Herr Schmidt gerne, hat auch Fotos von ihnen auf dem Schreibtisch. Wenn nur nicht der vierzehnjährige Sohn solche Probleme in der Schule machen würde! Und gab es da nicht auch Gerüchte wegen Haschisch? Aber die Tochter ist wirklich goldig. Und die liebe Frau hält den Haushalt in Schuss und verdient mit ihrer Halbtagsarbeit dazu. Hobbys sind für Herrn Schmidt kaum noch ein Thema. Der Tennisschläger liegt im Keller. Herr Schmidt hat keine Lust mehr, zum »TC Prosecco« zu gehen, seit seine guten Zeiten im Doppel vorbei sind. Für Alternativen bleibt keine Zeit bei siebzig Stunden Arbeit in der Woche. Und die Band aus Studentenzeiten hat sich schon vor Jahren aufgelöst.

Schauen wir uns die Wertehierarchie von unserem Herrn Schmidt einmal an:

1. teurer Rotwein
2. Arbeit, Erfolg, Porsche
3. Geld, Status
4. Freundin
5. Macht
6. Kinder
7. Ehefrau

Schauen wir auch auf die Defizite: keine Hobbys. Gesundheit nicht so wichtig. Kein Sport. Keine Spiritualität. Keine Kreativität.

Nun könnten Herrn Schmidt verschiedene Dinge passieren, die sein Wertesystem gehörig durcheinander wirbeln.

Vielleicht ermahnt ihn sein Hausarzt beim jährlichen, heroisch angetretenen Check, doch weniger Alkohol zu trinken, da seine Leberwerte auffällig geworden sind und die Harnsäurewerte einen schmerzhaften Gichtanfall ankündigen.

Dann fällt die Jahresprämie in der Firma nicht so hoch aus wie erhofft: So ein Mist! Das neue Porsche-Modell muss warten.

Die Freundin verlangt immer mehr Aufmerksamkeit: Sie will nicht nur Bettgenossin sein. Ob er sie nicht heiraten will?!

Überraschend wird der vakante Abteilungsleiterposten an einen »Arschkriecher« vergeben, dem der Chef nicht widerstehen konnte.

Der Sohn hat einen Verweis nach Hause gebracht, weil er mit Haschisch erwischt wurde. Es war also nicht nur ein Gerücht.

Zu allem Überfluss droht die Ehefrau mit Trennung. Sie hat es satt, als Haushälterin und Putzfrau missbraucht zu werden. Außerdem hat sie in seinem Jackett eine zweite Konzertkarte gefunden und ein langes blondes Haar auf dem Beifahrersitz des Porsche ...

Wie wird der arme Herr Schmidt nun reagieren? Auch wenn er es nicht weiß, werden alle seine weiteren Schritte auf Veränderungen in seiner Wertehierarchie beruhen. Bleibt er bei seinem alten System, ist der soziale, körperliche und psychische Abstieg vorprogrammiert.

»Also, einen Tropfen Wein kann mir keiner verbieten. Das wäre ja noch schöner!« Platz 1 bleibt.

»Wenn der Chef einen anderen vorzieht, mache ich künftig nur noch Dienst nach Vorschrift. Der wird sich wundern.« Arbeit und Erfolg von 2 auf 6.

»Der Porsche – schon blöd!« Position wie vorher.

»Meine Freundin wird mir langsam lästig. Heiraten – was bildet die sich ein? Aber knackig ist sie schon. Am besten halte ich sie noch ein bisschen hin.« Freundin runter auf Position 7.

»So schlecht ist meine Frau eigentlich nicht.« Ehefrau rauf auf 4.

»Um meinen Sohn muss ich mich kümmern! Da müssen jetzt ganz andere Saiten aufgezogen werden!« Von Platz 7 auf 2.

Herrn Schmidts korrigierte Wertehierarchie sieht nun so aus:

1. teurer Rotwein
2. Kinder
3. Geld, Status
4. Ehefrau
5. Macht
6. Arbeit, Erfolg
7. Freundin

Solche mehr oder minder halbherzigen Korrekturen erlebe ich bei Patienten relativ häufig. Wer überhaupt zu mir kommt, hat zumindest die Überzeugung: »So geht es nicht weiter.« Und sucht sich Hilfe. Unser Herr Schmidt würde wahrscheinlich noch nicht kommen, sondern es bei seinen oberflächlichen Änderungsversuchen belassen. Aber wenn eines Tages der Chef mit Entlassung droht, weil die Alkoholprobleme auch am Arbeitsplatz spürbar sind, müsste Herr Schmidt etwas tun. Mit dem Wert »Alkohol«

an der Spitze seiner Wertehierarchie klappt es definitiv nicht mehr...

Schauen wir uns in Herrn Schmidts Familie um: Ehefrau Helga hat wahrscheinlich ihre Kinder und den Haushalt ganz oben auf der Liste stehen, dann vielleicht den Garten und den Yoga-Kurs. Der Ehemann also auch nicht gerade auf der Poleposition...

Sohn Hans schätzt hauptsächlich seine Clique und seinen Computer, über den er sich mit seinen Freunden vernetzt oder auf dem er stundenlang Computerspiele spielt. Das frühere Interesse an Fußball und Basketball ist längst passé. Vor Mädchen hat er noch zu viel Angst. Gelegentlich ist bei Partys Alkohol im Spiel. Und seit einiger Zeit muss es sogar was Verbotenes sein: Haschisch.

Die elfjährige Tochter Susanne interessiert sich hauptsächlich für Britney Spears und Jennifer Lopez und füllt ihr Zimmer mit den entsprechenden Devotionalien. Der Gitarrenunterricht ist schon wieder beendet. Ins Ballett geht sie auch immer seltener...

> **Übung Fortsetzung: Und Ihre Liste?**
> Lassen Sie sich Zeit! Es geht hier um wesentliche Entscheidungen und mögliche Umorientierungen in Ihrem Leben. Wenn Ihr Bewusstsein für Ihre Werte nun geschärft ist und wenn Sie zumindest versuchsweise eine Rangfolge erstellt haben, ist ein erster Schritt getan. Schreiben Sie sich bitte auch zu jedem Ihrer Wertbegriffe ein paar Stichwörter auf: Was verbinden Sie mit Geld, mit Macht? Warum ist Ihnen Ansehen so wichtig? Sind Sie auf den Beifall anderer angewiesen? Verdienen Ihre zwischenmenschlichen Beziehungen vielleicht mehr Beachtung? Oder reiben Sie sich gerade an diesen auf? Müssen Sie sich vielleicht mehr um sich selbst kümmern?

Welche Werte sind die richtigen?

»Man kreuzigt den, der neue Werte auf neue Tafeln schreibt.«
FRIEDRICH NIETZSCHE

Unsere eigene Wertehierarchie ist das Ergebnis unserer Erziehung durch Elternhaus, Schule, eventuell Kirche und unserer Erfahrungen im Leben. Vieles hat auf uns eingewirkt, hat Spuren hinterlassen. Wahrscheinlich hat sich unsere Werteliste immer wieder verändert wie bei den Menschen, deren Lebenskurve und Energiebilanz wir kennen gelernt haben.

Jede Krise, jedes schöne Erlebnis, kurzum jedes wichtige Ereignis sollte uns Anlass sein, über den momentanen Stand unserer Werteprioritäten nachzudenken. Liege ich noch richtig? Was ist falsch gelaufen? Könnte es an der Überbetonung bzw. Vernachlässigung des einen oder anderen Wertes liegen?

Das vage Bauchgefühl – »Da stimmt was nicht!« – können wir durch unsere Methode der schriftlichen (!) Reflexion präzisieren. Viele Menschen zögern, etwas zu Papier zu bringen: Das ist ja so wahnsinnig konkret! Ja – tatsächlich! Im Prinzip ist das wie ein Spiegel, vor den wir treten, um unser Äußeres zu überprüfen: Nicht immer sind unsere Beobachtungen dabei erfreulich. Aber sie können Anlass sein, etwas an sich zu ändern, eine neue Priorität zu setzen.

Dazu kann auch jede Form von Meditation oder Gebet dienen: Hoffnung auf die – göttliche – Eingebung! Wenn ich den größenwahnsinnigen Gedanken aufgebe, alles selbst in der Hand haben zu müssen, kann ich mich auf den Strom der Geschehnisse, des Schicksals, der Geschichte einlassen.

Schwarz oder weiß – richtig oder falsch

In der Hoffnung auf die Vermittlung der richtigen Werte gehen Menschen zu einem Guru, schwingen bei Großveranstaltungen mit der Masse mit – und wissen endlich, wo es lang geht. Um eines klar zu machen: Ein Guru will ich für Sie nicht sein. Sondern ich will ein Stück dazu beitragen, dass Sie zu sich, zu Ihrer eigenen, auf der ganzen Welt einzigartigen Individualität finden. Dazu gehört als wesentliche Basis das Wertesystem.

Kinder aus gestörten Elternhäusern (bald werden sie die Mehrheit der Bevölkerung bilden) haben aufgrund widersprüchlicher Wertesysteme oder völliger Indifferenz das dringende Bedürfnis, klar und einfach gesagt zu bekommen, was *richtig* und was *falsch* ist. Nie hat man ihnen vorgelebt, was Werte sind und was sie im Leben bewirken. Nie oder selten hatten sie etwas, woran sie glauben konnten. Und wenn dies doch einmal beinahe so war, dann wurde es von dem einen oder anderen Elternteil schon wieder entwertet: »So ein Blödsinn! Verantwortung zu übernehmen – bringt doch eh nichts. Am besten, du kommst mit einem Minimum an Aufwand zu einem Maximum an Geld. Die anderen machen das doch genauso! Sei bloß kein Weichei!« Kein Kind denkt so, bevor es nicht von Erwachsenen verbogen wurde. Kinder haben einen tiefen Sinn für Gerechtigkeit und Vorformen menschlicher Werte. Der Werteverlust erscheint ihnen trostlos, eröffnet keine Perspektiven, sondern führt zu innerer Leere.

Begeistert können diese Kinder dann in der Pubertät oder als Erwachsene auf diesen oder jenen Wertezug aufspringen, wie er z. B. von Sekten angeboten wird: Eine geschlossene Weltanschauung, die endlich benennt, was *gut* und *böse* ist. Im Zweifelsfall sind »die anderen draußen« die Bösen, Sündigen, wir die Guten und Wahren. Uns kann keiner etwas anhaben. Die Gemeinschaft, die Ersatzfamilie bietet Schutz.

Die Dosierung ist wichtig

Auch bei Weltanschauungsfragen ist der bereits mehrfach zitierte Satz »Die Menge macht das Gift!« eine gute Richtschnur. Natürlich sind viele Werte, wie Sekten oder auch politische Parteien sie vermitteln, im Prinzip nicht schlecht. Schlimm wird es erst durch Überbetonung. Wenn die Nazi- und Skinhead-Szene von »Vaterland« redet, wäre grundsätzlich nichts dagegen einzuwenden. Schwierig wird es durch die Einseitigkeit und die extremen Inhalte, mit denen »dieses unser Vaterland« von diesen karikaturhaft männlichen (auch hier die Übertreibung!) Menschen gefüllt wird.

In anderen Ländern hat man ein weniger verkrampftes Verhältnis zu dem Begriff »Vaterland«: So reagieren über 90 Prozent der US-Amerikaner höchst empfindlich, wenn man etwas Kritisches über ihr Land sagt. Da wird man schnell zum »Kommunisten« o. Ä. abgestempelt. Die Herkunft des Landes aus einer Versammlung von Sektenangehörigen ist unverkennbar.

Der Präsident – als Vertreter einer durch die Wahl nicht einmal gesicherten Mehrheit – weiß, dass »God's own Country« die richtigen Werte hat – und wehe, jemand denkt anders. (Dem realen Gott sei Dank gibt es auch kritische Amerikaner, repräsentiert durch viele Schauspieler und Regisseure, u. a. Robert Redford oder Larry Hagman (der Bösewicht aus der uramerikanischen Serie ›Dallas‹), die sich fundierte Kritik erlauben, auch Dustin Hoffman oder Richard Gere, denen es ziemlich egal ist, ob sie nun zur Oscar-Verleihung eingeladen werden oder nicht ...)

Da werden auch so wichtige Werte wie die Presse- und Meinungsfreiheit (seit dem Golfkrieg) schnell außer Kraft gesetzt.

Der 11. September 2001 – Die Kollision der Welten

Nicht einmal die entsetzlichen Attentate vom 11. September 2001 haben dazu geführt, dass die offiziellen Vertreter der USA nachdenken über ihr Land und über mögliche Beweggründe der Tat. Laut den Kritikern, die sich selbst durchaus für Patrioten halten, haben vor allem Reagan und die Bushs dazu beigetragen, dass die Reichen immer reicher und die Armen immer ärmer werden, im eigenen Land wie in der Welt. Und sie haben den Werten »Geld« und »Macht« und »Wohlstand für uns« das Schicksal der Welt geopfert: Was schert uns die Umwelt? Der Dreck, den wir hinterlassen, interessiert uns nicht... Die reichste Nation der Welt ist die mit der größten Belastung für die Natur und die Atmosphäre! Öl, Öl, Öl! Alternative Energien? So ein Bullshit!

Herr Bush also weiß, was gut und richtig ist – und er wird als Weltpolizist den anderen schon beibringen, dass es besser ist, das so hinzunehmen, nichts dagegen einzuwenden... Die Verachtung für andere Religionen und Weltanschauungen (und ganz nebenbei auch andere Rassen) gab es schon während des Vietnam-Kriegs. Dreißig Jahre später entschuldigte sich der damalige Verteidigungsminister McNamara für sein Handeln, für seine offensichtlichen Fehler. Doch wem nützt das was außer ihm selbst?

Welch schreckliche Folgen die Verabsolutierung einer Weltanschauung haben kann, zeigt das Beispiel von McNamaras Boss Richard Nixon, der aus lauter Verzweiflung über die mögliche bis wahrscheinliche Niederlage seiner Werte alkoholisiert den Befehl gab, Atombomben auf Vietnam zu werfen. Nur die Befehlsverweigerung durch Schlesinger und Kissinger verhinderte das. Vor so einer Welt(werte)polizei muss man Angst haben!

Wertewandel – Werteunsicherheit

Mehr als die Amerikaner sind wir Europäer daran gewöhnt, über Werte und deren Wandel nachzudenken. Besonders nachdenklich gemacht haben uns die Ergebnisse der PISA-Studie. Irgendetwas mit unserem Wertesystem ist offenbar in eine gewaltige Schieflage geraten.

Die falsch verstandene antiautoritäre Bewegung hat dazu geführt, dass wir Werte wie Fleiß, Leistung, Intelligenz, Bildung, Verantwortung etc. nicht mehr genügend wertgeschätzt haben. Wettbewerb und Konkurrenz oder Disziplin sind gar zu Un-Wörtern geworden, die man möglichst aus dem Wortschatz streichen sollte – und bei deren Erwähnung man schief angeschaut wird. Ganze Ideologiegebäude und halbe Parteiprogramme hat man aus Ersatzbegriffen gezimmert wie »Chancengleichheit«, »Solidarität« etc. Nicht dass Sie mich falsch verstehen: Das sind für mich zentrale Wertbegriffe! Aber wiederum: Die Überbetonung mancher Werte bei gleichzeitiger Vernachlässigung anderer Werte hat zu der Schieflage geführt, aus der wir uns schnellstens wieder befreien sollten.

Geben wir es doch zu: Die traditionell konservativ-autoritären Länder haben besser abgeschnitten als die allzu liberalen und toleranten. Ein weites Feld der Diskussion ...

Meine Werte

Drücken will ich mich nicht. Sie dürfen erfahren, welche Werte mir zur Zeit besonders am Herzen liegen und durch den Kopf gehen:

Liebe ist das Wichtigste! Sie schließt alles ein, ist Ausgangspunkt für alles. Liebe für meine Frau und meine Kinder, meine Freunde, meine Patienten, meine Seminarteilnehmer. Liebe ist nichts Abstraktes, sondern ganz konkret. Also muss ich täglich darüber nachdenken, wie ich Liebe zum Ausdruck bringen kann.

Zu beachten: »Liebe deinen Nächsten – wie dich selbst!« Stehen Nächstenliebe und Eigenliebe in einem ausgewogenen Verhältnis? Oder überwiegt manchmal die Eigenliebe? Oder die Nächstenliebe?

Lebensfreude: Carpe diem – noctemque! Nütze den Tag, diesen Tag – und die Nacht dazu! *Kreativität* und *Spiritualität* gehören eng dazu.

Kompetenz, Wissen, Professionalität: Ich achte bei meiner Arbeit immer darauf, auf dem neuesten Stand des Wissens zu sein, meine Veranstaltungen entsprechend zu modifizieren, zuverlässig Inhalte zu überprüfen, Termine einzuhalten und den Erwartungen zu entsprechen. Für gutes Geld will ich gute Arbeit abliefern und keine Mogelpackung.

Höflichkeit ist sehr wichtig. Sie achtet den anderen in seiner Besonderheit und hebt alle Menschen auf dieselbe Ebene.

Disziplin beschäftigt mich: Lange habe ich sie vernachlässigt und mir sozusagen abtrainiert. Ich wäre froh, die Disziplin z. B. meiner Kinder zu haben, die sich konsequent und zielbewusst auf etwas vorbereiten können (ohne dabei die Lust am Leben zu vernachlässigen). An der Disziplin muss ich noch mindestens so lange arbeiten wie an meiner körperlichen Fitness – und beides hängt eng zusammen.

Verantwortung für mich und meine Familie, meine Patienten, meine Seminarteilnehmer – ohne coabhängig zu sein. Verantwortung für das, was ich schreibe oder vortrage, am Telefon oder in der Therapiestunde sage. Verantwortlich bin ich nur für das, was ich sage, nicht für das, was ankommt!

Ich will Sie nun nicht in mein Weltbild hineinpressen, obwohl ich gerade im Zusammenhang mit der Arbeit an diesem Buch über vieles gründlich nachgedacht habe. Wenn Sie einiges davon teilen wollen, umso schöner! Dieses ganze Buch ist voll von Anregungen, über Werte nachzudenken.

Werte haben Folgen

Nichts beeinflusst Ihr Leben so sehr wie Ihr Wertesystem, Ihre Wertehierarchie. Deshalb ist dieses Kapitel so wichtig. Aus veränderten Werten ergibt sich zwangsläufig ein verändertes Leben. Werte sind wie die übergeordneten Funktionsprinzipien in der Natur. Die Ausformung an der Oberfläche und im Detail kann dann sehr unterschiedlich ausfallen. Jeder von uns lebt zunächst einmal sein Leben – im Zusammenhang und in der Abstimmung mit anderen.

Glück stellt sich nur ein, wenn wir mit unseren Werten kongruent, in Übereinstimmung leben bzw. daran arbeiten, diese Übereinstimmung herzustellen.

DER GLAUBE – »WIE HÄLTST DU'S MIT DER RELIGION?«

Litt auch Goethes Faust unter einem Burnout-Syndrom? »In einem hochgewölbten, engen gotischen Zimmer Faust unruhig auf seinem Sessel am Pulte« – gut geht es ihm nicht, wie wir dann auch vernehmen: Er habe »*leider auch Theologie,*

Durchaus studiert, mit heißem Bemühn.
Da steh ich nun, ich armer Tor,
Und bin so klug als wie zuvor! ...
Und sehe, dass wir nichts wissen können!
Das will mir schier das Herz verbrennen.«
Natürlich findet er narzisstische intellektuelle Befriedigung:
»Zwar bin ich gescheiter als all die Laffen,
Doktoren, Magister, Schreiber und Pfaffen;
Mich plagen keine Skrupel noch Zweifel (wirklich nicht? d. Verf.),
Fürchte mich weder vor Hölle noch Teufel – (jetzt kommt's) –
Dafür ist mir auch alle Freud' entrissen,
Bilde mir nicht ein, was Rechts zu wissen,
Bilde mir nicht ein, ich könnte was lehren,
Die Menschen zu bessern und zu bekehren ...«

Befund: innere Unruhe, psychosomatische Beschwerden, Anhedonie (Unfähigkeit, Freude zu empfinden), Zynismus, gepaart mit Arroganz. Gestörte Beziehung zu sich und anderen Menschen, Empfinden von Sinnlosigkeit, Leere? Mit seiner Libido kann es auch nicht gut bestellt sein. Ob er außerdem zu viel Alkohol trinkt? (Goethe selbst trank zwei bis drei Flaschen täglich. Seine Frau Christiane war ebenso Alkoholikerin wie sein Sohn August. Beide starben früh an der Sucht: Christiane mit 51, August mit 40. Er amüsierte sich, als sein Sohn, später seine Enkel in seinem Studierzimmer herumtorkelten, weil er sie unter Alkohol gesetzt hatte.) Würden wir Faust eine Beschwerdenliste vorlegen, käme sicher einiges mehr zusammen: Schlafstörungen, Muskelverspannungen, Kopfschmerzen, auch Selbstmordgedanken ...

»Gibt es einen Himmel? Und wie hoch sind da die Parkgebühren?«

Die moderne Version des irritierten, freudlosen und Rat suchenden Intellektuellen ist Woody Allen, der sein Alter Ego (seinen geistigen Doppelgänger) durch einen Film nach dem anderen schickt, immer auf der Suche nach Gott, nach dem Sinn des Lebens. Der Erfolg der Arbeiten Allens beruht u. a. darauf, dass wir uns mehr oder weniger in ihm wiedererkennen. Die Zweifel des mittleren Lebensalters kommen hoch. Wie geht es weiter? Soll ich die nächsten zwanzig bis vierzig Jahre so verbringen wie die letzten fünf?

»Ich habe alles satt: meinen Rechtsanwalt und meinen Steuerberater. Ich kann auch niemandem helfen, nicht mal den Nierenkranken«, resümiert W. Allen Königsberg in ›Stardust memories‹.

Der Sinn des Lebens ist nun einmal das Leben selbst. Mehr gibt es darüber nicht zu sagen. Aber es kommt darauf an, was wir daraus gemacht haben: Steht auf dem Grabstein »Das volle Leben gelebt« oder »Hatte sich viel vorgenommen«?

»Wozu ist das Leben gut, wenn man am Ende doch sterben muss?«

»Der arme Kerl ist tot – und er hat nie mitgekriegt, was das richtige Leben ausmacht«, kommentiert Allen mit Blick auf sein Alter Ego, das da regungslos auf der Krankenhausbahre liegt.

Fast penetrant reflektiert Allen auf komische Weise seine jüdische Erziehung, die sich mit den Grundthemen der menschlichen Existenz auseinander setzt. Er fetzt sich z. B. in ›Harry außer sich‹ (Thema: der Autor schreibt seine Biographie. Die Dargestellten sind z. T. wenig erbaut von seiner Version.) mit seiner fundamentalistischen Ex-Frau, der es gar nicht jüdisch genug sein kann. Woran glaubt er eigentlich? »Deine Werte sind Zynismus, Sarkasmus und Orgasmus!«, schleudert sie ihm entgegen. »Mit diesem Slogan könnte ich in Frankreich die Wahlen gewinnen!« Gut gekontert.

An anderer Stelle: »Nicht nur, dass es keinen Gott gibt. Versuchen Sie mal, am Wochenende einen Klempner zu kriegen!« Aber der existenzialistische Sucher kann es nicht lassen, im Vorbeigehen auf die Lockrufe einer Hare-Krishna-Gruppe einzugehen. So ganz verloren ist er nicht, der Autor u. a. des (leider zu wenig beachteten) Theaterstücks ›Gott‹ ...

Heilungsversuche

Wie wir wissen, versucht es der frustrierte Gelehrte Faust bei Goethe mit der Magie, durch einen Pakt mit dem Teufel in Gestalt des Mephisto. Und er versucht es mit Gretchen, die zum Opfer der Tragödie wird. Das Mädchen ahnt, dass mit dem eindrucksvollen, aber zynischen Gelehrten etwas nicht stimmt. Was ihm fehlt: sozusagen die Bodenständigkeit – und dazu gehört eben auch der Glaube!

Goethe selbst war ein Skeptiker und der etablierten Kirche gegenüber äußerst kritisch. Seine entsprechenden Zitate werden gerne ausgelassen. Aber Goethe war alles andere als ungläubig. Und als Künstler konnte er nicht anders. »Über allen Wipfeln ist Ruh' ...« Das ist nicht nur Poesie, sondern Naturgläubigkeit.

An nichts zu glauben – unmöglich

»Gott ist ein Luxus, den ich mir nicht leisten kann.« Der eigentlich zutiefst gläubige Augenarzt Dr. Jona in Woody Allens Film ›Mord und andere Kleinigkeiten‹ im Konflikt zwischen hysterisch fordernder Geliebter und Ehefrau

Also ist die Frage: an was? An die Performance meiner Aktien, an die Qualität meines Mountainbikes, die Zuverlässigkeit meines Mercedes? Oder an die Treue meiner Frau, die Intelligenz meiner Kinder? Die Wettervorhersage, die Wahlprognose? Das Wort »glauben« führen wir ständig im Munde, ohne es weiter zu reflektieren. (Vielleicht achten Sie in nächster Zeit mal darauf, wie oft Sie und andere »glauben« benutzen!)

Keine Gesellschaft ohne Glauben

Fast alle Kriege sind merkwürdigerweise Glaubenskriege. »Und willst du nicht mein Bruder (im Glauben) sein, dann schlag ich dir den Schädel ein!« Im Moment sind wir in Mitteleuropa – eine geschichtliche Ausnahmesituation! – über ein halbes Jahrhundert von Kriegen verschont geblieben. Dafür gibt es genügend Kriegsschauplätze draußen in der Welt, an denen wir zumindest ideologisch beteiligt sind. Und es gibt lokale Krisenregionen mit ständigen gewalttätigen Auseinandersetzungen, die offenbar nie Frieden finden werden: Und hier geht es immer um Glaubensstreit wie in Irland zwischen Protestantismus englischer Prägung und Katholiken, in Jerusalem/Israel um Judentum und Islam.

Dieser traurigen Seite des falsch verstandenen Glaubens stehen viele erfreuliche gegenüber: Niemals ist es totalitären Regimen gelungen, den Glauben abzuschaffen. Gerade die Ersatzreligionen der Faschisten und der Kommunisten legten großen Wert darauf, an der Stelle von christlichen bzw. orthodoxen Ritualen eigene Kulthandlungen zu installieren. In Bayern trat sogar an die Stelle von »Grüß Gott!« oder zum Abschied »Behüt dich Gott!« das »Heil Hitler!« Was dieser Gruß, auch zu »Heittler!« verkürzt, zu bedeuten hat, weiß wahrscheinlich bis heute niemand. In dem Film ›Sein oder Nichtsein‹ von Ernst Lubitsch antwortet der mit »Heil Hitler!« angebrüllte Adolf-Darsteller jedenfalls: »Ich heile mich selbst!«

Die totalitären Herrscher suchten neben der Entmachtung stets auch die Unterstützung einer nach ihren Wünschen neu ausgerichteten Kirche, da sie deren Macht und Einfluss aus einer jahrhundertelangen Tradition nicht so schnell beseitigen konnten. Nur in Russland verbot man für die Ersatzreligion des Marxismus-Leninismus ganz einfach die Religionsausübung.

In Deutschland waren große Teile der evangelischen, aber auch der katholischen Kirche bereit, sich im Kampf gegen einen anderen bedrohlichen Glauben, den Bolschewismus, auf die Seite der braunen Herrscher und ihrer Politik zu stellen.

Jedenfalls ist auffällig, dass nach dem Krieg trotz schlimmer materieller Engpässe, Hunger und Entbehrung die Wiederbelebung des Glaubens, konkret auch der Wiederaufbau und die Inbetriebnahme lange stillgelegter Kirchen in der kommunistischen Sowjetunion, mit großem Elan erfolgte. Und im Geheimen hat der Glaube in allen kommunistischen Ländern nie aufgehört zu existieren.

Obwohl etwa in der DDR die Zugehörigkeit zur Kirche mit großen Nachteilen für die eigene Ausbildung verbunden war, ja sogar für die der übrigen Familie (»Sippenhaft«), gab es immer genug Menschen, die sich ihres Glaubens nicht enteignen ließen. Wie ernst es die SED mit der Unterdrückung der Kirche nahm, zeigt sich z. B. an der Zensur eines Adventskalenders, auf dem der Kirchturm zu groß ausgefallen war: Er musste weg. Die buchstäblich Höhere Macht sollte eben doch die Partei sein ...

Offenbar ist der Glaube ein Grundbedürfnis des Menschen, das in keiner Kultur fehlt.

Was ist Glaube?

Laut dem Wörterbuch von Wahrig von althochdeutsch »gilouba«: »innere Gewissheit, die von Beweisen unabhängig ist, gefühlsmäßige Überzeugung, unerschütterliches Vertrauen, Zuversicht; (Rel.) auf Grund fremder Mitteilungen, geoffenbarter Wahrheiten oder eigener innerer Erfahrung die innere Gewissheit über das persönliche Verhältnis zu Gott; Bekenntnis, Heilslehre ...«

In unserer Gesellschaft, in der immerhin zwei Parteien das »C« für »christlich« im Namen führen, startet fast jeder als Kind mit einer gewissen Vorstellung von Religion (oder von Glauben): »Glaube an und Auseinandersetzung mit einer überirdischen Macht sowie deren kultische Verehrung« von lateinisch religio, »rücksichtsvolle, gewissenhafte Beachtung, Gewissensscheu« (Wahrig).

»*Gott sei Dank bin ich Atheist*«
LUIS BUÑUEL

Meistens kommt nach einer unreflektierten, naiven Phase des Glaubens etwas »dazwischen«. Wahrscheinlich machen die meisten von uns Schluss mit der praktizierten Gläubigkeit zum Termin der Konfirmation oder Kommunion. Was hindert uns am Glauben?

Übung: Die Geschichte meines Glaubens
Damit Sie Ihren heutigen Standort bestimmen können, schreiben Sie fünf Minuten über die »Geschichte meines Glaubens«! Gab es ein Kontinuum? Oder sind Sie irgendwann ausgestiegen? Warum? War es

> in der Pubertät nicht mehr »angesagt«? Hat die Sexualmoral Sie irritiert? Oder gab es lebensgeschichtliche Enttäuschungen – mit Gott oder mit der Kirche?

Psychotherapie – »Seelsorge für Ungläubige«?

Die ironische Formulierung soll auf den zwiespältigen Umgang mit dem Glauben in der Psychotherapie hinweisen. Im Grunde stimmt die Vermutung »Seelsorge für Ungläubige« nicht: weder für die Psychotherapeuten noch für die Patienten. Nur: Man spricht nicht darüber. Viele Psychoanalytiker trauen sich nicht, weil ihr Über-Vater Sigmund Freud nicht im Reinen war mit seiner (jüdischen) Religion. Und viele Patienten trauen sich nicht, weil sie das Tabu bei ihren Behandlern spüren.

Bewältigung von Krebs ohne Spiritualität?

Auf einer Tagung vor einigen Jahren im oberbayerischen Ohlstadt ging es um die Psychosomatik der Krebserkrankungen und natürlich auch um das (vorzeitige) Sterben der Patienten. Nicht mit einem Wort war bei der universitären Veranstaltung das Thema Glaube vorgesehen, kam auch in der Diskussion nicht vor. Ich fragte, warum wir die – möglichen – Ressourcen, die Kraftquellen, die im Glauben stecken, nicht nutzen sollten? Im Übrigen sei erwiesen, dass Patienten, die beten (oder meditieren), zu welchem Gott auch immer, schneller gesund werden. Ich fände es im Übrigen grotesk, dass man mitten im katholischen Bayern diese Thematik völlig beiseite lasse. Es kam, wie erwartet: erst betretenes Schweigen, dann Achselzucken, dann ein paar leere Sätze ...

In der Pause kam eine Kollegin auf mich zu: »Ich fand das sehr mutig von Ihnen! Sie sehen: Es gibt nur wenige, die bekennen!«

Fazit: Sich der Frage Gretchens stellen!

Dann können sich viele Wege öffnen – und die existenzielle Verunsicherung eines Faust oder Woody Allen ist Vergangenheit. Vielleicht wenden Sie sich anderen Religionen zu und werden

(z. Zt. in Hollywood Mode) Buddhist oder Hinduist. Manche Christen werden Juden, manche Juden wie der bekannte Sänger Bob Dylan alias Robert Zimmerman Christen.

Das Göttliche erkennen

Die Glaubensfrage ist zu ernst, um larifari behandelt zu werden. Wenn wir das Göttliche in der Liebe (auch in der körperlichen), in jedem Mitmenschen, in jedem Tier und jeder Pflanze erkennen, ist schon viel erreicht.

Wir brauchen die Natur. Die Natur braucht uns nicht. Naturvölker mit einer selbstverständlichen fundierten Spiritualität ohne Missionseifer waren schon immer weit entfernt davon, der Natur gefährlich zu werden. Sie haben das Gleichgewicht der Schöpfung bestehen lassen. Erst wir mit unserem Fortschrittsglauben (!) haben die Werkzeuge entwickelt, uns die Erde nicht nur untertan zu machen, sondern ihr eventuell auch ein Ende zu bereiten.

Glauben wir an die falschen Götter?

Der am 20. 6. 2002 mit 97 Jahren verstorbene Chemiker und Philosoph Erwin Chargaff (paradoxerweise an der Grundlagenforschung zur Vorbereitung der Gentechnik entscheidend beteiligt), hat darauf hingewiesen, dass wir in unserem Wissensdrang zwei entscheidende Fehler gemacht haben: die Spaltung des Atomkerns und die Spaltung des Zellkerns. Vielleicht fordern wir damit die Nemesis, die Rache der Götter, heraus, wenn eines Tages die Dinge außer Kontrolle geraten. Das Spiel mit den Genen ist längst in vollem Gang. Chargaff graute es vor den Konsequenzen.

Regelmäßig fahre ich auf dem Weg zur Praxis durch Martinsried, einen Vor-Vorort von München, das Mega-Klinikum Großhadern in Sichtweite. Martinsried ist mit sechzig Biotech-Unternehmen und rund siebzig Pharmafirmen auf dem Weg, noch vor Cambridge das führende Biotechnologie-Zentrum Europas zu werden. Mir wird schwindelig, wenn ich an den täglich wachsenden neuen Fassaden vorbeifahre: Was entsteht dort eines Tages? Was haben die hoffnungsfrohen intelligenten jungen Leute vor, die mir dann beim Gang in die U-Bahn begegnen?

Die »Boom-Town mit Bauernhöfen«, wo der »Odelgeruch über der Skyline« schwebt (›Abendzeitung‹ vom 28.12.2001), gehört zu dem Dorf Planegg, in dem der Dichter und Musiker Karl Valentin seine letzten Jahre mehr schlecht als recht verbracht hat. Was würde er mit Blick vom Friedhof aus sagen? Vielleicht »Die Zukunft war auch schon mal besser!«?

Der Glaube (!) der Wissenschaftler an ihre Mission ist unbegrenzt. Der Chef des Innovations- und Gründerzentrums Biotechnologie (IZB) leidet angeblich nicht an Burnout. Auf dem Foto in dem Zeitungsbericht strahlt er. »Stress ist sein Lebenselixier ... ›Solange ich arbeite, werde ich nicht krank. Erst an Silvester.‹« Vielleicht kommt er dann doch in einigen Jahren auf das Dilemma seines Vorgängers Dr. Faustus zurück!?

Das Kaninchen, das leuchtet

Zu den Vorbildern des Biotechnologen gehört sicher J. Craig Venter, dessen Unternehmen im Wettrennen um die Kartierung des menschlichen Genoms als Sieger hervorging. Herr Venter will künstliches Leben im Labor erschaffen. Die Träume fanatischer Wissenschaftler haben sich seit dem Mittelalter also nicht gewandelt. Leider sind sie ihrer Realisierung mittlerweile wesentlich näher gekommen. Unter dem Deckmantel, scheinbar ideologiefreie Architekten und Designer einer »zweiten Schöpfung« zu sein, haben sie z. B. ein Kaninchen erschaffen, dem das fluoreszierende Gen einer Qualle eingepflanzt wurde.

Falls Sie Spinnweben in Ziegenmilch ekelhaft finden: Auch das gibt es schon, seit man Ziegen Spinnengene eingepflanzt hat. Sogar an der Vision, das Mammut wieder zu beleben wie im Film wird gearbeitet. Vielleicht kann man es aus den Hoden eines eingefrorenen Tieres rekonstruieren ...

Menschliche Haut, Speicheldrüsen und Brüste sind bereits gezüchtet worden. Ein Zwitterwesen aus Schaf und Ziege namens »geep« (aus Englisch »goat« und »sheep«) existiert. Jeremy

Rifkin sieht die Zukunft hier ähnlich kritisch wie Chargaff: »Behüte uns Gott vor Dr. Venters neuen Schöpfungen! Sie könnten nicht so sehr die Boten einer zweiten Renaissance sein als vielmehr ein Reflex jener ›schönen neuen Welt‹, vor der uns Aldous Huxley (aus einer Wissenschaftler-Familie! d. Verf.) schon vor mehr als siebzig Jahren gewarnt hat ... Gentechnik stellt die ultimative Ausweitung der menschlichen Macht über den Lebensprozess selbst dar« (›Süddeutsche Zeitung‹ vom 3.1.2003, S. 13). Und es hat mit Kreativität, mit Kunst nichts zu tun: »In Wirklichkeit drohen die neuen Technologien die künstlerische Sensibilität vollends zu ersticken.« Kunst sei, zitiert Rifkin Lewis Mumford, »im Eigentlichen ein Ausdruck der Liebe in all ihren Formen«.

Nemesis – Tschernobyl als die Rache der Götter?

Schon einmal hat man sich getäuscht, ist dem Zauberlehrling sein »Geschöpf« außer Kontrolle geraten: bei der Kernspaltung. Zunächst standen wir euphorisch vor der »unbegrenzten Energie«, die uns die Atomkraftwerke liefern sollten. Das ist die Überheblichkeit, die uns zu Fall bringen könnte. Der erste Atomminister, rein zufällig der nicht nur machtsüchtige Franz Josef Strauß, versuchte jeden lächerlich zu machen, der an seinen optimistischen Zukunftsvisionen bezüglich der Atomkraft zweifeln wollte.

Dann kam Tschernobyl, der Super-GAU! (Wie wir am Anfang gesehen hatten, ist »Burnout« ein Begriff aus der Atomphysik, entspricht dem, was wir heute »Super-GAU« nennen würden.)

Jetzt ist der Ausstieg aus der Atomenergie beschlossen. Die kritiklose Begeisterung und die abfälligen Bemerkungen über alle angeblich abergläubischen Skeptiker gehören der Vergangenheit an.

Noch heute sollten wir Pilze aus der Ukraine, Schweden und Oberbayern möglichst nicht essen. Noch heute sterben vor allem Kinder in der Ukraine wegen des grauenhaften Zwischenfalls in Tschernobyl einen frühzeitigen unnötigen Krebstod. Die Schilddrüsenkarzinome sind z. B. wegen der Aufnahme von verseuchtem Jodid extrem angestiegen. Die traurigen Bilder der krebskranken Kinder, die das Privileg haben, z. B. in dem Münchener Universitätsklinikum Großhadern behandelt zu werden, sollten uns zu denken geben.

All diese Beispiele führen uns zu der Frage: Was sind eigentlich unsere Götter?

Die Götter »Naturwissenschaft« und »Technik« und »Fortschritt« sind ohne die Anerkennung des wahren Gottes gefährlich. Nicht zufällig beschäftigen sich viele berühmte Naturwissenschaftler vor allem gegen Ende ihrer Laufbahn und ihres Lebens intensiv mit philosophischen und Glaubensfragen.

Der göttliche Funke

Der Musiker Sting umarmt Bäume, hat durch seine spirituelle Orientierung angeblich Super-Orgasmen. Vielleicht entdecken wir den göttlichen Funken in Kinderaugen wieder, in einer geschmeidigen Katze, in einer schönen Blume, einer Schneelandschaft, einem See, einem Sonnenuntergang über den Alpen oder dem Meer. Vielleicht hilft auch die Musik: Der Pfarrerssohn Nietzsche mit einer problematischen religiösen Sozialisierung soll beim Hören von Bachs h-Moll-Messe nachdenklich geworden sein: Ob es nicht doch einen Gott gibt?

Gehe gelassen inmitten von Lärm und Hast und denke daran,
welche Freude in der Stille sein mag.
Soweit wie möglich versuche mit allen Menschen auszukommen,
ohne Dich zu unterwerfen.
Sprich Deine Wahrheit ruhig und klar und höre anderen zu,
auch den Dummen und Unwissenden. Auch sie haben ihre Geschichte.
Vermeide laute und aggressive Menschen, sie sind eine Plage für die
Seele.
Wenn Du Dich mit anderen vergleichst, dann magst Du eitel oder
bitter werden,
denn es gibt immer größere oder geringere Menschen als Du.
Freue Dich über Deine Erfolge und Pläne.
Nimm Deine Arbeit ernst, aber bleibe bescheiden,

es ist ein wirklicher Besitz in den wechselnden Geschicken des Lebens.
Sei vorsichtig mit geschäftlichen Dingen, denn die Welt ist voller Listen.
Aber sei Du selbst. Besonders heuchle keine Zärtlichkeit.
Sei aber auch nicht zynisch in Bezug auf Liebe, denn angesichts aller Trockenheit und Entzauberung ist sie wiederkehrend wie das Gras.
Nimm gütig den Rat der Jahre an und lass mit Anmut die Dinge der Jugend hinter Dir.
Nähre die Stärke der Seele, um in plötzlichem Unglück nicht schutzlos zu sein.
Aber beunruhige Dich nicht mit Grübeleien,
abgesehen von einer gesunden Disziplin sei milde mit Dir selbst.
Du bist ein Kind des Universums, nicht weniger als die Bäume und die Sterne.
Deshalb sei in Frieden mit Gott wie immer Du ihn Dir vorstellst und was immer Deine Mühen und Ziele sein mögen in der lärmenden Verwirrtheit des Lebens.
Halte Frieden mit Deiner Seele.
Mit all ihrem Schein, der Plackerei und den zerbrochenen Träumen ist es doch eine schöne Welt.
Sei achtsam und versuche, glücklich zu werden.

Gefunden in der alten St. Paul's Kirche, Baltimore 1692

KREATIVITÄT UND SPIRITUALITÄT

> »*Geradewegs fließen die Ideen in mich hinein; sie stammen direkt von Gott.*«
> JOHANNES BRAHMS
> »*Die Musik für diese Oper (Madame Butterfly) wurde mir direkt von Gott diktiert; ich war lediglich ein Instrument, das sie zu Papier gebracht und der Öffentlichkeit vorgestellt hat.*«
> GIACOMO PUCCINI

Die Reihe solcher Zitate ließe sich lange fortsetzen. Dabei kämen auch viele Künstler zu Wort, denen man eine spirituelle Orientierung im engeren oder weiteren Sinne gar nicht zugetraut hätte.

Manche Zuhörer meiner Vorträge sind ebenso wie meine Patienten überrascht, wenn ich auf die Bedeutung von Spiritualität bzw. Glauben und (hier: künstlerischer) Kreativität für den Heilungsprozess hinweise. Dabei ist Burnout sicher ein beschädigter Zustand gerade auch in diesen Bereichen.

»Gehen Sie doch nach der Therapiestunde aus dem Haus (in München) hinaus, rechts, hundert Meter weiter über die Sendlinger Straße und schauen Sie sich die Asam-Kirche an und direkt daneben das Haus des einen Bruders Asam – beides aus dem Rokoko! Da ist die Verbindung von Kreativität, Spiritualität und Lebensfreude unmittelbar zu greifen! Vielleicht gehen Sie sogar hinein und schauen sich die wunderbar renovierte Kirche von innen an: Kaum ist die schwere Holztür zu, schon sind wir in einer völlig anderen Welt. Ruhe, Schönheit, Kontemplation! Die Hektik der Konsumtempel rundherum ist schlagartig verschwunden, unwichtig.«

Auswege aus dem Burnout durch Kreativität?

Genau. Sie könnten hier vielleicht einwenden: »Ja, aber man hört doch so oft von Künstlern, dass sie Alkoholiker und fresssüchtig und sexsüchtig waren!« Das ist natürlich ein weites Feld, mit dem ich mich in den letzten Jahren viel beschäftigt habe. Mein Fazit: Künstler sind meistens schwierige, einsame Persönlichkeiten, die ihr Gefühlsleben mit dem Konsum z. B. von Alkohol versuchen zu korrigieren und zu heilen. Aber das bedeutet keineswegs, dass Drogen aller Art für ihren kreativen Prozess hilfreich sind. Es läuft wohl eher darauf hinaus, was ein Schriftsteller und Patient formulierte: »Im Grunde habe ich immer gegen den Strom des Alkohols angeschrieben.«

Zum Beispiel Julia Cameron

Vor einem Dutzend Jahren empfahl man mir das schöne Buch ›Der Weg des Künstlers‹ von Julia Cameron mit dem Untertitel ›Ein spiritueller Pfad zur Aktivierung unserer Kreativität‹. Auch diese Autorin hat ihren Kampf mit dem Lösungsmittel Alkohol ausgefochten. Da sie ihn nicht gewinnen konnte, hat sie einfach aufgehört, »im Januar 1978«. Dabei hat ihr nach dem Motto von C. G. Jung »Spiritus contra spiritum« (Spiritualität contra Alkohol) die Spiritualität in den AA-Gruppen (Anonyme Alkoholiker) geholfen. Diese entstammt zwar einer religiösen Bewegung, lässt aber jedem seinen individuellen Weg zur »höheren Macht, wie wir sie verstehen«.

»*Jedes Kind ist ein Künstler. Das Problem besteht darin, wie es ein Künstler bleiben kann, wenn es aufwächst.*«
Pablo Picasso

Nun hilft Julia Cameron den »Schattenkünstlern« in uns Erwachsenen, versucht, die kreativen Möglichkeiten wieder ans Licht zu holen. Ihr Buch enthält eine Fülle von Ideen und Anregungen, vor allem von Ermutigungen, unsere verschütteten Fähigkeiten wiederzubeleben.

So oder ähnlich haben es viele kluge Menschen ausgedrückt. Man kann also sagen: »Jeder Mensch ist ein Künstler!« Das ist keine Phrase, sondern eine tiefe Weisheit. Zu der trichterförmigen

Einengung des Lebens, die uns zu passiven couch potatoes macht, womöglich zu Sucht und Selbstmord führt, gehört der Verlust der Kreativität. Oder haben Sie schon einmal einen Menschen getroffen, der intensiv ein kreatives Hobby pflegt – und im Burnout landet?

Julia Cameron veranstaltet Kreativitätsworkshops für Erwachsene. Und sie selbst ist Schriftstellerin und Regisseurin. Oft wird sie gefragt: »Wie können Sie Kreativität lehren?« – »Das kann ich nicht ... Ich bringe Menschen bei, ihre eigene Kreativität zuzulassen.« Natürlich kommen besonders jene Menschen zu ihr, die ihre kreativen Wünsche zum Teil jahre- bis jahrzehntelang eingefroren bzw. vergraben haben, diese verdrängten Quellen aber ständig als einen inneren Druck verspüren.

Es geht also darum, wieder schöpferisch tätig zu werden.

»Ich schlage Ihnen vor, den Begriff Schöpfer ziemlich wörtlich zu nehmen. Sie streben ein kreatives Bündnis von Künstler zu Künstler mit dem Großen Schöpfer an«, sagt Julia Cameron. Was wird sich dann einstellen? »Die Hauptveränderung wird das Auslösen von Synchronizität sein: Wir verändern uns, und das Universum fördert diese Veränderung und gibt ihr mehr Raum.«

Es geht also um eine Art Geburtshilfe, nicht um einen Parforceritt. Sobald Sie sich darauf einlassen, verändert sich die Welt. Es begegnen Ihnen – lauter Künstler! In der Buchhandlung springen Ihnen plötzlich die Titel ins Auge, die sich auf Ihr längst vergessenes kreatives Hobby beziehen. Auf einem Fest lernen Sie jemanden kennen, der sich genau mit den Themen beschäftigt, die Sie auch brennend interessieren ... Im Fernsehprogramm landen Sie beim blöden Rumzappen zufällig beim Porträt eines Malers oder Fotografen, den sie – vor der letzten Eiszeit – immer so bewundert haben ...

Traumberuf Schriftstellerin

Die junge, hübsche Patientin, nennen wir sie Frau Schmidt, war in ihrer Arbeit als Chefsekretärin hochkompetent, aber das genügte ihr nicht. Und zu Hause saß ihr Mann, der zwar bemüht, aber in jeder Hinsicht ziemlich ungeschickt war. Über Arbeiten, Essen,

Schlafen, Fernsehen ging seine Perspektive nicht hinaus. Der Alkohol und gelegentlich – besonders an Wochenenden, einige Tropfen eines hochwirksamen Beruhigungsmittels (verschrieben von einem mitleidigen Arzt) halfen der jungen Frau über den Kummer des Alltags hinweg – mit gefährlichen Nebenwirkungen.

»Jetzt sagen Sie doch mal, abseits aller Realität: Was wären Sie denn gerne geworden?« Eine bedeutungsvolle lange Pause, dann kam es aus vollem Herzen: »Schriftstellerin!!« Sie wurde puterrot, schaute verlegen zur Seite. Plötzlich mussten wir beide lachen. »Das ist ja toll! Sie brauchen doch nicht rot zu werden!«

Es stellte sich heraus, dass sie schon als Teenager begonnen hatte zu schreiben. Leider kamen dann die üblichen herablassenden Bemerkungen von Lehrern und Eltern. »Hast du wirklich Zeit für so was?« – »Ganz nett ...« Irgendwann wurden die äußeren Zensoren zu einem inneren Zensor, der die Kreativität beschnitt und verurteilte.

Nach langer Schaffenspause hat sie wieder begonnen zu schreiben, beginnend mit einem ausführlichen Brief an ihre lange Zeit idealisierte Mutter, die sie mit Hilfe der Therapie jetzt differenzierter wahrnehmen kann. Es folgten autobiografische Texte, in denen sie z. B. ihre außerehelichen Erfahrungen schilderte.

Ein »Romanello«

Die Gefühle der Patientin konnte ich gut nachvollziehen. Nach der Lektüre von Thomas Mann und Joseph Roth wollte ich unbedingt selbst Schriftsteller werden und einen Roman schreiben über meine Heimatstadt Gütersloh und ihr Gymnasium – so ein Zwischending zwischen der ›Feuerzangenbowle‹ und den ›Buddenbrooks‹ ... Material hatte ich schon reichlich gesammelt und trug mein Anliegen schließlich im Leibniz-Kolleg in Tübingen, meiner ersten Studienstation, einem Germanistikprofessor vor. Statt einer Seminararbeit wollte ich lieber eine Erzählung schreiben. »Ach, Sie wollen also einen Romanello entwerfen?« Das traf mich tief ins Herz. Den Roman(ello) habe ich bis heute nicht geschrieben ...

Die Lehrer von August Everding, dem später weltberühmten

Regisseur und Generalintendanten in München, waren entsetzt, als sie hörten, was er vorhatte: »Was, der will zum Theater? Der hat doch so'n chutes Abitur chemacht!«

Bürgerliche Karriere oder Kunst?

W. K., »1866 in Moskau geboren, hatte dort Nationalökonomie, Jura und Ethnografie studiert. Ihm winkte eine wissenschaftliche Karriere, doch ...« – dann kam was dazwischen – »nach der Begegnung mit dem Werk Monets und Wagners und dessen großartiger Idee vom Gesamtkunstwerk entschloss er sich ein für allemal für den Weg des Künstlers und ging nach München, um Maler zu werden« (Süddeutsche Zeitung vom 3. 1. 2002)

Quizfrage: Wer war's?

Wassilij Kandinsky, wohl der entscheidende Künstler auf dem Weg zur Abstraktion. Wer den wunderschönen Ort Murnau im Voralpenland kennt mit dem Staffelsee, dem Blick auf die Alpen und dem »Russenhaus«, wo Kandinsky 1909 bis 1914 mit seiner Geliebten, der Malerin Gabriele Münter, gelebt hat, erkennt in vielen Bildern die Dorfkirche, die Hauptstraße, die Friedhofsmauer, das Schloss ...

Die erste Ausstellung der Neuen Künstlervereinigung München (u. a. mit Alexej Jawlensky, Marianne Werefkin, später Franz Marc) fand 1909 statt und machte Furore. »Das Publikum der Kunststadt München schimpfte, drohte und spuckte auf die Bilder, und die Pressestimmen überboten sich an Gehässigkeit« (ebd). Da sieht man, was man davon hat, Künstler zu werden.

Aber echte Künstler lassen sich nicht beirren. Kandinsky mit seinem klaren Blick hinter der randlosen Brille machte weiter und gründete den Blauen Reiter mit Franz Marc. Die erste Ausstellung in derselben Galerie, u. a. auch mit Werken von Delaunay, Rousseau, Macke und Campendonk, brachte wiederum heftige Reaktionen: »...höchst kontrovers und von heftigen Emotionen getragen« (ebd.)

Kunst ist Revolte, der richtige Künstler immer ein Revolutionär

Heute wundern wir uns über die aufgebrachten Gemüter: Wie kann man wegen ein paar ungewöhnlicher Farbstriche so ausflippen? Aber Künstler haben sich schon immer aus der Komfortzone des Alltags hinausgewagt und sind dem Alltagstrott entronnen. Wahrscheinlich erinnern sie viele Mitmenschen zu heftig an ihre eigenen verdrängten Gefühle von Liebe, Hass, Eifersucht und anderen Leidenschaften.

Warum mussten die Musiker bei der Uraufführung von Igor Strawinskys ›Sacre du Printemps‹ (Frühlingsopfer) um ihr Leben laufen, als die ersten Takte verklungen waren und die ersten erbosten Zuhörer das Orchester stürmten? In Strawinskys Musik ist halt mehr Lust, Sexualität, vielleicht auch Aggression enthalten, als viele vertragen können. Im Übrigen geht es um eine heidnische religiöse Zeremonie, in der Religion und Sexualität nicht als Gegensatz empfunden werden.

Holz als Leidenschaft

Unter dieser Überschrift findet sich in derselben Ausgabe der ›Süddeutschen Zeitung‹ ein Bericht über Bernd S., der »eigentlich Diplomingenieur und Computerfachmann« ist und »viel mit Kondensatoren und Transistoren für Sicherungssysteme zu tun hat«. Daneben ist er ein begeisterter Hobby-Schreiner. Seine Leidenschaft begann mit einer Anregung durch seine künstlerisch interessierte Frau und führte über eine Kreissäge im Keller bis zur komplett eingerichteten Werkstatt im eigenen Haus.

Zu seinem Beruf, der ihn vielleicht auf ein Burnout zugetrieben hätte, fand er einen Ausgleich. Jetzt baut er Bauernschränke und »alle Holzteile im Haus«, außerdem Puppenbauernschränke. Im Ruhestand wird das Schreinern dann sein zweiter Beruf.

Kunst als Karriere?

Natürlich gibt es viele Menschen, die ihr künstlerisches Potential überschätzen und sich dadurch verrennen. Aber es gibt eben auch viele große Künstler, denen von einer solchen Laufbahn dringend abgeraten wurde. Die mussten sich bei Aufnahmeprüfungen in Kunstakademien, Musikhochschulen oder Filmakademien anhören, dass das Talent leider nicht reiche ... Die Beispiele füllen ganze Kapitel der Kulturgeschichte. Claude Monet, der Begründer des Impressionismus (zunächst eine spöttische Benennung durch seine Gegner) gehört dazu, ein Schauspieler wie Armin Müller-Stahl mit einer Weltkarriere, dem man nach einem Jahr Ausbildung »mangels Talent« von dem weiteren Besuch der Kurse abriet. Aber auch Regisseure und Schauspieler wie Rainer Werner Fassbinder oder Michael »Bully« Herbig hat es getroffen, an der Hochschule für Fernsehen und Film in München: Der eine hat längst Filmgeschichte geschrieben (z. B. mit ›Lili Marleen‹, ›Berlin Alexanderplatz‹ oder ›Die Sehnsucht der Veronika Voss‹), der andere ist gleich mit seinem ersten Film ›Schuh des Manitu‹ erfolgreich gewesen.

Viele mussten jahrelang Ablehnungen und Demütigungen über sich ergehen lassen wie der Filmregisseur Werner Herzog (z. B. von ›Auch Zwerge haben klein angefangen‹, ›Nosferatu‹, ›Aguirre oder der Zorn Gottes‹), der in einer Talkshow im NDR berichtete, wie man mit ihm umsprang, als er noch Parkwächter spielte, um seinen Unterhalt zu verdienen: »Ja, will jetzt der Kindergarten auch schon Filme machen?« Oder die inzwischen ebenso weltberühmte Geigerin Anne Sophie Mutter, deren Weg über den allmächtigen Herbert von Karajan nicht so glatt ging, wie meistens angenommen. Nach dem Anhören des Beethoven-Violinkonzertes schickte er sie erst einmal nach Hause: Sie solle doch bitte nach einem Jahr Üben wiederkommen ... Der Tänzer Fred Astaire galt als zu hässlich und unbeweglich, andere als zu klein und als schlechte Sänger etc.

Daneben gibt es unendlich viele erfolgreiche Sänger, die eigentlich nicht singen können, Schauspieler, die nicht mehr tun, als ihr Gesicht in die Kamera zu halten, und Musiker, die in einem normalen Orchester gerade einmal in das vierte Pult der zweiten Geigen gesteckt würden – und trotzdem Karriere gemacht haben.

Von denen, die den gut (?) gemeinten Rat angenommen und auf den Weg des Künstlers verzichtet haben, erfahren wir nichts. Vielleicht werden deren Kinder Künstler, in Erfüllung der geheimen, verdrängten Wünsche ihrer Eltern? Manche nehmen eine Krise zum Anlass, den Rest ihres Lebens doch noch das Wagnis auf sich zu nehmen, Künstler zu sein.

Muss man erst wie Franz Kafka als Versicherungsagent versauern?

Keine Rücksicht auf Erzieher

»Ich habe doch nur getan, wovor mich meine Lehrer gewarnt haben.« Wenn er gewusst hätte, dass auch sein Vater ihn zu einem normalen Beruf drängen wollte, hätte er vielleicht die Schule beendet und wäre Kaufmann geworden. Ja, es handelt sich um Thomas Mann. Aus der deutschen Künstlerfamilie wurde er der mit Abstand Berühmteste. Er bekam den Nobelpreis für die ›Buddenbrooks‹, einen Roman, den der Verleger wohlmeinend erst einmal um die Hälfte kürzen wollte, weil er so dem Leser nicht zuzumuten sei ...

Niemand hat so prägnant wie Thomas Mann die Figuren des wohlgeordneten Bürgertums, z. B. verkörpert durch den Senator Buddenbrook (resp. Thomas Manns Vater, s. S. 52), und des Künstlertums (verkörpert in der Gestalt der Mutter bzw. von Hanno Buddenbrook) als Gegensätze herausgearbeitet.

Der Literaturwissenschaftler und Regisseur Dr. Heinrich Breloer hat uns mit Horst Königstein in dem dreiteiligen Dokumentarspielfilm ›Die Manns‹ eindrucksvoll vor Augen geführt, welches Schicksal Kreativität erfahren kann. Die jüngste und (bis Februar 2002) einzige noch lebende Tochter Elisabeth Mann Borgese begleitet mit ihren heiteren und scharfsinnigen Kommentaren den gesamten Film. Sie musste sich vom ihr sonst wohlgesonnenen Vater anhören, dass eigentlich »nur Männer« gute Musiker werden könnten. Sie habe (als gute Pianistin) darunter gelitten, »dreißig Jahre lang«.

Der Bruder Klaus wollte »unbedingt berühmt« werden und litt unter dem Vater, dem übermächtigen Vorbild. Schließlich beging er nach einer langen Drogenkarriere Selbstmord. Bei seiner Beerdigung spielte zum Abschied der jüngste Bruder Michael (den der Sprach-»Zauberer« Thomas Mann für unbegabt hielt und überhaupt für ziemlich überflüssig) die Trauermusik. Zu Silvester 1977 beging Michael mit Alkohol und Tabletten Selbstmord. Michaels Sohn Frido – Lieblingsenkel von Großvater »Tommy« und Vorbild für die Figur des »Echo« im ›Doktor Faustus‹ – ist neben seinem Beruf als Psychiater wiederum Hobby-Musiker. In der Dokumentation ›Die Manns‹ wird er nicht zufällig vor dem Flügel interviewt.

Kaufmann oder Künstler?

Den Details der Lebensläufe in der Mann-Familie sind Heinrich Breloer und Horst Königstein nachgegangen. Selten ist das Spannungsfeld von bürgerlicher Existenz und Kreativität genauer nachgezeichnet worden. Der geradezu unglaubliche Erfolg der Fernsehsendungen mit hohen Einschaltquoten und unzähligen Preisen im In- und Ausland, sogar in den USA, ist einerseits sicher auf die hervorragende Qualität der künstlerischen Arbeit der Autoren, des Regisseurs und des hochkarätigen Teams zurückzuführen. Aber könnte es nicht sein, dass gerade auch die Künstlerschicksale die Menschen vor den Schirm gelockt haben? Die Seelennöte einer machmal ziemlich hochgestochenen Patrizierfamilie aus Lübeck dürften für ein Massenpublikum sonst nicht unbedingt erste Wahl sein.

Thomas Mann entschied sich für die Karriere als Künstler, allerdings auf einem durch die geschickte Heirat (trotz Homosexualität) mit einer reichen Jüdin materiell gesicherten Hintergrund. Hätte er sich nicht getraut, ausschließlich Künstler zu sein, wäre er vielleicht »nur« Mäzen geworden, der sein Geld für die vorgesehene kaufmännische Karriere in eine Kunstsammlung oder die Förderung von Musikern gesteckt hätte.

Kreativität ist existenziell wichtig

Kreativität ist nicht nur ein Neben- oder gar Abfallprodukt unserer Existenz, sondern wie die Spiritualität essenziell! Ohne Kunst können Sie, kann ich nicht »richtig« leben. »Kreativität ist Sauerstoff für unsere Seele. Das Abschneiden unserer Kreativität macht uns wild«, sagt Julia Cameron.

Das Schicksal Ihrer Kreativität

Wenn wir als Kinder alle kreativ waren, so wie Picasso sagt: Wo ist sie geblieben, die Kreativität? Die Zeiten, in denen wir selbstvergessen gemalt, gebastelt, gesungen, Musik gemacht haben? Was ist aus der Fotoausrüstung geworden, dem Strickzeug, der Hobelbank, der Modelleisenbahn, der Staffelei? Wie lange wurde der Klavierdeckel nicht hochgeklappt? Wo verstaubt das Saxophon?

> **Übung: Meine Kreativität**
> Zu wie viel Prozent ist meine Zeit von Kreativität erfüllt? ____ Prozent
> Und mein Wunschwert: ____ Prozent
> Schreiben Sie die Geschichte Ihrer Kreativität auf, etwa so:
> Als Kind habe ich gerne gezeichnet und gemalt. Dann kam meine Mutter und meinte, ich solle doch was Vernünftiges machen. In der Schule hat mich mein Lehrer ermuntert, doch wieder anzufangen: »Du hast da ein Talent!« In der Pubertät zweifelte ich an allem, vor allem an mir selbst. Als dann noch meine beste Freundin glaubte, sagen zu müssen: »Also, Picasso ist das nicht gerade!«, war es aus ...
> So könnte also Ihre Biografie aussehen. Gönnen Sie sich die Chance, mit Ihrer Vergangenheit abzuschließen. Sie werden sehen, dass das notwendig ist: Wenn die Trauer vorüber ist, mit der Sie Ihre bisherige Künstlerkarriere vielleicht betrachten, tun sich neue Perspektiven auf!

Auswirkungen unterdrückter Kreativität

Während einer Fernsehaufzeichnung versuchte ich den Moderator, der eine unerträgliche Negativstimmung im Studio verbreitete, auf andere Gedanken zu bringen. Ich sprach ihn auf seine Malerei an. Er habe doch in einem Fernsehporträt erzählt, dass er »fast Maler geworden« wäre ... Die Antwort: »Ja, das stimmt!

Obwohl ich damals die Aufnahmeprüfung zur Kunstakademie bestanden hatte, war ich nicht in der Lage, jemals wieder einen Pinsel anzufassen, nachdem ich mich doch für ein anderes Fach entschieden hatte. Sie müssen wissen: Ich mache etwas ganz oder gar nicht!«

Ich dachte: Vielleicht wäre der Mann für sich und seine genervte Umgebung angenehmer, wenn er zur Entspannung wieder malen würde ...

Im Laufe unseres Lebens begegnen uns immer wieder Menschen, die unsere Lebendigkeit nicht ertragen können – und nicht an ihre eigene Künstlervergangenheit erinnert werden möchten. Deshalb setzen sie alles daran, uns zu überreden, davon zu lassen mit dem Argument, mit Kunst könne man »seine Stromrechnung nicht bezahlen« oder ende wie der Künstler bei Spitzweg in einem kalten Verschlag unter einer regendurchlässigen Dachschräge ...

Plädoyer für ein Künstlerleben?

Integrieren Sie die Kreativität wieder in Ihr Leben! Wenn Ihnen Ihr Beruf Freude macht, vielleicht sogar gleichzeitig Hobby ist: Bleiben Sie dabei! Aber räumen Sie sich Zeitfenster für Kreatives ein.

Falls Sie in ihrem Beruf weniger glücklich sind: Zögern Sie nicht, der Kreativität in Ihrem Leben den Rahmen zu geben, den sie verdient.

Wenn Sie ehrlich sind, rührt Ihr Burnout-Zustand auch daher, dass Sie nicht genügend das tun, was Ihnen gut tut. Sie haben keinen Ort, an dem Sie Ihre Seele baumeln lassen oder an dem arbeiten können, was Ihre Identität ausmacht.

Wie erhöhe ich den Kreativitätsanteil in meinem Alltagsleben?

Der passive Zugang

Lange Zeit haben Sie vielleicht geglaubt, dass Sie für »so was« keine Zeit hätten. Jetzt ist Ihnen wahrscheinlich klar geworden, dass der Mangel, die Leere, die Sie im Burnout empfinden, viel mit dem Verlust der Kreativität zu tun hat. Der Prozentsatz an kreativer Vitalität ist zu gering geworden.

Die Wiederbelebung der Kreativität beginnt mit kleinen Schritten: Wann haben Sie sich z. B. das letzte Mal spontan ein Konzert angehört, ein Theaterstück besucht oder sind in die Oper gegangen? Nicht ausweichen! Das ist offenbar lange her.

Auf dem Rückweg von der Praxis nach Hause bin ich im letzten Jahr auf ein Plakat gestoßen, auf dem der Pianist und Dirigent Murray Perahia angekündigt war. Er spielte Bach-Konzerte. Ich rief – nicht ohne schlechtes Gewissen – meine Familie an und teilte mit, dass ich gerne in dieses Konzert gehen würde... Ich hatte keinen Anzug an, war völlig unvorbereitet – und das Ereignis war unglaublich. Zum ersten Mal seit über zwanzig Jahren hörte ich das d-moll Klavierkonzert von Bach und seine h-moll-Suite (die mit der Querflöte) wieder live, Stücke, von denen ich jede Note kenne, die ich selbst schon gespielt habe...

Das passive Genießen schöner Kunst kann ein guter Wiedereinstieg in die Kreativität sein. Wenn Sie nicht nur die zentralen großen Veranstaltungen anpeilen, sondern auf die lokalen Ankündigungen achten, entdecken Sie oft Kostbarkeiten, deren Genuss keinen großen Aufwand bedeutet. Bei uns gibt es z. B. eine ganze Reihe begabter junger Musiker, die aus Verbundenheit und Dankbarkeit regelmäßig wieder in ihrer Heimat spielen. Oder es tritt ein Kabarettist live auf, den man aus dem Fernsehen kennt, eine Theatergruppe, die man immer schon toll gefunden hat...

Der aktive Zugang

Oder gefällt Ihnen vielleicht der Malkurs an der Volkshochschule? Oder das Töpfern, das Schreinern, das Schreiben, der Fotokurs, die Einführung in die Video-Technik? Vielleicht wollen Sie etwas über die italienische Kunst der Renaissance hören oder eine Ferienreise vorbereiten, die Ihnen endlich die Schönheiten in der Realität bietet, die Sie bisher nur aus Kunstbüchern kennen? ›Villen in der Toskana‹ oder ›Schlösser der Loire‹ oder ›Barockkirchen in Oberbayern‹...

Kreativität kann damit beginnen, dass Sie in eine Buchhandlung gehen und sich »einfach mal umsehen«. Rein zufällig stoßen Sie auf ein interessantes Buch, auf einen Fotoband, auf eine CD ...

Oder klinken Sie sich in die unermessliche Welt des Internet ein, stöbern bei www.bol.de, www.amazon.de oder www.Zweitausendeins.de oder wo auch immer! Geben Sie ein Suchwort ein und lassen Sie sich bei Google oder Yahoo oder ähnlichen Suchmaschinen überraschen, was das Internet so alles hergibt. Wissen und Kunst sind nichts Exklusives mehr. Sie sind für alle erreichbar.

Spezielle Zugänge zur Kreativität:
Morgenseiten, Künstlertreff, der Künstlervertrag

Morgenseiten

Julia Cameron als sozusagen Kreativitätsprofi schlägt vor, was schon viele andere genutzt haben, unter anderem Goethe: das absichtslose Schreiben von »*Morgenseiten*«, auf denen wir in wenigen Minuten – ohne Pausen! – in kritiklosem Hinkritzeln all die banalen Gedanken ablegen, die uns so beschäftigen. Hinterher ist geistig aufgeräumt und wir können uns den wichtigen Dingen zuwenden. Patienten, die zu diesem Mittel gegriffen haben, waren begeistert. So einfach ...

»Malen ist wie eine Art Tagebuch führen.«
PABLO PICASSO

»All dieses wütende, weinerliche, kleinliche Zeug ... steht zwischen Ihnen und Ihrer Kreativität.« Mit dem Schreiben können wir auch den inneren Zensor zum Schweigen bringen, der uns immer wieder mitteilen will, wie unsinnig unser Handeln eigentlich ist. Es gäbe doch soooo viele wichtigere Dinge zu tun, Wäsche zu waschen, den Wagen zu reparieren etc. Okay, aber da war doch noch etwas!

Der Künstlertreff

»In seiner ursprünglichsten Form ist der *Künstlertreff* ein Ausflug, eine Verabredung zum Spielen, die Sie im Voraus planen und gegen alle Eindringlinge verteidigen. Sie nehmen niemanden auf diesen Künstlertreff mit außer sich selbst und Ihren inneren

Künstler, auch bekannt als Ihr *Kreatives Kind*« (Hervorhebung vom Verf.).

Während eines Großteils unserer Zeit steht unser Schattenkünstler »unter der Obhut eines strengen Alltagserwachsenen«. Aber niemand ist geistig, physisch und seelisch hundertprozentig ausgebucht oder belegt. Nur dann, wenn wir auf der Flucht sind – vor uns selbst und vor anderen Menschen, z. B. im Burnout ...

Ein wesentlicher Bestandteil der Psychotherapie ist die Ruhe: sich eine Stunde gönnen ...

«So, jetzt müssen Sie eine Stunde mal gar nichts leisten! Lehnen Sie sich zurück, atmen Sie durch! Niemand ist Ihnen auf der Spur.« Später kommen Patienten unaufgefordert auf die Idee, im Anschluss an die Therapiestunde keine Termine mehr auszumachen. Noch etwas später nehmen sie keine Akten mehr ins Wochenende, sondern ... treffen sich mit dem inneren Künstler, holen ihr Saxophon wieder aus dem Keller, klappen den Klavierdeckel hoch, kaufen sich neue Malsachen, beleben ihre Schreinerecke.

Dazu gehört ein gewisser gesunder Egoismus. Man muss Nein sagen lernen. Aber die Familie wird begreifen, dass eine künstlerisch aktive Mutter oder ein Vater, der wieder fotografiert, malt, schreinert, auch sonst lebendiger und lebensfroher ist. Und: Das Vorbild steckt an: Kaum ein junger Künstler kommt aus einer Familie, in der nicht schon über Generationen musiziert, gemalt, getöpfert wird etc.

> **Übung: Mein Künstlervertrag**
> »Ich verpflichte mich, meine Kreativität wiederzubeleben und nicht im Stich zu lassen.«
> Finden Sie eine kurze persönliche Formulierung für Ihren Vertrag!
> (Ausführliche Version bei Cameron, S. 57)

Zeit für kreative Ideen

Das Leben bekommt durch Kunst wie durch Spiritualität eine Transzendenz, etwas, das über unser eigenes kurzes Leben hinausweist. Das ist nichts, was sich nur Privilegierte leisten können. Die Existenzen von Künstlern sind oft geradezu erschreckend geprägt von Alltagssorgen. Vincent van Gogh stritt sich mit seiner Familie, ob das Geld für Brot oder für Farben ausgegeben wird ... Nie konnte er ahnen, dass seine damals unverkäuflichen Bilder einmal zu den höchstdotierten Gemälden in der Welt gehören würden. Vielleicht hatte sein Psychiater Dr. Gachet das richtige Gespür, dass gerade die Kunst seines Patienten alles Vergängliche verewigen kann: Viele kennen van Goghs Porträt von ihm, dem Arzt und Hobbymaler (!), lange Zeit das teuerste Gemälde der Welt.

Der Blick führte die Künstler immer über die Banalität des Alltags hinaus. Ob sie als Versicherungsangestellte tätig waren wie Kafka, als Kellner arbeiteten, als Werftarbeiter, als Ärzte oder Ingenieure ...

Auch Sie sollten die scheinbar leeren Zeiten – statt mit Fernsehen – mit Kreativität füllen. Manchmal schauen mich Menschen verwundert an, wenn ich auf einer Serviette irgendetwas kritzele oder am Rand eines Buches Notizen mache.»Lösungen für klebrige kreative Probleme können durch das Spülwasser hochblubbern, auf der Autobahn just in dem Moment auftauchen, in dem wir ein heikles Einfädelungsmanöver durchführen ...« (Cameron).

Führen Sie ein kleines Notizbuch oder ein Diktiergerät mit sich. Inzwischen gibt es sogar Handys mit dieser zusätzlichen Funktion. »Steven Spielberg sagt, dass ihm die besten Ideen gekommen sind, wenn er auf der Autobahn war (auf der amerikanischen! – d. Verf.). Das ist kein Zufall. Indem er sich mit dem Verkehrsfluss auseinander setzte, war er als Künstler in einem auf ihn zukommenden und sich immer wieder verändernden Fluss von Bildern eingetaucht. Bilder lösen das Künstlergehirn aus« (Cameron).

Wann kommen Ihnen die besten Ideen? In der Badewanne, unter der Dusche? Am Strand, auf einer Waldwiese liegend? Im Bett – nach der Liebe? Ich kann mich z. B. gut im Zug entspannen und dort schreiben. Dann lasse ich mir einen Tee bringen, gehe vielleicht in den Speisewagen. Kein Telefon stört, niemand will etwas von mir. Kein Fernsehprogramm lockt, keine Süßigkeiten warten im Keller auf einen Abnehmer ...

Übung: Meine Orte der Inspiration:

Mut zum Risiko

Seien Sie nicht zimperlich! Belästigen Sie andere mit Ihrer Kunst! Planen Sie einen kleinen Auftritt mit einem eigenen Gedicht oder Song beim nächsten Familientreffen! Schenken Sie jemandem ein selbst gemaltes Bild! Oder nehmen Sie ein paar Musikstücke auf, um sie zum nächsten Weihnachten an alle zu verschenken, die Ihnen wichtig sind!

Als Schüler bin ich häufiger als Musiker aufgetreten. Das war schlagartig zu Ende, als ich mit dem Studium begann. Und in der WG war klassische Musik überhaupt nicht angesagt ... Die Kommentare klingen mir jetzt noch unangenehm in den Ohren: »Da werde ich so traurig! Spiel doch mal Rock'n'Roll!«

Erst durch die Auftritte unserer Kinder ist mir wieder deutlich geworden, dass die Konzentration und das Hinarbeiten auf ein paar kurze Minuten ungeheuer wichtig sind. Der Leiter eines Talentförderungsprogramms für junge Musiker meinte mal in einer Konzertpause: »Sehen Sie, diese Konzerte sind mindestens so wichtig wie der ganze Unterricht vorher!« Man muss eben auch lernen, die Angst zu überwinden, sich zu stellen, mal einen Misserfolg zu verkraften ...

Nicht nur Kleinkunst, auch große Kunst hatte oft zu leiden, wie sich häufig gezeigt hat, man denke nur an die erste Ausstellung der Künstlervereinigung der Blaue Reiter (vgl. S. 120).

Ein paar Farben, ein paar Pinselstriche lösen solche Gefühle aus? Ja, das ist das Wesen der Kreativität. Der Künstler bewahrt sich immer etwas von seiner Kindlichkeit – ebenso wie der erfolgreiche Wissenschaftler. Nicht zufällig haben fast alle bedeutenden Forscher einen starken Hang zur Kreativität wie z. B. Albert Einstein mit seiner Geige.

Sie müssen sich ja nicht gleich in Lebensgefahr bringen wie die Musiker, die Strawinskys Erstaufführung seines ›Frühlingsopfers‹ zu spielen hatten. Aber riskieren müssen Sie etwas. Sonst versacken Sie ganz schnell wieder in Ihrer Burnout-Leere.

Schützen Sie Ihren Künstler! Lassen Sie nicht zu, dass andere kommen und Sie – womöglich aus Neid! – fertig machen. Julia Cameron nennt sie die »Verrücktmacher«. Wir würden sie in unserer Fachsprache als »destruktive Narzissten« beschreiben, Größenwahnsinnige, die andere für sich einspannen, sie ausbeuten, ohne sich die Mühe zu nehmen, sich in sie einzufühlen. Sie verstehen es hervorragend, andere gegeneinander auszuspielen – und anderen die Schuld für eigene Fehler in die Schuhe zu schieben. »Sie sind oft charismatisch, häufig charmant, höchst erfinderisch und im Besitz einer erstaunlichen Überzeugungskraft ... aber außer Kontrolle geraten, langatmig bei Problemen, kurzatmig bei Lösungen« (Cameron, S. 92). Lassen Sie sich also von solchen Menschen nicht abbringen – gehen Sie Ihren Weg!

Synchronizität

Dieses eigenartige Wort beschreibt das, was wir lange Zeit als »Zufall« betrachtet haben. Sobald Sie sich mit etwas beschäftigen, vor allem auch mit Kunst, begegnen Sie z. B. dauernd Menschen, die ebenfalls an Kunst interessiert sind. Als ich mein erstes Buch schon (allzu lange) innerlich mit mir herumtrug, traf ich nicht nur einmal, sondern mehrfach eine inzwischen bekannte Autorin, die mir ihren Verlag empfahl – mit Erfolg. Inmitten des Partygeschehens um uns herum waren wir ins Gespräch vertieft. Ich »wusste« zunächst übrigens nicht, dass sie selbst gerade ihr erstes Buch herausgebracht hatte ...

Sicher entdecken Sie andere Schattenkünstler, die insgeheim auf ihre Entdeckung warten. Manche haben ihre Bilder schon im Keller und warten nur auf jemanden, der sie sehen möchte – oder sie schlagen sich noch mit der Scham herum, sich zu outen und das eigene Innere, das in jeder ehrlichen Kunst steckt, anderen zu zeigen. Künstlerseelen sind empfindlich, kränkbar – und selbstbewusst zugleich.

Wahrscheinlich springen die Anregungen Sie in nächster Zeit geradezu an. Sie schauen selektiver (oder gar nicht) fern, lesen Zeitungen anders, sehen die Welt mit anderen Augen.

Die Familie, die Generationen

»Nichts hat psychologisch gesehen einen stärkeren Einfluss auf ihre Umgebung und besonders auf ihre Kinder als das ungelebte Leben der Eltern« (C.G. Jung). Kinder spüren, was Eltern tun möchten, aber nicht tun können oder wollen ... Schauen Sie sich einmal in Ihrer Familie um, sprechen Sie, wenn möglich, mit Ihren Eltern über deren geheime Träume aus vergangener Zeit. Fragen Sie sich, was Ihre Kinder für Sie ausdrücken!

Stellen wir uns eine Familie vor: Der Sohn ist von Kindheit an ein »Tüftler«. Eines seiner ersten Wörter war »Kreuzschlitzschraubenzieher«. Jedes technische Problem ist für ihn eine Herausforderung ... Die Tochter lässt kein freies Stück Papier unbemalt. Jedes Material ist willkommen, daraus ein originelles Kunstwerk zu entwerfen. Ein Film oder ein Märchen bietet die Anregung, eine eigene Geschichte zu dem Thema zu schreiben ...

Die Frau hat über die Jahre immer wieder gezeichnet und gemalt. Schon die Mutter war nebenbei Malerin und kopierte alte Bauernmöbel. Ihr Vater betätigte sich neben seiner Arbeit als Rektor als begeisterter und schwelgerisch improvisierender Organist.

Der Vater des Ehemannes konnte schreiben, tat es aber nur selten. Die Mutter dichtete erfolgreich für Familienfeiern und -chroniken. Ihre Mutter soll im Stile von Annette von Droste-Hülshoff geschrieben haben. Leider wurden die Texte bei der Auflösung der Wohnung entsorgt ...

> **Übung: Meine Künstlerfamilienchronik:**
> Wer in Ihrer Familie hat sich künstlerisch betätigt oder tut das aktuell? Sollte Ihnen hierzu wenig einfallen: Macht nichts! Dann sind Sie eben der/die Erste, der/die die künstlerische Seite der Familie belebt!

GESUNDHEIT

Gesundheit ist nicht alles. Aber ohne Gesundheit ist alles nichts! Jeder kennt diese Sätze. Aber beherzigen wir sie? Geben wir es zu: Für unser wichtigstes Gut tun wir zu wenig. Wenn wir jung sind, haben wir meist keine Probleme – und gehen achtlos über die Freude hinweg, die z. B. für uns »uralte« 45-Jährige über ihre fortbestehende körperliche Unversehrtheit äußern.

Wer von Ihnen früh mit gesundheitlichen Einschränkungen leben musste, dem brauche ich nichts zu sagen über Krankheit und Gesundheit. Interessanterweise haben Menschen mit einer gravierenden körperlichen Behinderung oft eine erstaunlich lange Lebensdauer – und mehr Lebensmut und -freude als viele Gesunde. Der berühmte Astrophysiker, Mathematiker und Bestsellerautor Stephen Hawking – sicher ein Extrembeispiel – lebt entgegen allen Voraussagen noch. Als seine Krankheit (ALS, Amyotrope Lateralsklerose) vor 30 Jahren begann, gab man ihm die übliche Prognose: noch ein halbes Jahr ... Wie man sieht, lebt er noch und ist lebendiger als viele andere Menschen, die eigentlich glücklich sein könnten über ihre strotzende Gesundheit.

Aus einem Bericht des ›stern‹ (2/2003, S. 144): »Hoch über der Altstadt von Jerusalem balanciert Pascale Noa Bercovich – ohne Angst, das Gleichgewicht zu verlieren.« Ein Foto zeigt eine strahlend fröhliche, hübsche junge Frau mit ausgebreiteten Armen. Das Besondere: Frau Bercovich, eine erfolgreiche Dokumentarfilmerin und Buchautorin, hat keine Beine, nur noch Stummel, seit sie als 17-jährige Schülerin noch auf einen anfahrenden Zug springen wollte und buchstäblich unter die Räder kam. So viel Lebensfreude wie diese junge Frau (und Mutter!), die statt 1,65 Meter nur noch genau einen Meter groß ist, könnte man vielen körperlich gesunden, von Gram und Stress gebeugten Menschen nur wünschen.

Am 29. Mai 2002 trat im ZDF die Fechterin Brigitte Schäfer auf, die bei einer Rettungsaktion aus einer Gletscherspalte eine Querschnittslähmung erlitten hatte. Für sie war Jesus die Orientierung zum Überleben gewesen. Auch sie schien mehr Lebensfreude zu besitzen als viele Gesunde, die unglücklich in ihrem Sessel hängen und über das Leben lamentieren ...

Erfolg und Gesundheit

Fast alle Erfolgsmenschen berichten darüber, dass sie bis zur geistigen Umkehr – früher nannte man das Bekehrung – eine Menge Übergewicht mit sich herumschleppten, sozusagen rechte couch potatoes waren, die Erdnussflips in sich hineinschütteten und mit Bier nachspülten ...

Erfolg und Glück haben etwas damit zu tun, dass wir achtsam – achtsamer als früher – mit uns, unserem Körper und unseren Mitmenschen umgehen.

Barocke Lebensart

> »Schlafen kann ich, wenn ich tot bin.«
> RAINER WERNER FASSBINDER,
> *über 30 Filme in 18 Jahren, Tod mit 37*
> *an einer Mischintoxikation von Kokain,*
> *Alkohol und Medikamenten*

Meistens wird barocke Lebensart assoziiert mit viel Genuss und Lebensfreude. Wenn man genauer hinschaut, bedeutet sie fast immer Übertreibung, Maßlosigkeit, Sucht. Da sollte man sich zurückbesinnen auf den Ursprung des Wortes: »baroque« heißt auf Französisch so viel wie »sonderbar, überladen«. Barock war wie manch andere Stilbezeichnung erst ein Schimpfwort seiner Gegner.

»Man gönnt sich ja sonst nichts«, verkündete in einer Schnapswerbung ein extrem dicker, stets fröhlich erscheinender Schauspieler, der sich seines Wohlstands hätte erfreuen können.. Inzwischen lebt er leider nicht mehr – wie so viele andere, denen ihre falsch verstandene »barocke Lebensart« zum Verhängnis geworden ist, die vielleicht nichts anderes war als ein verdecktes Burnout-Syndrom.

Viele lieben die barocke Musik, die barocke Architektur (Wieskirche, Basilika Weingarten, Salzburg, Wien etc.) und das barocke Leben. Dazu muss man aber nicht fresssüchtig oder Alkoholiker sein. Die meisten von uns wollen doch lieber gesund hundert Jahre alt werden und das Leben immer wieder genießen – ohne Gicht, Leberzirrhose, Herzinfarkt und Schlaganfall.

Arbeitssucht und das Herz

In Deutschland erleiden 280 000 Menschen pro Jahr einen Herzinfarkt, zunehmend auch Frauen, die uns Männern im Rahmen einer falsch verstandenen Emanzipation auch die typisch männlichen Laster abgeschaut haben. Laut www.herzstiftung.de enden 35 Prozent dieser Infarkte tödlich.

Menschen im Burnout sind massiv gefährdet: Sicher können wir davon ausgehen, dass viele Betroffene zu viel arbeiten und zu wenig schlafen. Und bei 60 Arbeitsstunden pro Woche (für viele »normal«) liegt die Infarktrate genau doppelt so hoch wie bei 40 Stunden. Männer, die zwei Mal pro Woche weniger als fünf

Stunden schliefen, erlitten zwei bis drei Mal so häufig Herzattacken.

Doch Spiritualität scheint zu schützen: Kirchgänger erkranken – laut einer Untersuchung an über 90 000 Menschen – zu 50 Prozent weniger an Veränderungen der Herzkranzgefäße (als Vorstufe des Infarkts) als andere. Akut Herzkranke, für die Gebete gesprochen wurden, haben in seriösen Studien signifikant bessere Gesundungsraten. (vgl. www.cardiologe.de/patient). Und, wir wussten es doch: Liebe ist ebenfalls förderlich, denn sie wirkt sich positiv auf das Immunsystem und das Herz und damit auf die Gesundheit aus.

Depression, Stress und die Folgen

Eine zu hohe Dosis an negativem Stress über längere Zeit führt ohne gesunden Ausgleich zu Burnout. Damit verbunden ist oft eine depressive Verstimmung. Und diese hat ungünstige Folgen für die Herzgesundheit: »Erhöhtes kardiovaskuläres Risiko bei depressiven Patienten« konstatierten die Autoren des ›Deutschen Ärzteblatts‹ vom 6.12.2002. Depression führt demnach zu schlechterem Diätverhalten, weniger körperlicher Aktivität und verminderter Einnahme notwendiger Medikamente, zur allgemeinen Vernachlässigung des eigenen Körpers also und der Gesundheit. Wie wir zu Beginn des Buches gesehen hatten, geht es meistens um eine Über-Aktivierung des Angst- oder Sympathikus-Anteils des (unwillkürlichen) vegetativen Nervensystems. Antidepressiva (und adäquate Psychotherapie bzw. Beratung!) würden dagegen zur »Dämpfung der aktivierten Stresssysteme« führen.

Akuter rein mentaler (!) Stress ruft bei Patienten mit einer bestehenden koronaren Herzerkrankung (z. B. als »Angina pectoris«, Herzenge spürbar) sogar im Experiment myokardiale Ischämien hervor, d. h. Blutunterversorgung am Herzen. Akuter Stress löst auch Herzrhythmusstörungen aus und kann damit die Ursache für einen plötzlichen Herztod sein.

Menschen, die ihr Burnout noch leugnen, kann man damit natürlich nicht beeindrucken. Aber wir müssen es hier benennen.

Sonst geht es Ihnen wie dem Vater eines Schulkameraden (dieser ist heute extrem gesundheitsbewusster Arzt), der sich mit 54 »nur mal kurz hinlegen« wollte und nie wieder aus dem Schlafzimmer zurückkehrte, weil er einen Sekundenherztod erlitten hatte. Risikofaktoren wie Alkohol, Rauchen, Übergewicht spielten bei ihm nachweislich keine Rolle! Es war die Verantwortung für eine Firma und für eine große Familie.

Nikotin und Alkohol

Tipps zur Gesundheit – neudeutsch »fit for fun« – laufen fast stets darauf hinaus, süchtige Tendenzen zu durchbrechen oder manifeste Süchte abzulegen. So einfach ist das. (Für detaillierte Fallgeschichten, Tests und Therapie verweise ich hier auf meine Bücher ›Die Liebe und der Suff ... Schicksalsgemeinschaft Suchtfamilie‹ und ›Ich befreie mich von deiner Sucht – Hilfen für Angehörige von Suchtkranken‹, u. a. mit Aufklärung zu Fett- und Magersucht, Medikamentenabhängigkeit, Nikotinsucht etc.)

Da die Nikotin- und die Alkoholsucht die häufigsten und im direkten wie übertragenen Sinn teuersten Laster sind, finden Sie auf den folgenden Seiten die entsprechenden Tests. Sollten Sie sich getroffen fühlen: Tun Sie etwas! Es gibt Auswege!

Bei Burnout-Geschädigten kommt meistens eine weitere Sucht hinzu, die wiederum Mitursache für die oben genannten Süchte sein kann: die Arbeitssucht (vgl. das Kapitel »Arbeitssucht«, S. 74).

Über 140 000 Zigaretten-Tote jährlich in der Bundesrepublik

Eine unverschämte Zigarettenwerbung zeigt junge, attraktive, schlanke, gesunde Menschen mit dem Slogan »Ich rauche gern«. Für eine Anti-Nikotin-Kampagne habe ich der Gesundheitsministerin einmal vorgeschlagen: »Ich rauchte gern! – Über 140 000 Bundesbürger sind im letzten Jahr an den Folgen des Rauchens gestorben.« Oder für die Jugendlichen: »Rauchen ist nicht cool, sondern blöd!«

In anderen Ländern sind aggressive Kampagnen gegen die »truckene Trunkenheit«, wie man das Rauchen auch genannt hat, üblich. In Deutschland scheut man sich noch davor. Dabei könnten wir von unserem Nationaldichter lernen: Goethe wetterte gegen die »Schmauchlümmel«: »Auch liegt im Rauchen eine arge Unhöflichkeit, eine impertinente Ungeselligkeit. Die Raucher verpesten die Luft weit und breit und ersticken jeden honetten Menschen, der nicht zu seiner Verteidigung zu rauchen vermag. Wer ist imstande, in das Zimmer eines Rauchers zu treten, ohne Übelkeit zu empfinden?« (zitiert nach ›Zeitschrift für Umweltmedizin‹, 9, 3/2001, S. 1).

International war die Bundesrepublik bis zuletzt gegen das Tabak-Werbeverbot – mit fadenscheinigen Argumenten. Ein direkter Zusammenhang zwischen Konsum und Werbung ist zwar nicht herstellbar. Aber sollten wir Werbung für eine Droge dulden, die jeden zweiten Konsumenten umbringt?

Was glauben Sie, wie viele Zigaretten pro Tag in Deutschland geraucht werden? 386 Millionen! Nichtraucher und Kinder eingeschlossen raucht jeder von uns statistisch betrachtet fünf Zigaretten am Tag. Dazu kommen noch Zigarren, Zigarillos, Pfeifentabak und Feinschnitt für Selbstgedrehte. 5,8 Millionen der 18- bis 59-jährigen Raucher konsumieren täglich mehr als 20 Zigaretten (Quelle: www.bmgesundheit.de). Die Folgen: 143 000 Tote durch die Folgekrankheiten wie Herz- und Gefäßerkrankungen und Karzinome aller Art (sogar Brustkrebs, bei Frauen inzwischen seltener als Lungenkrebs, wird gefördert).

Zum Rauchen ist die Aussage also klar: Sofort aufhören! Nicht erst morgen. Sinnvoll sind offenbar verschiedene Strategien. Viele Ex-Raucher schwören auf das drastische Buch ›Endlich Nichtraucher‹ von Alan Carr. Er als Ex-Nikotin-Junkie muss es wissen: Dem Raucher fehlt nicht die Zigarette, sondern das Selbstbewusstsein! Inzwischen bieten viele Beratungsstellen Kurse zum Nichtrauchen an. Manche setzen auf die Kombination mit dem Nikotinpflaster. Hauptsache, es wirkt. Bei keiner Droge sind die Raten derer, die aufhören wollen, so hoch wie beim Rauchen (40 Prozent!), nirgendwo niedriger die Erfolgsquoten. Aber auch Sie können zu den dreißig Prozent Erfolgreichen gehören!

Fragebogen zur Nikotinabhängigkeit
(übersetzt nach Fagerström Test for Nicotine Dependence-(FTND)

1. Wann nach dem Aufwachen rauchen Sie Ihre erste Zigarette?
   innerhalb von 5 Minuten (3)
   6–30 Min. (2)
   30–60 Min. (1)
   nach 60 Min. (0)

2. Fällt es Ihnen schwer, an Orten, an denen Rauchverbot besteht (z. B. Kirche, Bücherei, Kino usw.), nicht zu rauchen?
   ja (1)
   nein (0)

3. Auf welche Zigarette würden Sie nicht verzichten wollen?
   die erste am Morgen (1)
   andere (0)

4. Wie viele Zigaretten rauchen Sie im Allgemeinen pro Tag?
   bis 10 (0)
   11–20 (1)
   21–30 (2)
   31 und mehr (3)

5. Rauchen Sie am Morgen im Allgemeinen mehr als während des Tages?
   ja (1)
   nein (0)

6. Kommt es vor, dass Sie rauchen, obwohl Sie so krank sind, dass Sie den Tag überwiegend im Bett verbringen müssen?
   ja (1)
   nein (0)

FTND-Score: zutreffende Punktwerte addieren

Auswertung:

0–2	Punkte:	sehr geringe Abhängigkeit
3–4	Punkte:	geringe Abhängigkeit
5	Punkte:	mittlere Abhängigkeit
5–7	Punkte:	starke Abhängigkeit
8–10	Punkte:	sehr starke Abhängigkeit

Der Erfinder der Psychoanalyse, Sigmund Freud, dessen spätem Schüler Freudenberger wir den Begriff »Burnout« verdanken, verlor den Kampf gegen die Sucht. Interessant seine Äußerungen in einem Brief an einen zu Recht besorgten Freund:
»Deinem Rauchverbot folge ich nicht, hältst du es denn für ein großes Glück, sehr lange elend zu leben? ...« (Ein Abstinenzversuch:) »Ich blieb komplett arbeitsunfähig, ein geschlagener Mann!« (Nach Absetzen der Rückfall:) »Von der ersten Zigarre an war ich arbeitsfähig und Herr meiner Stimmung, früher war die Existenz unerträglich.« Mit 67 Jahren wurde bei Freud Gaumenkrebs diagnostiziert. Er lebte nach zahllosen Operationen in einem elenden Zustand (Schur: »ein Leben endloser Qual«) noch sechzehn Jahre, starb auf eigenes Verlangen an einer Überdosis Morphium (zitiert bei K. D. Stumpfe, Suchtmed 3 (2) 2001, S. 1–6).

Alkohol

Bei vielen Menschen im Burnout-Prozess schleichen sich Suchttendenzen ein. Neben der Zigarette ist das nicht selten der Alkohol. Leider wird dieses Problem häufig auch von Ärzten bagatellisiert in der Angst, den (Privat-)Patienten zu verlieren. Wenn nur die Leberwerte in Ordnung sind, kann ja nichts fehlen ... Das ist aber, wie in meinen früheren Büchern ausführlich geschildert, ein Irrtum.

Um zu sondieren, wann Ihr Alkoholkonsum problematisch sein könnte, haben sich vier ganz einfache Fragen im so genannten CAGE-Test bewährt (aus ›Die Liebe und der Suff‹, S. 93).

Haben Sie schon einmal das Gefühl gehabt, dass Sie Ihren Alkoholkonsum verringern sollten? (**C**ut down)

Hat jemand Sie einmal durch das Kritisieren Ihres Alkoholtrinkens ärgerlich gemacht? (**A**nnoyed by criticism)

Haben Sie sich einmal schlecht oder schuldig gefühlt wegen Ihres Alkoholtrinkens? (**G**uilt feelings)

Haben Sie einmal morgens als Erstes Alkohol getrunken, um sich nervlich wieder ins Gleichgewicht zu bringen oder einen Kater loszuwerden? (**E**ye opener)

In meinen Seminaren zum Thema Sucht und Co-Abhängigkeit werde ich ständig gefragt, wo denn nun – jenseits des Genusses – der Missbrauch anfängt oder gar die Abhängigkeit?! Um es hier kurz zu fassen: Wenn Sie sich überhaupt – im Sinne des Tests oben – Gedanken über Ihren womöglich täglichen Konsum machen, dann liegt wahrscheinlich ein Problem vor! Legen Sie mal eine Pause ein, machen Sie ein Fastenexperiment: Wie fühle ich mich abends ohne Alkohol? Wie geht es mir am nächsten Morgen? Wie habe ich geschlafen? Aus den positiven Effekten können Sie eine Menge lernen.

Bei nicht wenigen Burnout-Belasteten dürfte der Konsum längst im roten Bereich liegen. Praktisch alle meine Suchtpatienten sind gleichzeitig im Burnout und brauchen den Alkohol als Selbstmedikation, um sich zu beruhigen, zu entspannen, den Ärger runterzuspülen, Distanz von dem Chaos des Lebens zu bekommen.

Der Kurzfragebogen für Alkoholgefährdete (KfA) gibt Ihnen Aufschluss, ob Sie schon Hilfe von außen brauchen. Die Trinkmengen sind dabei nur ein vager Anhaltspunkt. Es geht letztlich darum, ob der Alkohol körperliche, psychische und/oder soziale Schäden anrichtet. Sollte es schon so weit sein, dass Sie mehr Alkohol trinken, als Sie sich vorgenommen haben (Kontrollverlust!) und dann gar noch Auto fahren, wird es allerhöchste Zeit ... Ein Führerscheinverlust ist bei Burnout-Patienten nicht selten. Und er ist kein Kavaliersdelikt, sondern in der Regel eine Diagnose wert: Ein Normaltrinker erreicht bei gezielten Alkoholtrinkversuchen – z.B. beim TÜV oder in der Rechtsmedizin – in der Regel mit Mühe 0,8 bis 1,0 Promille. Der durchschnittliche fahrende Trinker wird statistisch erst nach 600 (!) Fahrten erwischt – und hat im Schnitt 1,6 Promille Alkohol im Blut!

Die Realität ist eine Halluzination, die durch einen Mangel an Alkohol hervorgerufen wird.
IRISCHER SPRUCH

Kurzfragebogen für Alkoholgefährdete

	ja	nein
1. Leiden Sie in letzter Zeit häufiger an Zittern der Hände?	☐	☐
2. Leiden Sie in letzter Zeit häufiger an einem Würgegefühl (Brechreiz), besonders morgens?	☐	☐
3. Wird das Zittern und der morgendliche Brechreiz besser, wenn Sie etwas Alkohol trinken?	☐	☐

	ja	nein

4. Leiden Sie in letzter Zeit an starker Nervosität? ☐ ☐
5. Haben Sie in Zeiten erhöhten Alkoholkonsums weniger gegessen? ☐ ☐
6. Hatten Sie in der letzten Zeit öfters Schlafstörungen oder Alpträume? ☐ ☐
7. Fühlen Sie sich ohne Alkohol gespannt und unruhig? ☐ ☐
8. Haben Sie nach den ersten Gläsern ein unwiderstehliches Verlangen, weiter zu trinken? ☐ ☐
9. Leiden Sie an Gedächtnislücken nach starkem Trinken? ☐ ☐
10. Vertragen Sie z. Z. weniger Alkohol als früher? ☐ ☐
11. Haben Sie nach dem Trinken schon einmal Gewissensbisse (Schuldgefühle) empfunden? ☐ ☐
12. Haben Sie ein Trinksystem versucht (z. B. nicht vor bestimmten Zeiten zu trinken)? ☐ ☐
13. Bringt Ihr Beruf Alkoholtrinken mit sich? ☐ ☐
14. Hat man Ihnen an einer Arbeitsstelle schon einmal Vorhaltungen wegen Ihres Alkoholtrinkens gemacht? ☐ ☐
15. Sind Sie weniger tüchtig, seitdem Sie trinken? ☐ ☐
16. Trinken Sie gerne und regelmäßig ein Gläschen Alkohol, wenn Sie alleine sind? ☐ ☐
17. Haben Sie einen Kreis von Freunden und Bekannten, in dem viel getrunken wird? ☐ ☐
18. Fühlen Sie sich sicherer, selbstbewußter, wenn Sie Alkohol getrunken haben? ☐ ☐
19. Haben Sie zu Hause oder im Betrieb einen kleinen versteckten Vorrat mit alkoholischen Getränken? ☐ ☐
20. Trinken Sie Alkohol, um Streßsituationen besser bewältigen zu können oder um Ärger und Sorgen zu vergessen? ☐ ☐
21. Sind Sie oder/und Ihre Familie schon einmal wegen Ihres Trinkens in finanzielle Schwierigkeiten geraten? ☐ ☐
22. Sind Sie schon einmal wegen Fahrens unter Alkoholeinfluss mit der Polizei in Konflikt gekommen? ☐ ☐

Jede mit ›Ja‹ beantwortete Frage erhält einen Punkt, die Fragen 3, 7, 8, 14 erhalten 4 Punkte.
Bei einer Gesamtzahl von 6 und mehr liegt eine Alkoholgefährdung vor.
(Max-Planck-Institut für Psychiatrie, München)

Medikamente

Genauso schleichend wie beim Alkohol ist oft die Gewöhnung an stimmungsaufhellende Medikamente, vor allem an Tranquilizer, also Benzodiazepine, valiumartige Substanzen. Deren Gefahr liegt gerade darin, dass sie so wirksam sind. »Schon nach wenigen Einnahmen spüren die Betroffenen, dass sie sich wohler fühlen, angstfreier, entspannter, kurz, wie auf einer rosa Wolke« (vgl. ›Ich befreie mich von deiner Sucht‹, S. 120 ff.). Geht also der Burnout-Belastete zum Arzt, kann es gut passieren, dass dieser nach der Schilderung von Beschwerden wie »Schlaflosigkeit, Unruhe, Anspannung« zum Rezeptblock greift und eine dieser hilfreichen Substanzen verschreibt, die Aldous Huxley in ›Schöne neue Welt‹ schon 1932 vorausgeahnt und als »Soma« beschrieben hat. In der modernen Werbung klingt das für den gestressten Arbeitssüchtigen wunderbar: »Aufwind für die Psyche ... Bei nervösen Reiz-, Überforderungs- und Erschöpfungs-Syndromen«. Können wir mehr erwarten als die Kombination »Anxiolyse (Angstlösung), Stimmungsaufhellung, Entspannung, Antriebsförderung, Beruhigung, Kontaktverbesserung«? Also, das sollte man unbedingt ins Trinkwasser eingeben!

Schauen Sie ruhig mal, was Sie so ganz nebenbei vielleicht jeden Abend zum Schlafen einnehmen! Wir müssen hier natürlich differenzieren, denn z. B. Antidepressiva, aber auch Neuroleptika (Medikamente gegen Psychosen) haben – ganz wichtig – kein Suchtpotenzial (Details in dem Buch: ›Medikamente: Missbrauch und Abhängigkeit‹ von Poser und Poser). Der Konsum von Tranquilizern hat sich seit ihrer Einführung 1959 auf einem hohen Niveau eingependelt. Immerhin sind rund 1 bis 1,2 Millionen Menschen in Deutschland davon abhängig, weitere 300 000 von anderen Substanzen, vor allem Schmerzmitteln (Glaeske in ›Jahrbuch Sucht 2000‹, S. 52 ff.).

Immerhin gibt es einen gewissen Rückgang in der Verordnung von Benzodiazepinen. Aber dafür werden andere Substanzen vermehrt verordnet. Und ganz wesentlich die Selbstmedikation mit nicht-verschreibungspflichtigen Medikamenten, die im Jahr 1998 bei über 7,6 Milliarden DM lag!

Die am häufigsten missbrauchte Substanz ist – Coffein! Nicht nur über Kaffee und Tee, Coca Cola und Pepsi, Schwippschwapp und Red Bull, auch über viele (unsinnige) Schmerzmittelkombinationen nehmen Menschen weltweit Coffein auf – und wundern sich, wenn sie beim Absetzen einen Coffein-Entzugskopfschmerz bekommen ... Für viele Arbeitssüchtige ist Coffein ein passender »upper«, ein Antreiber, der ihnen über die Tiefs hinweghilft.

Prüfen Sie einmal, ob Sie regelmäßig Medikamente einnehmen, die vielleicht nicht unbedingt notwendig sind! Das Alibi, sie seien »vom Arzt verordnet«, muss nicht schlüssig sein. Schauen Sie auf den Beipackzettel, fragen Sie Ihren Arzt oder Apotheker (wie in der Werbung!), was es mit den Substanzen auf sich hat!

Gezielt ausgewählt, können Medikamente Wunder bewirken, Leben retten, Schmerzen lindern, Beschwerden bessern. Aber ihr Einsatz muss genau überlegt sein. Psychotrope, auf die Seele und die Gefühle der Menschen wirkende Substanzen werden oft zu unkritisch eingesetzt, gerade auch bei drohendem oder schon bestehendem Burnout.

Salutogenese

Dieser Begriff wurde Ende der siebziger Jahre von dem israelisch-amerikanischen Medizinsoziologen Aaron Antonovsky geprägt, rein zufällig etwa zur gleichen Zeit wie der des Burnout. (Wesentliche Informationen zum Thema in der originellen und anregenden Dissertation von Dr. Anne Pingsten.)

Der Gedanke der Prävention von Krankheiten und – damit in Zusammenhang – der Definition von körperlicher und psychischer Gesundheit ist im Prinzip nicht neu, wird aber gerade in der Medizin viel zu wenig beachtet. Wenn man sich immer nur auf die Definition und Beseitigung krankhafter Zustände, also der Pathologie, konzentriert, kann das eigentliche Ziel der Gesundheit abhanden kommen: »Das Mysterium Gesundheit zu erklären ist eine radikal andere Herausforderung, als Krankheit zu erklären« (Antonovsky 1990).

Der Begriff »Salutogenese« kann am ehesten mit »Gesundheitsentstehung« übersetzt werden. Er beschreibt die Bedingungen, unter denen sich Gesundheit entwickelt und wodurch sie gefördert werden kann. Schon Wilhelm Reich, der »brillanteste Kopf unter den Schülern Freuds« (Bettelheim) hatte für den Bereich der Psyche in seiner ›Charakteranalyse‹ (1933) nicht nur die Störungen beschrieben, d. h. die Neurosen und ihre Therapie, sondern mit dem »genitalen Charakter« auch gesunde seelische Strukturen, die sich in einer adäquaten lebensbejahenden Bewältigung des Schicksals ausdrücken.

Georges Canguilhem betrachtet Gesundheit als eine »Sicherheitsreserve an Reaktionsmöglichkeiten« und schreibt lange vor Antonovsky, d. h. 1950: »Der gesunde Organismus strebt weniger danach, sich in seinem aktuellen Zustand und seiner gegebenen Umwelt zu erhalten; er strebt nach Verwirklichung seines Wesens. Zu diesem Zweck jedoch muss der Organismus Risiken eingehen und dabei aktuelle Katastrophenreaktionen in Kauf nehmen. Der gesunde Mensch stellt sich den Problemen, welche aus den oftmals erprobten Veränderungen seiner Gewohnheiten – selbst der bloß physiologischen – entstehen; er misst seine Gesundheit an der Fähigkeit, die Krisen seines Organismus zu überstehen und eine Ordnung zu etablieren« (zitiert bei Pingsten). Das ist eine wahrhaft dynamische Beschreibung, mit der Sie im Burnout sicher etwas anfangen können. Das Zitat erinnert an Konfuzius' Bemerkung, der ja auch ständige Veränderung als Notwendigkeit zum Gesundbleiben beschrieben hatte.

»*Non est vivere sed valere vita est.*«
MARTIAL

Der Ausspruch des römischen Dichters Marcus Valerius Martialis, bekannt als Martial (40–103 n. Chr.), kann in etwa übersetzt werden mit: »Es geht nicht allein darum zu leben, sondern um ein Leben mit Lebensqualität.«

Oder greifen wir zu einem berühmten Monolog, von dem die meisten nur die ersten drei Wörter kennen: »Sein oder Nichtsein ...« Für Hamlet ist es also die Frage:

*»Ob's edler im Gemüt, die Pfeil' und Schleudern des wütenden
Geschicks erdulden, oder,
Sich waffnend gegen eine See von Plagen, durch Widerstand sie
enden.
Sterben – Schlafen – nichts weiter! ...
Denn wer ertrüg' der Zeiten Spott und Geißel*
(also z. B. den Alltag von Büro, Klinik, Firma)
Des Mächt'gen (Chefes) *Druck, des Stolzen Misshandlungen*
(Mobbing?)
*Verschmähter Liebe Pein, des Rechtes Aufschub,
Den Übermut der Ämter, und die Schmach,
Die Unwert schweigendem Verdienst erweist,
Wenn er sich selbst in Ruh'stand setzen könnte
Mit einer* (Heroin-?)*Nadel bloß? Wer trüge Lasten,
Und stöhnt' und schwitzte unter Lebensmüh'?*
(Also geht es nur um die Furcht vor dem unbekannten Jenseits?)
*Nur dass die Furcht vor etwas nach dem Tod –
Das unentdeckte Land, von des Bezirk
Kein Wandrer wiederkehrt – den Willen irrt,
Dass wir die Übel, die wir haben, lieber
Ertragen, als zu unbekannten fliehn.«*

Der ausgebrannte Hamlet drückt (wie zuvor Goethe – ein erklärter Shakespeare-Begeisterter – in ›Faust‹ bzw. Woody Allen) sehr Zeitgemäßes aus mit seinen existenziellen Fragen. Vielleicht sollte man dem Selbstmordgefährdeten dringend einen Aufenthalt auf einer Krisenstation empfehlen oder wenigstens ein Antidepressivum?!

Kurz zusammengefasst ist das Leben eine sexuell übertragbare Krankheit, die tödlich endet. Oder – vornehmer – Antonovsky: »Das Leben ist stets potenziell pathogenetisch.« Das Leben, unser Leben, bedeutet ständigen Fluss, ständige Veränderung – und darüber steht immer der Gedanke an den Tod, der den Menschen früherer Zeiten ständig buchstäblich vor Augen (!) stand, während wir ihn heute weitgehend in die Seitenkammern der Krankenhäuser verbannt haben. »Memento mori« heißt es in den großen Kirchen aller Epochen. In vielen Kirchen, gerade auch in denen des lebenslustigen Barock, erinnert eine große Uhr hoch über dem Altar an die Endlichkeit unseres Daseins. In der großartigen astronomischen Uhr des Strassburger Münsters schlägt der Tod die Stunden, während die Lebensalter in Gestalt des Mannes im besten Alter und zuletzt des Greises an ihm vorbeiziehen ...

Die Vorstellung von absoluter Gesundheit ist damit auch hinfällig: »Gesundheit und Krankheit werden nicht als absolute Größen, sondern als die Pole eines Kontinuums gesehen«, erklärt Anne Pingsten.

Als Ärzte stünden wir unter einem völlig inadäquaten Druck, strebten wir gemeinsam mit den Patienten nach absoluter Gesundheit: Nichts ist destruktiver als eine falsche Idealvorstellung. Es geht stattdessen darum, mit den angeborenen und entstandenen Defiziten des eigenen Körpers und Geistes so gut wie möglich umzugehen, dabei freilich die Möglichkeiten der modernen Medizin auszuschöpfen, sie aber nicht überzustrapazieren. Die Abwehr, die präventive Gedanken ernten, entsteht aus der richtigen Intuition heraus, dass am eigenen Handeln etwas verkehrt sein könnte ...

Als ich auf der Neurochirurgie des Schwabinger Krankenhauses mein Mediziner-Leben in einem Praktikum als Hilfspfleger begann, fragte man mich nach meinen Zielen. Als ich von »Prävention« sprach, wurde ich ungläubig angeschaut und belächelt. Wie viel leichter hatte es da der jüngere Kollege, der sich auf eine Laufbahn in einem anständigen Fach vorbereitete, der Chirurgie ...

Nicht, dass Sie mich missverstehen: Ich habe höchste Achtung vor kundigen Chirurgen und allen KollegInnen, die ihr Handwerk im Bereich der Medizin verstehen. Viele Ärzte erreichen erst im reiferen Alter eine Ebene der Reflexion, von der aus sie den Sinn vieler Maßnahmen hinterfragen. »Vorsicht Arzt!« hatte der umstrittene Professor Julius Hackethal signalisiert: Nicht alles, was machbar ist, ist auch sinnvoll. Viele Blinddarm-, Rücken- und andere Operationen sind überflüssig. Der Internist und Künstler Dr. Georg Ringsgwandl drückte es bei der satirischen Betrachtung seiner Beschwerden im rechten Knie mal so aus: »Als Laie wäre ich längst operiert!«

Die Realitäten des Lebens anerkennen

Dem Lauf des Lebens von der Säuglingszeit bis zum Greisenalter müssen wir uns also stellen – und jeweils vernünftige Strategien finden, das Beste daraus zu machen. »Schön ist die Jugendzeit – sie kommt nie mehr!« heißt es im Volkslied. Dem Jugendwahn, der das Altern ignoriert und entwertet, kann man nicht nur in den USA begegnen, wo sich Greise wie pubertierende Jugendliche anziehen. Und mit Zusatzstoffen für die Nahrung, mit obskuren Hormonen, Diäten, Spritzen und Operationen soll das ersetzt werden, was verloren geht:

Es muss ja nicht gleich so radikal gesagt werden wie in diesem Shakespeare-Sonett:

»*Wenn vierzig (!) Winter einst dein Haupt umnachten*
Und tief durchfurchen deiner Schönheit Feld,
Dann ist dein Jugendflor, wonach wir jetzt so trachten,
Ein mürbes Kleid, das unbemerkt zerfällt.«

In dem Text, der 1692 in der St. Paul's Kirche in Baltimore gefunden wurde (vgl. das Kapitel »Der Glaube«, S. 114 f.), heißt es u. a.: »Nimm gütig den Rat der Jahre an und lass mit Anmut die Dinge der Jugend hinter dir.«

Aber bevor Sie nun in Resignation versinken, zurück zur Salutogenese, der Lehre von den Möglichkeiten, aus unserem Leben das Beste zu machen, letztlich auch das Ziel dieses Buches: »Leben ist potenziell salutogenetisch«, sagt Antonovsky und Pingsten fügt hinzu: »Somit besteht für A. das wahre Geheimnis darin, warum einige Menschen weniger Leid erleben als andere und sich auf dem ... Gesundheits-Krankheits-Spektrum auf der Gesundheits-Seite befinden. Gesundheit wird nicht als zufällig bestehender Zustand betrachtet, sondern als die Regulationsfähigkeit einer Person in ihrer Umwelt. Sie ist ein dynamischer Prozess, der Veränderung und ständiges Sich-Anpassen notwendig macht. Infolgedessen kann ergründet werden, ob und wie diese Fähigkeit zur Flexibilität gefördert werden kann ...«

Die salutogenetische Betrachtungsweise weist die zentrale Annahme eines großen Teils der Stressforschung zurück: dass Stressoren krankheitserzeugende Konsequenzen haben. Sie sieht Stressoren als ein Potenzial, dessen Konsequenzen – positive, neutrale oder negative – offen sind.« Diese Gedanken stehen scheinbar im Widerspruch zu vielen anderen Ausführungen. Aber es geht um den Schluss: Es sind nicht die Stressoren selbst, sondern (die Menge und) die Verarbeitung, die die Konsequenzen positiver oder negativer Art hervorruft.

SOC – Sense of Coherence – eine »Weltanschauung«

Der »Kohärenzsinn« kann zusammengefasst werden als eine Dimension im geistig-psychischen Bereich: als eine »relativ stabile Orientierung eines Individuums seiner Umwelt und seinem eigenen Leben gegenüber ..., als Glaube an ein verständliches, bedeutungsvolles und beeinflussbares Leben und die Überzeugung, sich in einer verstehbaren und beeinflussbaren Welt zu befinden« (Pingsten). Antonovsky, der interessanterweise den deutschen Terminus »Weltanschauung« benutzt, beschreibt diesen Sinn als »eine Grundorientierung, die das Ausmaß eines umfassenden, dauerhaften und dynamischen Gefühls des Vertrauens ausdrückt, dass unsere eigene innere und äußere Umwelt vorhersehbar ist und dass eine große Wahrscheinlichkeit besteht, dass die Dinge sich so gut entwickeln werden, wie man es vernünftigerweise erwarten kann«.

Neben der Fähigkeit zum Widerstand gegen die Widrigkeit des Lebens gibt es natürlich auch die Schwachstellen: geringes Selbstwertgefühl, Isolation, Zugehörigkeit zu einer sozial schwachen Gesellschaftsschicht und andere negative Erfahrungen.

Das Gemeinsame an den Widerstandsressourcen dagegen ist, den unzähligen, uns ständig treffenden Stressoren eine Bedeutung zu erteilen. Indem sie uns wiederholt die Erfahrung einer sinnvollen Welt erlauben, generieren sie mit der Zeit einen starken Kohärenzsinn.

Natürlich entsteht der Kohärenzsinn erst im Laufe des Lebens und stabilisiert sich laut Antonovsky um das 30. Lebensjahr: »Vielleicht der stärkste Faktor auf dem Weg zu einem starken Kohärenz-Sinn ist die Sozialisation in einer Kultur, die einen

Kanon, einen fixierten Satz von Basisregeln bereithält. In der Auseinandersetzung mit einer konkreten Situation kann man diese Regeln dann flexibel anwenden.«

Große Bedeutung kommt hierbei der Familie zu, denn sie ist nach wie vor die Sozialisationsinstitution Nummer eins. Wo anders sollen Kinder für ihr Leben lernen? Wenn die Familie nicht mehr funktioniert, womöglich nicht mehr existiert, suchen sich Kinder Ersatzfamilien – im Fußballverein, der Kirche, in der Clique. Ein wesentlicher stabilisierender Faktor in Familien – auch in gestörten – ist das Aufrechterhalten von Ritualen wie gemeinsamen Mahlzeiten, Geburtstags- und Weihnachtsfeiern. »Die Rolle einer ›Familienpersönlichkeit‹ im Umgang mit Stressoren und im Einfluss auf Gesundheit mag sehr wohl mindestens so bedeutungsvoll sein wie die individuelle Persönlichkeit und möglicherweise sogar wichtiger.« Antonovsky nimmt die Familie also sehr ernst.

Die Bestandteile des Kohärenzsinns:
Vorhersagbarkeit, Machbarkeit, Sinnhaftigkeit

Comprehensibility, so der Originalbegriff, übersetzt als »Vorhersagbarkeit«, bedeutet, nicht von dem Gefühl beherrscht zu sein, sich inmitten von Chaos zu befinden. Positiv ausgedrückt: » ... dass ein Mensch die Stimuli, Aufforderungen und Zumutungen, mit denen er durch seine innere und äußere Welt konfrontiert wird, als einigermaßen strukturiert, interpretierbar und vorhersagbar empfindet« (Pingsten). Es geht hier also um die kognitiven, verstandesmäßigen Aspekte der Weltbetrachtung.

Manageability, also Machbarkeit oder Handhabbarkeit: »Das Ausmaß der Überzeugung, unter Belastung Ressourcen mobilisieren zu können ... Das Erkennen von Möglichkeiten der Reaktion und des Eingreifens bzw. das Vertrauen darauf, aus eigener Kraft oder mit fremder Unterstützung auf Entwicklungen und Ereignisse Einfluss nehmen zu können« (Pingsten). Dazu gehört auch die Fähigkeit, sich Hilfe bei anderen holen zu können, bei Eltern, Freunden, einem Arzt, Psychotherapeuten, staatlichen oder kirchlichen Institutionen.

Meaningfulness oder Sinnhaftigkeit schließlich beschreibt den emotionalen Aspekt des Kohärenzgefühls: »Die Überzeugung, dass die als machbar erkannten Anforderungen ein Eingreifen und Engagement lohnend und sinnvoll machen.« Diesen Glauben an einen Sinn des eigenen Handelns betrachtet Antonovsky als den entscheidenden.

»Lieber reich und gesund als arm und krank«
Leider lässt sich dieser Spruch für psychische wie körperliche Störungen wissenschaftlich bestätigen. Es ist eben gesünder, unter günstigen sozialen Umständen zu leben: »Armut bedroht die Gesundheit« titelte das ›Deutsche Ärzteblatt‹ am 22.11.2002, und zitierte das Statistische Bundesamt, nach dem Armut das Risiko zu erkranken um den Faktor zehn (!) erhöht. Jedes siebte Kind im reichen Deutschland fällt unter die Definition von Armut und ist damit bedroht.

Leider führt niedriges Einkommen im Allgemeinen auch zu vermindertem Gesundheitsbewusstsein mit höherem Tabakkonsum, mehr Übergewicht und weniger Bewegung. Bei Schulanfängern hat sich in den letzten 25 Jahren die Zahl der »Dicken« verdoppelt, bei den Zehnjährigen sogar vervierfacht. Folgeerkrankungen sind u. a. Belastungen der Gelenke mit früher Arthrose, Bluthochdruck, Herzinfarkt etc. Das Suchtverhalten setzt immer früher ein, mit Alkohol und Zigaretten oft schon ab zehn.

Arbeitslosigkeit verstärkt die Tendenz mangelnden Gesundheitsbewusstseins noch, abzulesen etwa an der Zahngesundheit der Kinder arbeitsloser Mütter: Karies ist hier mehr als doppelt so häufig wie bei Kindern arbeitender Mütter.

Trotzdem kann man beobachten, dass viele Menschen aus einer Hochrisikopopulation erstaunlich gesund bleiben – und andere etwa unter »Wohlstandsvernachlässigung«, Verwöhnung, psychisch und körperlich krank werden können. Es geht offenbar zusätzlich um ganz andere Faktoren, wie Antonovsky schreibt: »Einer niedrigen sozialen Klasse anzugehören bringt z. B. häufiger Erfahrungen ein, die unzusammenhängend und chaotisch sind, die Überlastungen darstellen, mit denen man nicht fertig wird und die einen Menschen ausschließen von der Teilnahme an sozial geschätzten Entscheidungen.« Aber: »Wenn auf der anderen Seite der Mensch aus einer niederen sozialen Schicht aufgewachsen ist in einer liebevollen, warmen und stabilen Familie, die klare Regeln und passende Rollen anbietet, werden konträre Erfahrungen zur Verfügung stehen« (zitiert nach Pingsten).

Was bedeuten diese Konzepte nun?
Wir sind also bei einer viel tieferen Vorstellung von Gesundheit gelandet, die viele ungewohnte Aspekte umfasst. Am wichtigsten scheint mir die Einsicht zu sein, dass wir alle Bemühungen um Gesundheit eingebettet sehen in einen größeren Zusammenhang – und nicht reduzieren auf »Fitness«, ein Wort, das Ihnen vielleicht auch noch nie gefallen hat. Mit der richtigen Einstellung/Weltanschauung finden wir die Wege, das Gut unserer Gesundheit zu schützen und zu pflegen – und auch wiederherzustellen.

Gesundheit ist nicht alles, aber ohne Gesundheit ist alles nichts: Wie bleibe ich gesund?

Kommen wir hier zurück zu den physischen Aspekten der Gesundheit:
Statt gegen etwas zu kämpfen, sollten Sie etwas *für* sich tun. Das betrifft die Ebenen Bewegung und Sport ebenso wie Essen.

Esse ich richtig?

Als Erstes ziehen Sie Bilanz:
Mein bestes »Kampfgewicht« im Erwachsenenalter waren ____ kg. Damit habe ich mich wohl gefühlt.
Heute habe ich Untergewicht/Normalgewicht/Übergewicht.
Wie viele Kilogramm wollen Sie loswerden, nicht um in ein Modejournal zu kommen, sondern um sich in Ihrer Haut wohl zu fühlen?
Mein Wunsch- und Wohlfühlgewicht: ____ kg.
Wer es gerne in Zahlen hat, kann auch seinen Body-Mass-Index errechnen: Gewicht geteilt durch das Quadrat der Körpergröße (in Metern).

Body Mass Index

$$BMI = \frac{\text{Gewicht kg}}{\text{Körpergröße (m)}^2}$$

BMI
(Deutsche Adipositas-Gesellschaft 2002)

18,5–24,9 Normalgewicht
25,0–29,9 Übergewicht
30,0–34,9 Adipositas Grad I
35,0–39,9 Adipositas Grad II
›40 Extreme Adipositas Grad III

Mein optimaler Index in der Zeit des Erwachsenenlebens (ab 25) betrug: _____ BMI.

Mein schlechtester Wert (als ich z. B. gerade meine Scheidungsgeschichte hinter mir hatte) war _____ BMI.

Bedenken Sie, dass wir im Laufe unseres Lebens ganz automatisch fülliger werden. Dagegen ist auch nichts einzuwenden, wie sogar die Statistiken der Lebensversicherungen zeigen. Machen Sie sich nicht wie Essgestörte unglücklich durch überzogene Forderungen an sich selbst! Niemand leidet so brutal unter dem Gefühl, zu dick zu sein, wie Magersüchtige, die an der Schwelle des Todes stehen ...

Beachten Sie auch, dass einiges in den Genen liegt. Das soll gewiss keine Entschuldigung sein. Aber akzeptieren Sie Ihre persönliche Façon, wie sie sich auch bei Eltern oder Großeltern abgezeichnet hat.

Trotzdem: Die Spannweite ist groß. Niemand soll sich auf seinen überflüssigen Pfunden ausruhen. Das Gerede von den »Lustigen Dicken« ist meistens dummes Zeug. Machen Sie sich einmal klar, wie viele zusätzliche Butterpäckchen z. B. Ihre Kniegelenke tragen, um nicht zu sagen ver-kraft-en müssen: ein Kilo gleich 1000 Gramm – das sind schon vier Päckchen! Zehn Kilo sind vierzig (!) Päckchen.

Ich hatte einen Schulfreund mit einer schlanken Mutter und einem netten dicken Vater. Als Kind in der Nachkriegszeit sollte

Klaus natürlich groß und stark werden. Stattdessen wurde er erst mal dick – und auf dem Schulhof gehänselt. Kinder sind da gar nicht nett. Schwächen erkennen und kommentieren sie gnadenlos. Klaus beschloss: Das nicht! Nie wieder redet mich jemand wegen meiner Figur blöd an! Er nahm konsequent ab. Seitdem ist er sportlich und schlank. Als Arzt seinen Patienten auch ein gutes Vorbild.

Also: Ihr realistisches Wunschgewicht liegt bei _____ kg.

Diäten machen dick

Jetzt ärgern Sie sich womöglich. Aber ich meine es ernst. Die meisten Diäten machen dick: Erst nimmt man ab – und dann mehr zu! Der Jojo-Effekt. Unser Ex-Kanzler probiert ihn Jahr für Jahr aus. Den Erfolg sehen wir.

Eigentlich ist es ganz einfach: Wir müssen unser Essverhalten ändern, eventuell auch mit der Hilfe anderer. (Ich selbst würde als fauler Koch wahrscheinlich bald dick, weil ich bequem irgendwelches Fertigfutter in mich hineinschaufeln würde. Aber meine Familie korrigiert mich.)

Schlank durch Lust am Essen

71 Prozent aller Frauen zwischen 25 und 55 haben schon bis zu zehn Diäten hinter sich. Auf die Dauer können wir aber nur durch eine Verhaltensänderung bei der Nahrungsaufnahme schlank werden. Wer schon an 101 Diäten verzweifelt ist und es einfach haben möchte: Die leichteste Gewichtsabnahme geschieht durch den Verzicht auf Alkohol. Da ich viele Alkoholiker unter meinen Patienten habe, konnte ich den Nebeneffekt des Trockenwerdens schon oft beobachten. Menschen schauen plötzlich wieder Jahre jünger aus. Nicht nur das rote aufgedunsene Gesicht verschwindet, sondern auch der Bierbauch. Das Abnehmen ist absolut mühelos – im Gegensatz zu den Diäten, die das versprechen. Der Alkohol hat selbst viele leere Kalorien, ein Liter Bier z. B. 500 Kalorien. Außerdem macht er hungrig, regt den Appetit an. Und schon sind täglich Hunderte von Kalorien zusätzlich aufgenommen.

Fett macht fett

Während unsere Mütter – verständlich nach den mageren Zeiten – noch darauf geschworen haben, dass »viel gute Butter« im Essen sei, sind die Ernährungsexperten längst umgeschwenkt. Wenn ein Gramm Fett neun Kalorien bedeutet – au weh! Außerdem beschwert Fett unseren Magen für mehrere Stunden.

Sie dürfen Kohlehydrate und Eiweiß fast unbegrenzt zu sich nehmen, wenn Sie Fett einsparen. Es lohnt sich, darauf zu achten, wie viel Fett ein Käse enthält oder eine Wurst oder ein Quark. Zugegeben, eine feine westfälische oder italienische Salami schmecken hervorragend. Aber leider enthalten sie unglaublich viel Fett. Also dünn schneiden und als gelegentliche Delikatesse genießen!

Wenn Sie die gute Butter, die zweifellos prima schmeckt, nicht fingerdick schmieren, sondern dünn, den Käse vielleicht ohne Butterunterlage aufs Brot legen, also immer mal wieder ein paar Gramm Fett einsparen, haben Sie Ihre Ernährungsgewohnheiten schon geändert!

Wenn Sie dann noch dazu übergehen, Obst und Gemüse für sich zu entdecken, haben Sie schon gewonnen. Haben Sie schon einmal überlegt, wie viel davon Sie einkaufen müssten, um einer einzigen fetttriefenden Mahlzeit kalorisch Paroli zu bieten? Das können Sie kaum nach Hause schleppen.

Kein Süßstoff!

Ich finde es immer rührend, wenn füllige Menschen unbedingt darauf bestehen, keinen Zucker zu sich zu nehmen, stattdessen mit spitzen Fingern zum Süßstoff greifen. Sie sollten wissen, dass man Kälbern gerne Süßstoff ins Futter mischt, um sie schneller zu mästen – alles klar? Glauben Sie ernsthaft, der Körper ließe sich betrügen? Im Max Planck Institut gab es einen Kollegen, der »Zucker« hieß. Jeden, der an seiner Tür klopfte, ließ er wissen, dass das Gehirn nun einmal ausschließlich von Zucker, genauer von Glucose, lebe.

Noch nie in meinem Leben habe ich so viel zugenommen wie in den knapp vier Wochen, die ich im Winter 1990 in den USA als

Gast einer Klinik zugebracht habe, in deren ansonsten preisgekrönter Küche Glucose verboten war. Ständig war ich hungrig – und draußen gab es natürlich Fett und Glucose und alles in Massen. (Wer mal amerikanische »kleine« Portionen gesehen hat, weiß, wovon ich rede. Im letzten Jahr gab es immerhin eine gute Börsenmeldung: McDonald's schreibt rote Zahlen. Sollte es ein Ende haben mit dem Fast Food?!)

Meine persönlichen Beobachtungen lassen sich durch wissenschaftliche Ergebnisse stützen. Danach nehmen Menschen, die mit Zuckeraustauschstoffen hantieren, jeden Tag mehrere hundert Kalorien extra zu sich!

Nicht abnehmen!

Ja, Sie sollten sich auf Ihr Ziel-, Ihr Wohlfühlgewicht konzentrieren, nicht auf das Abnehmen. Wörter und Begriffe können nämlich fatale Auswirkungen haben. Wenn wir uns Ziele setzen, sollten wir sehr genau auf die Formulierung achten. Nehmen Sie sich also nicht vor *abzunehmen*, sondern sagen Sie sich: »künftig möchte ich soundsoviel wiegen.« Also entwerfen Sie bitte in Ihrem Kopf eine realistische Vorstellung, welche Zahl auf der Waage erscheinen sollte, um Ihr persönliches Ziel sichtbar zu machen! Und denken Sie sich eine Belohnung aus für das Erreichen!

Mal was anderes ausprobieren

Um Ihr Ziel zu erreichen, experimentieren Sie mit Ihrer Ernährung. Lassen Sie sich durch Sendungen über Essen inspirieren. Unterhalten Sie sich mit Freunden über schöne Rezepte. Lassen Sie sich verführen zu Erlebnis-Essen. Lernen Sie neben den üblichen Italienern mit ihrer wahrlich großartigen Küche den Franzosen, den Griechen, den Chinesen und noch andere Küchen kennen. Wie wäre es mit japanischen oder pakistanischen Genüssen?

Schauen Sie sich im Supermarkt um nach Angeboten! Gehen Sie in Biomärkte, probieren Sie Vollkornprodukte, Apfelsorten, die Sie schon für ausgestorben hielten, Käse aus Rohmilch etc. Man berät Sie gerne. Ich habe noch nie jemanden erlebt, der von Bioprodukten auf Weißmehl und Co. umgestiegen wäre, nur umgekehrt. Da tauchen Geschmacksrichtungen auf, die wir gar nicht gekannt haben. »An apple a day keeps the doctor away.« Vorsicht mit allen einseitigen Ernährungsempfehlungen. Ausgewogene Mischkost ist noch immer das Beste. Viel Gemüse und zwei bis drei Liter Wasser pro Tag.

Das Essen ist ein Tummelfeld für Ideologen, die ihre jeweilige »Religion« mit allen Mitteln verteidigen – und mit neuen Kochbüchern viel Geld machen. Es hat schon zu viele Moden gegeben, die sich nachträglich als fragwürdig erwiesen haben. Sicher erinnern Sie sich noch an die Zeiten, als man unbedingt Steaks essen musste bis zum Abwinken. Nicht erst seit dem Rinderwahnsinn ist das absolut passé.

Sex und Gesundheit

»An orgasm a day keeps the doctor away.« Von der stets anzüglichen Schauspielerin Mae West soll dieser Satz stammen. Dass häufiger schöner Sex gesund ist, brauchen wir nicht zu diskutieren. Die meisten Süchte – auch die Ess- und Trinksucht – haben eine sexuelle Ersatzfunktion. Befriedigung kann verschiedene Wege gehen. Wer sexuell zufrieden ist, muss nicht haufenweise Nahrung in sich hineinschieben. Ein guter Hahn wird bekanntlich nicht fett. Übermäßiger Alkoholgenuss tut dem Liebesleben nichts Gutes, wie schon Shakespeare bemerkt hat. Er erhöht das Verlangen und erschwert die Durchführung.

Sicher sind weder Fernsehen noch Internet förderlich für das Sexualleben. Man – vor allem Mann – wird durch die ständige Reizung durch ständig bereite wunderschöne Frauen selten an die eigene Frau erinnert... Selbstbefriedigung – nichts dagegen einzuwenden, solange sie nicht als Ersatz von der Liebe ablenkt.

(Kürzlich entdeckte ich die 102. Diät, die mir per Fax empfohlen wurde: die Sex-Diät, offenbar mit der Auflistung verschiedener Stellungen und dem entsprechenden Kalorienverbrauch. Es gibt keinen Unsinn, den es nicht gibt.)

Bewegung und Sport

»Sport ist Mord!« Wieder so ein Blödsinn. Winston Churchill, den Zigarren und dem Whisky zugeneigt, soll es gesagt haben – und alle couch potatoes plappern es nach.

Vor Tausenden von Jahren mussten unsere Vorfahren täglich stundenlang laufen, gehen, jagen und sammeln, um zu überleben. Sie mussten selbst schlachten, Holz hacken, Hütten bauen, Feuer machen etc. Zum Weltgesundheitstag 2002 hat das Robert-Koch-Institut diesen Sachverhalt plastisch zusammengefasst: »Die körperliche Aktivität hat sich im letzten Jahrhundert wesentlich verändert. Heute ist für die Mehrheit der Menschen in Deutschland eine überwiegend sitzende und bewegungsarme Lebensweise zum Normalen geworden. Daraus entsteht ein ernster Widerspruch zu der Prägung, die wir im Laufe unserer langen biologischen Entwicklungsgeschichte erhalten haben. Alle unsere Körperfunktionen wurden im Kontext eines sich weiträumig bewegenden Wesens optimiert; längeres Sitzen konnten sich bis vor kurzem nur die Wenigsten leisten.«

Das hat Konsequenzen: »Der heute verbreitet festzustellende absolute oder relative Bewegungsmangel ist mitverantwortlich für die Entstehung vieler chronischer Krankheiten wie Adipositas (Fettsucht), Hypertonie, Diabetes mellitus ..., koronare Herzkrankheiten, Osteoporose (Knochenschwäche), Depression und bestimmte Krebsarten (z. B. Brust- und Dickdarmkrebs).«

Wie niedrig das Aktivitätsniveau liegt, zeigte die Untersuchung Bundesgesundheits-Survey 1998: Nur erschütternde 13 Prozent der Erwachsenen waren so aktiv wie eigentlich nötig. 30 Prozent sind kaum körperlich aktiv, 45 Prozent treiben keinerlei Sport. Auch bei jüngeren Menschen schaut es nicht wesentlich besser aus: Zwar sind 40 Prozent der 18- bis 19-jährigen Männer ausreichend aktiv, aber nur etwa 15 Prozent der Frauen. Wenn wir da an die rauchend herumstehenden und -sitzenden jungen Menschen denken, die wir täglich beobachten können, brauchen wir uns wohl über nichts zu wundern.

Heute werden uns die meisten Tätigkeiten abgenommen, die mit körperlicher Anstrengung zu tun haben. Wir werden unseren natürlichen Bewegungsdrang ebenso wenig los wie unsere Aggressionen. Da kann und muss Sport eine wichtige Ersatzfunktion erfüllen.

Wenn ich beginne, depressiv zu werden, brauche ich nur kurz zu überlegen, wie lange ich – aus furchtbar wichtigen Gründen – nicht mehr gelaufen bin, Tennis gespielt habe o. Ä. Wir werden müde, schlaffen ab, wenn wir uns nicht bewegen. Der gesamte Organismus leidet. Dann rennen wir womöglich zum Doktor, der uns auch noch was Gutes verschreibt, bloß keine Gymnastik oder kein Krafttraining. Den präventiven Gedanken haben viele meiner Kollegen leider längst aufgegeben, sind zum Teil auch verzweifelt an dem Widerstand ihrer trägen Kundschaft.

Gesicherte Zusammenhänge zwischen Bewegung und Gesundheit

Inzwischen kommt Hoffnung auf: Das ›Deutsche Ärzteblatt‹ (vom 18.10.2002) fasst zusammen: »Körperliche Aktivität beugt Krankheiten vor.« Zunächst beklagen die Autoren zu Recht die übertriebene Aufmerksamkeit für die Zivilisationskrankheiten. Dann wendet man sich dem Salutogenese-Gedanken zu. Auf »Bewegungsmangel als Risikofaktor« folgt die knappe Zusammenfassung: »Bei allen Erkrankungen von Herz und Lunge, bei Hochdruck und Diabetes mellitus, bei Osteoporose und Tumorleiden, aber auch bei Depressionen sollte regelmäßige körperliche Aktivität rezeptiert werden.« Dem ist nichts hinzuzufügen, nur: Wer sagt es dem Patienten? Wer bewegt ihn damit wann zu was?

Ein Experiment – psychische Krankheit und Laufen

»Früher habe ich mich gewundert, warum die Leute laufen. Heute wundere ich mich, warum ich nicht gelaufen bin! Und ich kann mir nicht vorstellen, einmal nicht mehr zu laufen« (ein unbekannter Läufer, vielleicht auch der Bundesaußenminister).

Es gibt Experimente, in denen man eine Gruppe von psychisch erheblich kranken Menschen nicht nur mit Psychotherapie behandelt hat, sondern auch mit gezieltem sportlichem Training, vor allem Laufen. Sabine Kubesch und Manfred Spitzer formulierten den Titel ihres Aufsatzes suggestiv: ›Sich laufend wohlfühlen: Aerobes Ausdauertraining bei psychisch Kranken‹ (›Nervenheilkunde‹, 7/1999). Schon in den achtziger Jahren wurde eine Arbeitsgruppe an der Deutschen Sporthochschule Köln gebildet, die eindeutige, wissenschaftlich belegte positive Zusammenhänge zwischen körperlicher Aktivität und psychischer Gesundheit herausarbeiten konnte. In der Psychiatrie der Universität Ulm hat man folgendes Ziel formuliert:»... zum einen die Steigerung des Wohlbefindens über die Erhöhung der Transmitterkonzentrationen von Serotonin, Noradrenalin und Dopamin. Neben diesen neurobiologischen Anpassungserscheinungen sollen zum anderen über positive Erfahrungen beim Ausdauertraining (z. B. Erfolgserlebnisse, Aktivationssteigerung) Veränderungen auf der Ebene des Verhaltens erzielt werden« (ebd.).

Ähnlich liest sich das in der zitierten Stellungnahme des Robert-Koch-Instituts zum Weltgesundheitstag:»Regelmäßige körperliche Aktivität hilft – neben einer ausgewogenen Ernährung – das Körpergewicht zu halten oder zu reduzieren, hat eine günstige Wirkung auf die wichtigen Herz-Kreislauf-Risikofaktoren, u. a. auf die Hypertonie, dadurch wird beispielsweise das Risiko von Myokardinfarkten und zerebrovaskulären Insulten (Schlaganfällen) entscheidend reduziert, senkt das Risiko der Entstehung von Kolonkrebs – vermutlich dadurch, dass die Darmmotilität (Beweglichkeit) erhöht und so die Kontaktzeit des Darminnern mit eventuellen mutagenen (mutationserzeugenden) Stoffen verkürzt wird – und beugt der Entstehung von Brustkrebs vor (vermutlich durch eine Verringerung der Östrogene, von Insulin und assoziierten Wachstumsfaktoren), senkt das Risiko der Entstehung von Typ-II-Diabetes, stärkt das Immunsystem, kräftigt den Bewegungsapparat, beugt speziell von der Wirbelsäule ausgehenden Beschwerden vor und mildert die Osteoporose nach den Wechseljahren, baut Ängste ab, festigt das Selbstvertrauen und regt assoziatives, kreatives Denken an, hilft in der Regel, andere Risiken in der Lebensführung (Drogen, Alkohol, riskante Ernährung) zu minimieren, verzögert den Prozess des Alterns und senkt das Mortalitätsrisiko gegenüber Inaktiven im gleichen Alter ...«

Nun, noch Fragen? Die Ergebnisse sind eindeutig und überzeugend. Im Gehirn geht es nach Kubesch und Spitzer neben den immer wieder bemühten Endorphinen (wozu die Aussagen noch experimenteller Natur sind) um die wirksamen Aminosäuren, die bei Ausdauertraining – über 30 Minuten! – vermehrt über die Vorstufe Tryptophan zur Verfügung stehen.

Einig sind sich die Fachleute über Art und Aufbau von körperlichem Training: »Für ein Aufbautraining sollte die Trainingshäufigkeit bei drei- bis siebenmal wöchentlich, die Trainingsdauer zwischen fünfzehn Minuten und einer Stunde liegen. Für ein Erhaltungstraining wird als Mindestanforderung zweimal wöchentlich jeweils dreißig Minuten bzw. dreimal zwanzig Minuten genannt.«

Das Ulmer Klinikmodell kann als beispielhaft gelten: Die Patienten erhalten einen Lageplan mit unterschiedlich langen Rundwegen in Kliniknähe. Nachdem das erste Ziel von etwa fünf Minuten Dauerlauf (= Grundlagenausdauer) erreicht ist, erfolgt mit drei bis vier Einheiten à 30 bis 45 Minuten, ein Aufbau bis zum Erhaltungstraining mit dem Ziel, zwei bis drei Mal 45 Minuten zu laufen oder zu walken. Durch die Anbindung an den Sportverein SSV Ulm sollten die Ergebnisse natürlich in den Alltag hinübergerettet werden.

Es ist bemerkenswert, dass auch schwer psychisch kranke, z. B. depressive Patienten zur Aktivität zu bewegen waren. Die wissenschaftliche Kontrolle der Ergebnisse mit Hilfe von Fragebögen hat überzeugende Zahlen erbracht. Interessant ist die Veränderung der Befindlichkeit im Vorher-Nachher-Vergleich.

Voraussetzung für eine dauerhafte Erhöhung des Wohlbefindens ist eine Regel, die auch für Ihr persönliches Sportprogramm wichtig ist: Die Stimmungsverbesserung tritt nur dann ein, wenn das Training aerob ist, d. h. keine wesentlichen Laktat- oder Milchsäurespiegel entstehen wie etwa bei einem 100-Meter-Lauf. In einem aufschlussreichen Fallbeispiel konnten die Wissenschaftler zeigen, dass ein Mann von 54 erst positive Ergebnisse zeigte, als er sich nicht mehr bemühte, wesentlich jüngeren Patienten hinterherzuhecheln!

Statt komplizierter Regeln wie Herzfrequenz, Ruhe- und Belastungspuls wollen wir uns auf eine leicht vermittelbare Regel einigen: Man muss sich gut fühlen – und noch in der Lage sein, mit jemand anderem während des Laufens ein Gespräch zu führen. Die meisten laufen zu Beginn wie der beschriebene Patient zu schnell! Also: langsam laufen und Geduld üben! Kondition entsteht nicht im Hauruck-Verfahren.

Suchen Sie sich eine Sportart, die Ihnen Freude bereitet. Wahrscheinlich brauchen Sie nur Ihren früheren Lieblingssport wiederzuentdecken, der über der Karriere oder den Kindern oder eine Verletzung abhanden gekommen ist. Oder entdecken Sie etwas Neues. Es gibt so unendlich viele Sportarten. Nach Art und Belastung sollte es Ihren körperlichen Möglichkeiten und Ihrem Alter entsprechen.

Aber das Wichtigste: Es muss Spaß machen! Wenn Sie sich auch nach einer notwendigen Eingewöhnungszeit noch immer missmutig hinquälen müssen, stimmt etwas nicht. Es muss zur Passion werden wie das Spielen eines Instruments oder ein anderes Hobby. Es sollte Ihnen etwas fehlen, wenn Sie einmal nicht dazu kommen ...

Und nicht vergessen: In jedem Fall sollte ein Ausdauersport dabei sein wie Laufen, Walken, Radfahren oder Schwimmen. Dann spielen sich all die wunderbaren Dinge in Ihrem Kopf ab, die uns die Wissenschaftler beschrieben haben!

»Wichtig erscheint, Sport und Fitness nicht zwanghaft zu verwirklichen, sondern individuell Geeignetes als lustbetonte Bereicherung – möglichst als etwas Selbstverständliches – in das persönliche Leben zu integrieren.« (Informationen beim Robert-Koch-Institut erhalten Sie über www.rki.de)

Der Leidensdruck steigt: Laut einer Untersuchung (zitiert in ›Psychology today‹) waren 1972 ein Viertel der Frauen und 15 Prozent der Männer mit ihrer Gesamterscheinung unzufrieden. 25 Jahre später, also 1997, waren es über die Hälfte der Frauen, 56 Prozent, und 43 Prozent der Männer. Noch übler sieht es beim Gewicht aus: Zwei Drittel der Frauen und über die Hälfte der Männer mögen sich nicht so, wie sie sind.

ZURÜCK ZUM GLÜCK

Im Burnout scheint uns das Glück endgültig abhanden gekommen zu sein. Wir sind vertrieben aus allem, was mal eine Andeutung von Paradies war. Dabei waren doch all unsere Anstrengungen darauf gerichtet, das Glück in irgendeiner Form wieder zu erlangen. Offenbar waren unsere Strategien die falschen. Vielleicht wussten oder wissen wir auch gar nicht mehr, was das eigentliche Ziel sein könnte ... Oder wir haben nicht gemerkt, wann das Glück doch seine immer selteneren Auftritte hatte. Depression, Resignation und Zynismus, körperliche und geistige Erschöpfung, Hoffnungslosigkeit sind wohl das Gegenteil von Glück, also Un-Glück.

Das Unglück drückt sich auch ganz direkt in einer zunehmenden Zahl manifester Depressionen aus. Jeder fünfte Deutsche leidet in seinem Leben mindestens einmal an einer psychischen Störung, vor allem Angst und Depression. Jeder zehnte Bundesbürger machte im Jahr 2001 eine mehrwöchige Depression durch. Die Selbstmordrate liegt mit mehr als 10 000 Menschen pro Jahr bei uns deutlich höher als in vielen anderen Ländern. Und der Selbstmord auf Raten mit Zigaretten, Alkohol und Messer und Gabel ist um ein Vielfaches höher, wie im Kapitel Gesundheit besprochen.

In praktisch allen Industrieländern nimmt die Depressionshäufigkeit drastisch zu. (Über die Ursachen zu spekulieren bedeutet, ein weites Feld zu betreten. Aber es muss u. a. an unserer Lebenseinstellung und unserem Wertesystem liegen, denn die genetische Ausstattung des Menschen hat sich nicht geändert.) Das Schlimme an der Entwicklung: Es trifft immer mehr Kinder und Jugendliche. »Junge Menschen leben heute mit einem dreimal höheren Risiko, eine schwere Depression zu erleiden, als noch vor zehn Jahren«, schreibt Stefan Klein in seinem Bestseller ›Die Glücksformel‹ (S. 15). Wird die Depression zu einer Pest des 21. Jahrhunderts?

Das Glück und die deutsche Sprache

»In Deutschland hat das Glück keine allzu große Tradition«, resümiert Klein (S. 14). Erst um das Jahr 1160 ist das mittelhochdeutsche »gelücke« bezeugt, das in etwa »passend« bedeutet.

Andere Sprachen sind da reicher als das Deutsche (das auch im Erotischen – ein wesentlicher Glücksbereich – nicht gerade aus dem Füllhorn schöpfen kann). Das Englische unterscheidet immerhin zwischen »luck« = Glück haben und »happiness« = Glück empfinden. Das Sanskrit, die Sprache des alten Indien, verfügt dagegen über ein gutes Dutzend Worte für unterschiedliches Glücksempfinden.

Wie erreiche ich das Glück?

»Wer ständig glücklich sein möchte, muss sich oft verändern.« Das stammt von einem Mann, der die Hektik unserer Tage und die Notwendigkeit, sich an neue Gegebenheiten anzupassen, noch gar nicht kennen konnte: von Konfuzius. Also in der Sicherheit allein liegt das Glück offenbar nicht. Jahrhunderte später formulierte ein anderer Mann, der für klug gehalten wird, Folgendes: »Was man im strengsten Sinn Glück heißt, entspringt der eher plötzlichen Befriedigung hochaufgestauter Bedürfnisse und ist ... nur als episodisches Phänomen möglich.« Was meint Sigmund Freud damit? Vielleicht das, was ein sehr erfolgreicher, aber auch sex- und kokainsüchtiger Künstler ausdrückte, als er das Glück zu einem »Minutenphänomen« erklärte? (Warum nicht gleich Sekunden = Orgasmus!).

Ganz offensichtlich ist es eine schwierige Angelegenheit mit dem Glück: Auf alle Fälle ist es nicht denkbar ohne sein Gegenteil, das Unglück. Nur durch die Polarität kann beides existieren und empfunden werden. So wie das Atmen als einer der Grundvorgänge des Lebens nur durch die Gegensätze von Ein- und Ausatmen möglich wird, die Herztätigkeit nur mit Systole, dem Antrieb des Blutes vom Herzen aus, und Diastole, sozusagen als Rückholaktion, so sind alle schönen, positiven Gefühle, die wir mit dem Begriff »Glück« verbinden, nicht ohne den

Kontrast von Trauer, Angst, Spannung, Ärger und Wut denkbar.

In einer Zitatenbank fand ich nicht weniger als 415 ganz unterschiedliche Definitionen und Anmerkungen zum Thema »Glück«. Das reicht vom Volksmund, »Das Pech, das wir nicht haben, ist unser Glück«, über die tiefsinnige Äußerung Goethes, »Das schönste Glück des denkenden Menschen ist, das Erforschliche erforscht zu haben und das Unerforschliche ruhig zu verehren«, bis hin zu Nietzsches »Formel« des Glücks, »Ein Ja, ein Nein, eine gerade Linie, ein Ziel«.

Was sagt das Lexikon?

Um uns zu orientieren, schauen wir ins Lexikon, wo sich kluge Menschen viel Mühe gegeben haben, eine allgemein gültige Definition zu finden: »1) günstige Fügung des Schicksals; als mythische Gestalt versinnbildlicht oder vergöttlicht (Fortuna). 2) seelisch gehobener Zustand, der sich aus der Erfüllung der Wünsche ergibt, die dem Menschen wesentlich sind; sie können alle Stufen vom Sinnlichen bis zum rein Geistigen durchlaufen. In vielen politischen und philosophischen Systemen gilt das Glücksstreben als sittlich berechtigter Antrieb des menschlichen Handelns ..., u. a. auch in der amerikanischen Unabhängigkeitserklärung« (Der neue Brockhaus 1978).

Viel knapper (Meyers Enzyklopädisches Lexikon): das »Eins-Sein mit seinen Hoffnungen, Wünschen, Erwartungen«.

Eine Studie an 9000 Briten will herausgefunden haben, dass die Lebensfreude – als der Ausdruck von Glück – ausgerechnet in unserer aktivsten Lebenszeit am geringsten ist, zwischen dreißig und fünfzig. Mit siebzig Jahren seien die Menschen am glücklichsten, trotz gewisser gesundheitlicher Probleme. Stattdessen haben sie viel Freizeit, keinen Stress und keine Geldsorgen.

Gewiss ist das Glücklichsein im Laufe des Lebens vielen Schwankungen unterworfen. Glück empfinden zu können hängt ab von inneren und äußeren Gegebenheiten. Außerdem sollte man bedenken: »Nicht die Dinge selbst, sondern unsere Vorstellungen über die Dinge machen uns glücklich oder unglücklich.« Das hat der griechische Philosoph Epiktet (50–138) gesagt. Es geht also nicht um die objektive Realität, sondern um unsere subjektive Bewertung und Verarbeitung derselben. Epiktet hat mit seinem Satz moderne Formen der lösungsorientierten Psychotherapie vorweggenommen.

Wir können Depressionen vermeiden und Glücksempfinden stärken, wenn wir lernen, die Ereignisse neu zu interpretieren im Sinne von Hamlet: »Nichts ist gut noch schlecht, nur dein Denken macht es dazu.« Jede Krise als Kontrast zum Glück können wir auch als Chance sehen. Im Chinesischen soll das Wort genau diese Doppelbedeutung Krise/Chance haben. Probleme sind eben auch wie der Durst, der uns zum lebensrettenden Wasser führt.

Karl Valentin, der viele von uns mit seinen verqueren Weisheiten beglückt und irritiert, denkt in die oben zitierte Richtung, wenn er den Optimisten definiert als jemanden, »der die Dinge nicht so tragisch nimmt, wie sie sind«.

Was macht eine Gesellschaft glücklich?

Wohlstand und Glück – ein Ländervergleich

»Das größte Glück der größten Zahl« – das forderte der schottische Philosoph Francis Hutcheson 1726 in seiner ›Untersuchung über das Gute und Böse‹ als Ziel jeder Politik. Die meisten Politiker glauben nun, dies am ehesten über ein Anheben des Wohlstands erreichen zu können. Leider besteht zwischen Wohlstand und Wohlbefinden kein direkter Zusammenhang: Wir Westdeutschen sind z. B. fast ein Drittel reicher als die Iren, aber leider unzufriedener mit dem Leben (Ingelhart und Klingemann, zitiert bei Klein).

Nimmt man die Lebenserwartung als einen Index für Glück, zeigt sich, dass die Ausgaben eines Gesundheitswesens nicht direkt mit der Lebenserwartung zusammenhängen: Die USA geben 13,7 Prozent ihres Bruttoinlandsprodukts für die Gesundheit aus, wir immerhin 10,5. Trotzdem liegt die Lebenserwartung nur bei 70 bzw. 70,4 Jahren, in Japan dagegen mit Ausgaben von nur 7,1 Prozent bei 74,5! (BNP 2–3/2001, S. 23)

Wer steht unter den Industrieländern an der Spitze des Glücksindex? Wen würden Sie dort am ehesten erwarten? Über dem Limit von 90 Prozent liegen – neben dem schon genannten Irland – vor allem die skandinavischen Länder wie Island, Dänemark, Schweden, Norwegen, Finnland, aber auch die Schweiz, Nordirland und die Niederlande. Laut den Daten aus den späten neunziger Jahren rangiert Westdeutschland nur bei knapp über 80 Prozent, Ostdeutschland gar bei 75 Prozent Glücksindex.

Das Beispiel der amerikanischen Kleinstadt Roseto zeigt, dass sich durch eine Erhöhung des materiellen Wohlstands und vor allem eine Verstärkung der sozialen Unterschiede die Indizes für Glück zum Negativen verschieben.

Wie kann das passieren? Sozialer Zusammenhalt und Solidarität tragen erheblich zur Lebensqualität bei. In Roseto siedelten sich (wie der Name erkennen lässt) zunächst italienische Einwanderer aus Apulien an, die nun in der neuen Heimat ihre gewohnten engen Bindungen fortsetzten. Niemand brauchte zu fürchten, hinter dem anderen zurückzubleiben. Das »Keep up with the Jonesses« (Mithalten mit dem Nachbar Jones) blieb aus. Niemand brauchte seinen Status zu demonstrieren.

In den siebziger Jahren – während der Zeit sozialen Umbruchs und heftiger Auseinandersetzungen um den Vietnamkrieg, die Hippiebewegung etc. – verließen viele Jugendliche Roseto und kehrten später mit ganz anderen, sehr materialistischen Lebensvorstellungen wieder zurück. »Manche fuhren in Cadillacs vor. Große Häuser wurden gebaut, Swimmingpools ausgehoben, die Gärten umzäunt. Man zog sich in seine vier Wände zurück und genoss seinen Wohlstand.« Und das Ergebnis? »Je mehr Roseto einer ganz normalen amerikanischen Kleinstadt ähnelte, desto mehr näherten sich auch die Krankheitsraten und die Sterblichkeit dem Landesdurchschnitt an.« Die Schutzwirkung der engen sozialen Bindungen war dahin. Der im Amerikanischen so plastisch als »rat race«, als Rattenrennen, bezeichnete soziale Wettbewerb richtet Schlimmes an. Die egozentrischen Erfolgsprogramme, die z. B. unter dem Stichwort »Ich-AG« laufen oder unter dem Motto »Glück ist positiver Cash-Flow« sind mit äußerster Skepsis zu betrachten.

Die Ehefrau möchte beim Kreuzworträtsel schüchtern wissen: »Weltmacht mit drei Buchstaben?« Ihr Mann darauf: »Ich!«

»Bürgersinn, sozialer Ausgleich und Kontrolle über das eigene Leben sind das magische Dreieck des Wohlbefindens in einer Gesellschaft«, resümiert Stefan Klein. Bürgersinn bedeutet Engagement für andere, tut aber auch uns selbst gut (wenn wir es nicht übertreiben!).

Demokratie als Voraussetzung des gesellschaftlichen Glücks

Gerade in Ländern mit einer längeren demokratischen Tradition liegen die Glücksindizes hoch. Diktaturen wirken sich dagegen grauenhaft aus. Wer ständig fürchten muss, beobachtet, kontrolliert und ohne jeden Grund eingesperrt zu werden, kann sich nicht wohl fühlen.

Die Deutschen aus den neuen Bundesländern können ein Lied davon singen, dass auch die angebliche »Diktatur des Proletariats« – in Wirklichkeit eine Diktatur verknöcherter Spießbürger – sich negativ auf das Lebensgefühl auswirkt. In einer interessanten Studie kurz vor der Wende (1986) untersuchte die Psychologin Gabriele Oettingen die Körpersprache von Gasthausbesuchern in Ost- bzw. Westberlin. »Während im damaligen Westen der Stadt über fast drei Viertel der Gesichter gelegentlich ein Lächeln« huschte, war das bei den Ostberlinern nur in weniger als einem Viertel zu beobachten! Noch dramatischer war der Unterschied in der Körperhaltung, an der man die Stimmungslage und das Selbstvertrauen gut ablesen kann: »In den Westberliner Gasthäusern saß und stand jeder Zweite aufrecht, im Osten nicht einmal jeder Zwanzigste!« Gebeugt von Kontrolle und Unfreiheit.

Soziale Hierarchie und Glück

Am Arbeitsplatz sind laut einer umfangreichen Studie an über zehntausend britischen Beamten Angehörige der niedrigsten Hierarchiestufe dreimal so häufig krank wie ihre Chefs. Da diese Beobachtung nicht durch Einkommensunterschiede oder Risikofaktoren wie Ernährung, Sport oder Rauchen erklärt werden kann, führt man sie auf die Differenzen in den Kontroll- und Einflussmöglichkeiten zurück. Im Tierreich gibt es parallele Befunde: Individuen, z. B. Paviane, die in der sozialen Hierarchie weiter unten stehen, sind häufiger krank und sterben früher als die Leittiere (vgl. Klein. Im Stress-Kapitel hatten wir gesehen, dass mangelnde Kontrolle bzw. Ausgeliefertsein erhöhten negativen Stress bedeuten.)

Gibt es ein nationales Talent zum Glücklichsein?

Kehren wir noch einmal zurück zu den nationalen Glücksindizes. Im Allgemeinen trauen wir südlichen Völkern mehr Talent für das Glück zu als Nordländern. Das hat sich, wie wir oben gesehen haben, als Irrtum erwiesen. Eines haben wir von den Südländern allerdings gelernt: Nicht leben, um zu arbeiten, sondern arbeiten, um zu leben. Das konnten wir uns vor allem von den Italienern abschauen, lernen, die kamen und halfen, unsere Wirtschaft auf das heutige Niveau zu bringen. Genau diese Gastarbeiter – aus der Türkei, Griechenland, Jugoslawien, Spanien etc. – hatten und haben bis heute Probleme, wenn sie mit einer neuen Einstellung (s. das Beispiel von Roseto) fast als Fremde in ihre Heimatländer zurückkehren, wo die Götter der Effektivität, der Pünktlichkeit, des Fleißes, der Überstunden, des Akkords nicht so bedingungslos angebetet werden wie bei uns.

Ludwig Erhard, der Vater unseres Wirtschaftswunders und von 1963-1966 deutscher Kanzler, bezweifelte die Fähigkeit seiner Landsleute zu dem, was die Franzosen als »savoir vivre«, als »Lebenskunst«, bezeichnen: »Der Deutsche entfaltet in der Stunde der Not höchste Tugenden. Die Frage bleibt, ob er im gleichen Maße den Stunden des Glücks gewachsen ist.«

Voraussetzungen für persönliches Glück

Die Familie

Die meisten Kinder wünschen sich eine harmonische Familie wie in der Rama-Werbung. Sie brauchen Geborgenheit und Liebe. Äußere Werte und Ziele spielen erst eine übermächtige Rolle, wenn es mit den inneren Werten der Familie nicht mehr stimmt: Dann sind nur noch, sozusagen als Ersatz, die Markenklamotten, die 150-€-Turnschuhe, das superteure Mountainbike, der superschnelle Computer mit dem affengeilen Spiel angesagt ...

»In einer friedlichen Familie kommt das Glück von selbst«, sagen die Chinesen. Und: »Aus glücklichen Familien besteht das Wohl des Staates.« Wenn bald jede dritte bis zweite Ehe geschieden wird, wenn 80 Prozent der »unehelichen« Eltern (uneheliche Kinder gibt es nicht!) am 18. Geburtstag ihres Kindes nicht mehr zusammen sind, kann es also nicht weit her sein mit dem Glück. (Bei verheirateten Eltern ist der Prozentsatz umgekehrt: Immerhin 80 Prozent sind bei der Volljährigkeit ihrer Kinder noch zusammen.) Der Preis von Freiheit und Selbstverwirklichung kann sehr hoch sein ... Der Übergang zur Selbstenthemmung ist fließend, wenn ich beim ersten Streit gleich das Handtuch werfe und mich in die nächste, wahrscheinlich nicht glücklichere Beziehung stürze.

Single-Dasein und das Glück

Damit Sie mich nun nicht falsch verstehen: Ich behaupte nicht, die bürgerliche Ehe sei das höchste Glück. Sie kann selbstverständlich auch das höchste Unglück sein, mit dem man besser heute als morgen Schluss macht. Dennoch bleibt die Erfahrung, dass der Mensch allein selten glücklich ist. So viele Patienten, die unglücklich in meine Praxis kommen, leben ungewollt allein – und schaffen es trotz guter Voraussetzungen und Anstrengungen über lange Zeit nicht, einen Partner zu finden.

München gilt als die deutsche Hauptstadt der Singles: 1970 lebten 25 Prozent der Menschen in Ein-Personen-Haushalten, heute sind es 40 Prozent! Und sie werden mit zunehmendem Alter unzufriedener: Zwischen 40 und 49 ist es fast ein Viertel – plus die Dunkelziffer derer, die es nicht zugeben wollen (laut einem Bericht der ›Abendzeitung‹ vom 5.12.2002).

Die Beziehung

> »*Ich wollte doch nur reich sein und berühmt, drei Kinder haben und einen Mann, der mir abends die Füße massiert. Und jetzt habe ich nicht mal eine Frisur, die zu mir passt!*«
> ALLY MCBEAL

»Es ist nicht gut, dass der Mensch allein lebt.« So sagt es die Bibel. Und sie wird von harten Tatsachen bestätigt: Singles sind nicht nur häufiger unglücklich und krank, sondern sie leben auch weniger lang. In allen Altersstufen ist die Lebenserwartung von Menschen, die allein leben, viel geringer als die von Personen, die mit einem Partner oder einer Familie zusammenleben (Stroebe und Stroebe, zitiert bei Klein). »Mehr als alles andere bedeutet Einsamkeit Stress«, betont Klein. In den USA bezeichneten sich nur ein Viertel aller nicht verheirateten, aber 40 Prozent aller Verheirateten als »sehr zufrieden«. Das gelte für Männer wie Frauen.

Der negative Stress führt zu psychischen und körperlichen Schäden: Depressionen treten bei Singles weit häufiger auf als bei Verheirateten, am häufigsten bei Geschiedenen! Und körperliche Krankheiten sind nach allen Untersuchungen klar seltener bei Menschen in einem festen sozialen Gefüge.

»Eine Partnerschaft stabilisiert das Leben ... Glück und Gesundheit erfordern Disziplin, für sich zu sorgen, auch wenn es manchmal unbequem ist. Partner halten einander dazu an, indem sie ständig ein Auge aufeinander haben. Die Unfreiheit in einer festen Beziehung hat also auch ihre guten Seiten« (Argyle, zitiert bei Klein).

So dürfte es auch bei diesem großen Politiker gewesen sein: »Meine größte Leistung war, dass ich meine Frau zu überreden wusste, mich zu heiraten. Es wäre für mich unmöglich gewesen, all das zu meistern, was ich durchgemacht habe, ohne ihren Mut und ohne ihre Hilfe. Das an Freuden reichste Erlebnis war meine Ehe.« Das stammt von Winston Churchill. Ob seine Ehefrau das – angesichts seines Zigarren- und Whisky-Konsums – ähnlich gesehen hat, ist nicht überliefert. (Laut einer neueren australischen Studie an 10 000 Probanden ist die Ehe jedenfalls auch für Frauen gesund.)

Glück ist die Folge einer Tätigkeit

Diese Definition stammt von Aristoteles, dem griechischen Denker mit dem wohl größten Einfluss auf unsere heutige geistige Kultur. Also nicht das Schlaraffenland, wo uns die gebratenen Tauben in den Mund fliegen, sondern Aktivitäten verschaffen uns die Glückshormone und Glücksmomente. Thomas von Aquin, der das Werk von Aristoteles sicher bestens gekannt hat, formulierte passend dazu: »Trägheit macht traurig.«

Jedes Interesse steigert die Lebenslust – und hält lebendig. Wer erinnert sich nicht z. B. an die hochbetagten, körperlich zum Teil sehr gebrechlichen Dirigenten wie Günter Wand, Herbert von Karajan oder Otto Klemperer, die mit glänzenden Augen einen riesigen Orchesterapparat in höchster Präzision in Schwung hielten. Oder an Pablo Picasso und seine bis zuletzt berstende kreative Energie.

Nichtstun ist (neben der Hilflosigkeit) der größte Feind des Glücks. Das soll gewiss nicht heißen, dass Sie sich nicht die nötigen Pausen gönnen sollten, die zum Rhythmus des Lebens gehören! Aber Untätigkeit führt zu Verschleißerscheinungen: Wer rastet, der rostet.

Wege zum Glück

Was waren bisher Ihre glücklichsten Momente im Leben? Denken Sie jetzt oder spätestens beim nächsten Spaziergang darüber nach! Leider tendieren wir dazu, uns die unglücklichen und traurigen Momente des Lebens besser zu merken. Um wieder glücklich zu werden, müssen wir die Aufmerksamkeit auf das

Glück lenken. Wenn wir nicht wissen, wie es sich anfühlt, können wir es nicht finden oder wiederfinden. In Ihrer Lebenskurve (vgl. das Kapitel »Lebensqualität als Lebenskurve«, S. 55) hatten Sie Höhen und Tiefen im Laufe der Jahrzehnte skizziert.

Aber es geht um mehr: die unmittelbare sinnliche Erfahrung von Glück. Das sind in der Tat oft nur Momente wie der schöne Liebesakt, die Geburt eines Kindes, die Begeisterung über eine schöne Musik, ein schönes Bild, der Gewinn eines Tennisspiels, der Empfang eines Geschenks, die Nachricht über ein bestandenes Examen, der Anblick eines blühenden Gartens ...

> **Übung:**
> Meine schönsten Erlebnisse/Momente im Leben waren bisher:
>
> ———
>
> Dabei habe ich Folgendes gespürt, gerochen, gehört, gefühlt:
>
> ———
>
> Wenn ich es lokalisieren sollte, würde ich auf mein Herz, meinen Bauch, meinen Kopf, meinen ganzen Körper zeigen bzw. auf
>
> ———

Zufrieden sein

Weihnachten: In unserer Kultur ein wunderschönes, aber auch problematisches Fest. In funktionierenden Familien ein Glück, in instabilen Familien unter Umständen eine Katastrophe.

Jeder kennt den wunderbaren Glanz in Kinderaugen, wenn die Kerzen am Weihnachtsbaum brennen. Das ist schöner als die Geschenke. In diesen Momenten kann man das pure Glück spüren, bevor es dann vielleicht endlich die Eisenbahn gibt oder die Puppe mit den langen Haaren oder den Baukasten, der unerreichbar schien.

Später tritt dann die Abstumpfung ein. Naja, auch ganz schön ...

Oder es kommt Neid auf: Hat nicht das Nachbarskind ein größeres Spielzeugauto oder das schönere Kleid? Warum habe ich nicht gleich eine ganze Modellbahn bekommen statt nur ein paar Schienen? Oder wenigstens die größere Lok?

Am reichsten und glücklichsten ist der Mensch, der mit dem zufrieden ist, was er hat.

Alles ist relativ, gerade auch unsere materiellen Verhältnisse. Das entscheidende Kriterium ist die subjektive Zufriedenheit. Darin versteckt sich das Wort »Friede«. Das sollten wir uns immer wieder ins Gedächtnis rufen.

»Wenn die Menschen Glück kaufen könnten, würden sie es bestimmt eine Nummer zu groß wählen.« Meinte Pearl S. Buck. Wir haben fast alle die unglückliche Neigung, nach noch mehr zu streben, mit dem Erreichten nicht zufrieden zu sein. Das ist natürlich eine zwiespältige Angelegenheit: Wer ständig nach dem Motto lebt, der Spatz in der Hand sei besser als die Taube auf dem Dach, kann das wirkliche Glück auch verpassen. Und gleichzeitig sollten wir uns bewusst darüber sein, dass ein Zuviel zum Ballast und zum Unglück werden kann. »Lerne loszulassen! Das ist der Schlüssel zum Glück« (Buddha).

Das Glück verbreiten

»Die Menschen kommen durch nichts den Göttern näher, als wenn sie Menschen glücklich machen.« Das hat der römische Redner und Schriftsteller Cicero formuliert. Doch um andere glücklich zu machen, müssen wir selbst Glück empfinden.

Beobachten Sie einmal, welche Kinder lachen! Haben Sie schon mal eine grimmige Mutter gesehen, deren Kind im Wagen freundlich und glücklich lächelt? Manche Kinder schaffen es zwar, mit ihrer unbändigen Lebensfreude auch griesgrämige Eltern anzustecken. Aber der Spiegel, das Modell der Eltern ist enorm wichtig. Wenn die zum Lachen in den Keller gehen oder die Mundwinkel dauernd herunterziehen, fällt es schwer, fröhlich zu sein.

Flow

Bei der Betrachtung von Glück ist der Ausdruck »Flow« nicht mehr wegzudenken. Er stammt von dem Ungarn mit dem schwierigen Namen Mihaly Csikszentmihalyi. Die Fließ-Erlebnisse können je nach Individuum ganz unterschiedlicher Art sein: »Dabei kann es sich darum handeln, in einem Chor zu singen, einen Computer zu programmieren, zu tanzen, eine Partie Bridge zu spielen oder ein gutes Buch zu lesen. Oder wenn Sie Ihren Beruf lieben, so wie viele Leute, kann es der Augenblick sein, da Sie sich ganz und gar in eine schwierige chirurgische Operation vertiefen oder in einem schwierigen Geschäftsabschluss aufgehen. Dieses völlige ›Aufgehen‹ in einer Tätigkeit kann auch während sozialer Interaktion stattfinden, beispielsweise, wenn sich gute Freunde unterhalten oder eine Mutter mit ihrem Kind spielt.« Jetzt kommt die Essenz: »Gemeinsam ist solchen Momenten, dass das Bewusstsein voller Erlebnisse ist, die sich miteinander im Einklang befinden. Im Unterschied zu dem, was uns allzu oft im Alltag widerfährt, befinden sich unser Fühlen, Wollen und Denken in diesen Augenblicken in Übereinstimmung ...

Mit der Metapher des Flow haben Menschen vielfach das Gefühl mühelosen Handelns beschrieben, das sich in Augenblicken einstellt, die in ihrem Leben als besonders schön herausragen. Sportler nennen diese Erfahrung an die Grenze gehen, Mystiker sprechen vom Zustand der Ekstase, Künstler und Musiker von einer Art ästhetischer Verzückung« (›Psychologie heute‹, Februar 1999).

Glücksmomente in der Gemeinschaft

Kennen Sie die Situation, wenn man sich in der Kirche am Ende des Weihnachtsgottesdienstes zum gemeinsamen »O du fröhliche« erhebt, wenn nach einem berauschenden Konzert (egal mit welcher Musik) plötzlich alle Zuschauer von ihren Sitzen springen und stehende Ovationen bringen? Oder wenn in einem Tennismatch die unerträgliche Spannung sich mit einem genialen Schlag löst? Wenn eine Fußballmannschaft in einen Rausch gerät und die Zuschauer hinreißt zu dem »So ein Tag, so wunderschön wie heute, der sollte nie vergehen ...«?

Glück entsteht aus der Verbindung von guter Vorbereitung und Zufall. Wir können das Glück nicht erzwingen, aber wir können es gut vorbereiten. Wir können die »Bedingung der Möglichkeit« schaffen, wie Kant gesagt hat. Je intensiver wir uns mit Glück beschäftigen, desto besser können wir das Geschick dahin lenken, wo das Glück stattfindet.

Lebensfreude und -glück sind keine Frage von Alter oder Geschlecht, hängen nicht ab vom Intelligenzquotienten, von Kinderzahl oder Kontostand. Am wichtigsten für unser Wohlbefinden ist unser Verhältnis zu unseren Mitmenschen. Freundschaft und Liebe sind daher fast mit Glück gleichzusetzen.

Die kürzeste und tiefsinnigste Zusammenfassung zum Thema Glück dürfte Novalis gelungen sein: »Glück ist Talent für das Schicksal.« Genau dieses Talent wollen wir wie beschrieben gemeinsam trainieren und fördern. Dann können wir die launische Diva, Glück genannt, häufiger für uns gewinnen.

GELD

Was unterscheidet das Tier vom Menschen?
Es hat keine Geldsorgen.

Zum Burnout gehören meistens auch Geldsorgen. Und die führen im Zweifel zu noch mehr Arbeit, womit der Teufelskreis richtig in Schwung gerät: Man guckt nicht mehr auf die Inhalte seiner Tätigkeit, sondern nur auf den Geldwert. Die Erholungspausen werden immer kürzer und seltener. Das Gefühl der Sinnlosigkeit kommt auf: Wenn es sowieso nur für die Bank ist ... Darüber hinaus Zweifel an der eigenen Kompetenz: Habe ich das denn völlig falsch geplant? Und schließlich Aggressionen auf den Finanzberater. Das Herz krampft sich zusammen, der Magen rumort. Nachts liegt man wach, grübelt ...

Manche von uns, wahrscheinlich sogar die meisten, haben reale und berechtigte Sorgen, also Angst- und Wutgefühle. Andere machen sich unnötig Gedanken. Bei ihnen gibt es keinen direkten Zusammenhang zwischen der Realität, sprich der Menge des vorhandenen Geldes, und dem Ausmaß der geäußerten Sorgen. Und schließlich gibt es auch Menschen, die trotz realer Geldknappheit und einem sehr bescheidenen Lebensstil glücklicher sind als jene, denen es eigentlich gut gehen müsste, die einem aber auf hohem Niveau ständig die Ohren volljammern ...

> **Übung:**
> Schreiben Sie in Ihr Journal einige Minuten Ihre Gedanken zum Thema Geld auf! Kontrollieren Sie wiederum nichts. Legen Sie Ihre Notizen dann beiseite, um weiterzulesen.

Das finanzielle Desaster

Vielleicht ist es Ihnen, wenn Sie selbstständig sind, auch schon so ergangen: Sie haben viel gearbeitet, gut verdient, fühlen sich zu Silvester bei der Jahresbilanz wohl – und dann kommt drei Monate später ein Steuerbescheid, der Sie umhaut. Fazit: Zahlen Sie doch gefälligst innerhalb von sechs Wochen soundsoviel zigtausend Euro! Da bleibt einem dann die Stimme und die Stimmung weg, vor allem wenn drei Wochen später eine Mahnung eintrifft mit dem schönen Wort »Vollstreckung«.

Genauso ist es einem Patienten von mir (nennen wir ihn Herrn Müller) vor zwei Jahren gegangen. Durch eine umfangreiche Serie von erfolgreichen Geschäftsabschlüssen hatte er viel Geld verdient. Das durch einen Hausbau – und vor allem die Ausstattung vom Gartentor bis zum Kamin bis zu den Vorhängen – schwer belastete Konto hatte sich wundersam erholt. Dummerweise gab es auch nichts zu verschleiern, da alles über dieses eine Konto bei der Hausbank gelaufen war.

Die abenteuerlichsten Gedanken gingen ihm durch den Kopf: Wie Steuern in letzter Sekunde doch noch einsparen? Beteiligungen an Schiffen, Ostimmobilien, vielleicht alles gleich aufgeben, das Haus an Freunde verkaufen etc. etc.

»Da musst du durch! Und du schaffst das!«, meinte sein Rechtsanwalt, der schlaue Mensch. »Mach bloß keine abenteuerlichen Sachen!«, ermahnte ihn sein Steuerberater. Aber woher sollte die Kohle denn kommen? Den Gegenwert eines Porsche beim Finanzamt abliefern – und dann noch überleben, vielleicht wie früher wieder »Butterbrot statt Schnitzel kaue ...«, wie die Erste Allgemeine Verunsicherung gesungen hatte?

Immerhin hat Herr Müller es überlebt. Tatsächlich hat er u. a. seine eigenen über die Jahre gestiegenen und nicht immer vernünftigen Ansprüche heruntergeschraubt. Seine Frau und seine Kinder haben ihn bei einem rigorosen Sparkurs unterstützt. Keine Ferienreisen, kein neues Auto, nicht mehr so häufig Essen gehen. Allerdings musste er auch arbeiten wie blöd, bis zum Burnout mit Schlafstörungen, depressiven Phasen, Zynismus und Erschöpfung.

Allzu häufig redete er über Geld, rief seinen Kontostand per Telefon ab, haderte mit seinem Berater, schimpfte über ungerechtfertigte Rechnungen, ärgerte sich über die Nachbarn, die mit ihrem neuen Wagen dauernd an seinem Haus vorbeifuhren ... (»Der arbeitet doch auch nicht mehr als ich, aber wahrscheinlich hat er Eltern, die ihm vorweg schon mal einiges vermacht haben ...«)

Natürlich fühlte er sich nicht glücklich. Seine Energie wurde nicht nur von der Arbeit, sondern auch von dem ständigen Denken an die Knete gebunden. Die Laune war nicht die beste, die Familienatmosphäre drohte zu leiden.

»Du redest nur noch von Geld – ich kann es nicht mehr hören!«

Ein Umschwung trat erst ein, als ein guter Freund Herrn Müller auf sein penetrantes bis besessenes »Zaster«-Denken angesprochen hatte. Er bat ihn und andere darum, ihn an seine Sucht zu erinnern, wenn er wieder anfangen sollte. Von da an besserte sich sein Befinden. Nicht, dass er keine Rückfälle gehabt hätte. Aber immerhin hatten wieder andere Dinge Platz in seinem Kopf – und seine Finanzen entwickelten sich besser als zuvor.

»Der beste Umgang mit Schulden ist, sie zu tilgen« (Bodo Schäfer).

Mit einem Schuldentilgungsplan konnte Herr Müller zumindest einen Horizont mit einem blauen Streifen erkennen. Wilde Aktionen hätten ihn und seine Familie nur ins Unglück geführt. Geduldig, wenn auch manchmal zähneknirschend pflegte er seine Geldquellen, mahnte säumige Zahler an etc.

Konsum-Fasten: Erstaunlich, wie viel man nicht braucht!

Vor allem aber machte er ein Experiment, das ihm auch in seiner Persönlichkeitsentwicklung weiterhalf: Fasten von Konsum. Erst jetzt wurde ihm deutlich, wie konsumsüchtig er war. Wir Wirtschaftswunderkinder sind Luxus in jeder Form gewöhnt. Seine beiden älteren Brüder, Jahrgang 1938 und 1941, kannten noch ganz andere Zeiten mit Krieg, Hunger und Entbehrung. Das prägt. Entsprechend schauten sie manchmal erstaunt bis neidisch, wenn die beiden Jüngeren – »die Kleinen« – Dinge zum Geburtstag oder zu Weihnachten bekamen, die für sie lange Zeit völlig unerreichbar schienen, solange das reine Überleben im Vordergrund stand.

Man kann in unserem reichen Drittel der Welt eigentlich alles in allen Variationen kaufen. Auch für Otto Normalverbraucher sind Waren erschwinglich, die sich Menschen der Oberschicht z. B. im alten Ägypten nicht hätten erträumen können.

Bei seinen Rückfällen in die Sucht stand Herr Müller plötzlich doch mit einem schicken Sakko an der Kasse des Kaufhauses oder mit drei Büchern oder einer CD-Kassette ... In der Therapie gestand er mir: »Manchmal versteckte ich sogar Waren, die ich trotz aller guten Vorsätze in einer schwachen Minute beim Versand geordert hatte – wie ein Alkoholiker oder Junkie!«

Wie erleichternd und erlösend war es für den Patienten, einen Konsum-Tempel verlassen zu haben, ohne den tollen Pulli oder das schöne Hemd gekauft zu haben! Genau genommen hatte er alles, konnte sogar noch vieles verschenken. Ganz stolz war er über seine neue Stärke, wieder einmal 24 Stunden nichts gekauft zu haben – und im Nachhinein schämte er sich manchmal wegen seines früheren süchtigen Kaufverhaltens.

Übung: Meine Konsumfastenzeit
Ich verpflichte mich mir selbst gegenüber, über _____ Tage/Wochen nur das Allernötigste zu kaufen – und immer wieder Kaufnix-Tage einzulegen.
Ich verzichte insbesondere auf

_____

(Bücher/CDs/Noten/Klamotten/Elektronik/Videos)

Aussagen über das Geld

»Vergnügt sein geht über reich sein.«
Wer wegen Geldproblemen ins Burnout geraten ist, den ärgert dieses nette Schweizer Sprichwort. Dennoch muss man ihm bei näherem Bedenken Recht geben. Ebenso dem Kinderlied: »Froh zu sein bedarf es wenig – und wer froh ist, ist ein König!« Trotzdem kämpfen die meisten von uns mit dem Paradox, dass wir zwar fast alles, aber auch fast alle Geldsorgen haben. Es bringt offenbar nichts, wenn man die Geldfrage verharmlost oder gar das Geld als solches missachtet – wie das manche Spät-Achtundsechziger und fast alle Süchtigen tun.

»Geld allein macht nicht glücklich.«
Jaja, diese im Grunde nur zur Selbstberuhigung dienenden Geschichten von reichen Leuten, die trotz ihres Reichtums unglücklich sind ... Ehrlicherweise muss man unserem Nationaldichter Goethe zustimmen, dem es im Gegensatz zu vielen seiner Künstlerkollegen finanziell ziemlich gut ging und der es so formulierte: »Armut ist die größte Plage, Reichtum ist das höchste Glück!«

»Geld allein macht nicht unglücklich.«
Jetzt kommen wir der Sache näher: Solange der Mangel an Geld Unruhe, schlaflose Nächte, Angst und Kopfschmerzen bereitet, muss man was ändern. Eine Zufriedenheit erreichen wir erst, wenn das Gleichgewicht zwischen unseren (Konsum-)Wünschen und unseren finanziellen Möglichkeiten erreicht ist.

Wer klare Ziele hat, erreicht sie. Das gilt auch, wenn die Finanzen das scheinbar nie hergeben. Wer kennt nicht den Porschefahrer, der den Wert, so ein wunderbares Auto zu fahren, so hoch einschätzt, dass er schon als Student auf alle anderen Dinge verzichtet, um dieses Ziel zu verwirklichen.

Ich hatte einen Schulkameraden, der in bescheidenen Verhältnissen aufwuchs, sich aber trotzdem in den Kopf gesetzt hatte, sich für sein Hobby, das Fotografieren, eine Leica (sozusagen den Porsche unter den Kameras) zu kaufen ... Er erreichte das u. a. dadurch, dass er in der Lokalzeitung alle ein bis zwei Wochen ein Foto veröffentlichte. Das brachte damals 10 DM. Die Leica hat er noch heute.

»Geld allein macht nicht glücklich. Es gehören auch noch Aktien, Immobilien und Wertpapiere dazu!«
Der Schauspieler und Komiker Danny Kaye prägte diesen Satz. Wie viele Künstler und Sportler wird auch Kaye sich in dem Wechselspiel von tollen Gagen und Ebbe im Geldbeutel bewegt haben und so zu dieser ironischen Wahrheit gelangt sein.

> **Übung: Meine Familie und das Geld**
> Schreiben Sie einige Minuten über die Finanzgeschichte Ihrer Familie in den letzten Generationen! Wie war die Einstellung zum Geld? War es ein Thema? Oder schwieg man schamhaft? War der Umgang rational oder irrational? Redete man zu viel oder zu wenig darüber?

Wie ist Ihre Einstellung zum Geld?

Sicher arbeitet es längst in Ihrem Kopf weiter. Vielleicht haben Sie sich in der einen oder anderen geschilderten Idee oder Situation wiedererkannt. Kehren Sie zurück zu unserer anfänglichen Übung und lesen Sie nach!

Was ist bei Ihren Notizen herausgekommen? Wie viele positive Aussagen stehen auf Ihrem Blatt – und wie viele negative? Geben Sie es zu: Wahrscheinlich sind es mehr negative!

Leider haben viele von uns gelernt, im Geld mehr die Gefahren als die Möglichkeiten zu sehen. Sicher haben Sie gemerkt, wie unglaublich viele Emotionen bei dieser doch so sachlichen Frage aufgetaucht sind. Es muss ja nicht gleich so heftig sein wie bei Sophokles: »Der ärgste Fluch des Menschen ist das Geld.« Es reicht schon, wenn wir gelernt haben: »Geld stinkt!« Oder: »Geld verdirbt den Charakter.« Sicher glauben auch Sie, dass es »hochnäsig und arrogant« oder »faul und dumm« macht.

Liebt Gott die Armen? Bekanntlich kommt der Reiche ja nicht ins Himmelreich, weil er wie das Kamel nicht durch das Nadelöhr (d.h. ein schmales Stadttor von Jerusalem) passt ... Aber Vorsicht: »Geld korrumpiert – vor allem jene, die es nicht haben!« (Peter Ustinov)

Oder liebt Gott die Reichen, weil er damit seinen Segen sichtbar gemacht hat? Offensichtlich kommen hier sogar religiöse Fragen ins Spiel.

Über Geld sprechen

Ähnlich wie bei der Spiritualität geben sich die meisten Menschen keine Rechenschaft darüber, was sie eigentlich über Geld denken, vor allem nicht darüber, was sie dabei fühlen! Das soll sich zumindest bei Ihnen spätestens mit der Lektüre dieses Kapitels ändern! Legen Sie die Scham ab, die insbesondere die bürgerliche Mittelschicht in Bezug auf Geld hat!

»Über Geld spricht man nicht!« Als Sohn eines preußischen Beamten machte ich folgende Erfahrung: Mein Schulkamerad, Sohn eines Arbeiters, wusste auf den Pfennig genau, was sein Vater verdiente – und freute sich über jede Lohnerhöhung. Mir war unklar, was unser Vater verdiente – und ich traute mich auch nicht zu fragen. Nun, ein Studienratsgehalt – bei vier Kindern! – in den fünfziger Jahren war sicher kein Grund, stolz zu sein. Es reichte offenbar nicht, um unsere Bildungs- und Konsumwünsche zu erfüllen. Also gab unser Vater den Kindern Wohlhabender Nachhilfestunden. Den Preis solcher Stunden habe ich bis heute nicht erfahren.

Das Sein bestimmt das Bewusstsein – zumindest teilweise

Häufig richten sich unsere Ansprüche und unsere Vorstellungen von Geld und Reichtum an dem Vergleich mit den Nachbarn aus. »Keep up with the Jonesses!« lautet das Motto in den USA, wo auch die Werbung den Vergleich mit dem Nachbarn immer wieder als Thema aufgreift. Wenn man dieses und jenes Auto kauft, kann man sich noch das und das zusätzlich leisten. So sieht es »nach mehr« aus, als man eigentlich hat ... Gottes Segen, im Calvinismus sehr direkt als materielle Segnung betrachtet, hat zugeschlagen – und die Nachbarn Jones schauen neidisch: »So was kann sich der Smith leisten. Woher hat der bloß die Kohle?«

Neid macht unglücklich

Wenn sich Neid in Ihrem Herzen regt, denken Sie immer daran, dass Sie vom anderen, möglicherweise reicheren und/oder glücklicheren Mitmenschen stets nur die Haben-Seite gezeigt bekommen und sehen! Der Preis, der für den Wohlstand gezahlt wird, bleibt meistens im Dunkeln. Wissen Sie, ob das schmucke Haus nicht doch zu neunzig Prozent der Bank gehört, das tolle Auto nur geleast ist? Oder sich das Konto längst im dunkelroten

Bereich befindet? Und wollen Sie z. B. das private Elend der beneideten Nachbarn mit einer zerbrochenen Beziehung oder körperlicher Krankheit mit übernehmen?

Selbst wenn all die abschwächenden, vom Neid entlastenden Momente nicht zutreffen: Neid macht unglücklich und krank. Nehmen wir das Leben so an, wie es ist. Wenn wir keine reichen Eltern hatten, im Beruf keine goldene Nase verdienen können – das Glück kommt aus ganz anderen Quellen.

Das Ziel: Zufriedenheit

Wenn Sie es schaffen, Ihre Geldangelegenheiten in Ordnung zu bringen und nicht ständig an Geld denken zu müssen, befreien Sie sich von viel Ballast, der möglicherweise zu Ihrem Burnout beigetragen hat. Schöpfen Sie Ihre Möglichkeiten ruhig aus, stellen Sie Ihre Fähigkeiten, Geld zu verdienen, nicht unter den Scheffel. Aber machen Sie sich nicht verrückt mit übertriebenen Forderungen an sich selbst.

Finden Sie den Bereich von Ruhe und Gelassenheit, der Ihrer Façon angemessen ist. Der Vergleich mit anderen, vielleicht glücklicheren, macht uns nur unzufrieden. Und wenn wir es sozusagen »geschafft« haben, können wir still vergnügt sein, etwas spenden, andere teilhaben lassen an unserem Geldglück.

> *Es beherrscht der Obulus*
> *seit jeher unsren Globulus;*
> *mit andren Worten der Planet*
> *sich primär um das eine dreht!*
> *Drum: Schaffe, schaffe, Häusle baue,*
> *Butterbrot statt Schnitzel kaue.*
> ...
> *Wahr ist vielmehr: Ohne Zaster*
> *beißt der Mensch ins Straßenpflaster.*
> ...
> *Ohne Rubel geht die Olga*
> *mit dem Iwan in die Wolga.*
> Erste Allgemeine Verunsicherung
> (Da hilft also nur noch ein Ba- Ba- Banküberfall!)

VOM UMGANG MIT MENSCHEN: WER TUT MIR GUT? WER SCHADET MIR?

Normalerweise rutschen wir in die Beziehungen zu Menschen einfach so hinein. Man lernt jemanden kennen, man freundet sich an, man verliebt sich womöglich ... Dann gibt es noch die Beziehungen, denen wir nicht ausweichen können. Sie sind gegeben durch die eigene Familie, durch die Schule, die Ausbildung, den Beruf. In diesem Kapitel geht es darum, über gegenwärtige und vergangene Begegnungen nachzudenken. Mal einen Schritt zurückzutreten und ohne Vorurteile zu reflektieren: Was haben mir diese Beziehungen gebracht, was bringen sie mir jetzt? Wer hat mir gut getan, wer hat mir geschadet? Und als Fazit aus diesen Überlegungen: Wie kann ich in der Gegenwart und Zukunft die für mich »richtigen« Menschen besser herausfinden – und wie gehe ich mit problematischen Menschen in meiner Umgebung um, die ich nicht vermeiden kann?

> **Übung:**
> Stellen Sie jetzt bitte mindestens zehn Minuten lang eine Liste auf mit Menschen aus Ihrer Vergangenheit und Gegenwart! Schreiben Sie die Namen, eventuell auch Spitznamen, untereinander und notieren Sie rechts stichwortartig alles, was Ihnen zu diesen Menschen einfällt! Das können Charaktereigenschaften sein, konkrete Erlebnisse, Beobachtungen, Veränderungen. Wie haben Sie sich kennen gelernt, wie und warum ist es auseinander gegangen?

Kontaktpflege

Als kontaktfreudiger und gleichzeitig sensibler Mensch habe ich so meine Schwierigkeiten im Umgang mit den Mitmenschen. Eine Patientin meinte mal ganz optimistisch und freundlich: »Sie kennen sich in der Kommunikation ja aus! Sie haben solche Probleme mit Menschen sicher nicht!« Sie meinte es gut, aber wenn sie gewusst hätte, wie schwer ich mich als geschulter Kommunikationsfachmann und Psychotherapeut manchmal tue im Umgang mit Menschen meiner Umgebung.

Besonders verletzend finde ich es, wenn Menschen einen Kontakt nicht halten können oder wollen. Instinktiv geht man ja davon aus, dass andere ähnliche Formen von Kommunikation haben wie man selbst. Leider trifft das nun keineswegs zu. Einerseits gibt es in unserer einsamen Gesellschaft offenbar viele Mitmenschen, die sich selbst genügen, hauptsächlich mit dem Fernseher, mit dem Computer, dem Internet und vielleicht ein oder zwei Menschen Umgang haben – und fertig. Die Figuren aus der ›Lindenstraße‹ sind ihnen womöglich besser vertraut als die Nachbarn. Das ist auch ungefährlicher: Menschen aus Fleisch und Blut könnten menschlich reagieren, d. h. Gefühle zeigen, herausfordern, auslösen ... Dann kann man es nicht bei Fantasien belassen, man muss irgendwie antworten.

Natürlich gibt es auch Menschen, die sich freuen, wenn man ihnen die Angst, vielleicht auch Scham nimmt, die einem Kontakt im Wege steht – und sie z. B. einfach anruft! Da kann man sehr positive Überraschungen erleben. »Dass du dich mal wieder meldest, hätte ich nie gedacht! Ach, weißt du, mir ist es in den letzten Jahren nicht so gut gegangen. Deshalb das Zögern.«

Nicht nur als Psychiater, Psychotherapeut und Dokumentarfilmer interessiert mich das Lebensskript anderer Menschen, ihr Lebensdrehbuch: Wie ist es weiter gegangen seit damals? Auch im Privaten habe ich versucht, viele Kontakte wieder zu beleben oder zumindest zu erfahren, was los ist ...

Dabei habe ich sehr unterschiedliche Erfahrungen gemacht, erfreuliche und weniger erfreuliche. Fast durchgängig die Erfahrung, dass die Menschen sich im Allgemeinen nicht ändern ... War jemand damals unzuverlässig, so war das jetzt wieder der Fall. Eine langfristige Verabredung wird kurzfristig nicht eingehalten, eine versprochene Rückmeldung bleibt aus. Bei anderen findet man Erklärungen, warum sie damals nicht so reagiert haben, wie man sich das erhofft hat. Das hat nicht selten mit familiären Geheimnissen zu tun. Aus Scham hat der andere sich lieber bedeckt gehalten, wollte einen nicht zu dicht heranlassen.

Wem laufen wir vergeblich hinterher?

In unseren Kindern finden wir meistens unsere eigenen Beziehungsmuster wieder, die im Erwachsenenalter eher verwischt sind. Allerdings haben wir keine Tränen mehr in den Augen, wenn wir darüber sprechen, dass der oder jene Freund, die oder jene Freundin sich einfach nicht meldet, obwohl man es selbst doch jetzt oft genug versucht hat ...

Erinnern wir uns: Wie oft sind wir Menschen hinterhergelaufen, die aus irgendeinem Grund – der womöglich gar nicht in uns liegt, aber liegen kann! – nichts von uns wissen wollen?! Mit den eigenen Kindern sollte man darüber sprechen, was los sein könnte – und eventuell die Konsequenz ziehen, sich nicht mehr zu rühren ... Manchmal passiert dann ein Wunder: Der oder die andere ist plötzlich am Telefon. Oder es ist »aus«. Die nötige Trauer, Ärger, Wut gehören dann dazu.

Wen lassen wir am ausgestreckten Arm verhungern?

Es gibt natürlich auch die andere Seite: Wie oft »vergessen« wir selbst den Kontakt, melden uns nicht, beantworten Briefe oder Telefonate nicht, weil uns ein anderer Mensch nicht wichtig genug ist? Das verdrängen wir gerne. Wie viele Menschen haben wir schon verprellt? Darüber sollten wir auch einmal nachdenken.

Significant other: Der »wichtige andere«

Für den Ausdruck »significant other« haben wir keinen gleichwertigen Begriff im Deutschen. Mit signifikant oder bedeutungsvoll kann man Menschen beschreiben, die uns auf irgendeine menschliche Weise wichtig sind, als PartnerIn oder FreundIn. Wir treffen selbst eine Auswahl – und werden aus- oder erwählt.

Menschen, die wir nicht auswählen können

Bisher war die Rede von den Mitmenschen, die sich in einem gegenseitigen Prozess des Kennenlernens und Aussortierens um uns scharen. Daneben gibt es noch viele, die uns einfach präsentiert werden wie eben die »Vor(die Nase)gesetzten«, die Verwandtschaft (in Bayern sagt man gerne auch »bucklige«), aber auch die Lehrer, Meister, Ausbilder, Professoren etc. Hier kann es im Extremfall passieren, dass wir die Schule oder später den Arbeitsplatz aus persönlichen Gründen wechseln. Ich habe es erlebt, wie ein Kollege mitten in einer Arbeitsbesprechung vor allen anderen dem Chef kündigte: »So habe ich keine Lust mehr! Sie können mit mir so nicht umgehen – ich kündige!«

Wenige Wochen später stand ich mit diesem Chef vor einer ähnlichen Situation: Er hatte mich in seiner autoritär-professoralen Art vor anderen brüskiert. Leider sah ich nach einem kurzen inneren Kampf keine Möglichkeit, den gleichen Weg wie der Kollege zu gehen, da ich die Stelle und das Gehalt für meine Familie brauchte ... Außerdem ergab die Abwägung der Güter eine rationale Entscheidung zugunsten des Bleibens. Der Gewinn über die nächsten zwei Jahre bestätigte mich. Mittlerweile, mit dem Abstand von vielen Jahren, verstehe ich mich mit diesem Ex-Chef wieder gut. Ohne den Druck des Abhängigkeitsverhältnisses gibt es keine Reibungspunkte mehr. Vielleicht ist ihm mit der Milde des Alters auch klar, dass er nicht immer gütig-väterlich war als Vorgesetzter.

Ehemalige Mitschüler, aber auch Patienten haben mir glaubhaft berichtet, dass ihre schulische Existenz weitgehend an einem Lehrer hing. Oder sie bewegten sich durch die Wechselbäder von Fehleinschätzungen. So fand einer meiner Patienten in der Therapie heraus, dass seine extrem schwankenden Schulleistungen stark mit den jeweiligen Lehrerpersönlichkeiten zusammenhingen. Es ging nicht nur darum, ob sie ihn mochten oder nicht, sondern auch um seine eigenen Projektionen (die Übertragung oder Zuschreibung von Charaktereigenheiten auf andere Menschen, die diese unter Umständen gar nicht haben): Er reagierte teils auf äußere Merkmale, teils auf emotionale Ähnlichkeiten mit dem Vater oder der Mutter, die beide zu autoritär-sadistischen Erziehungsmethoden neigten.

Einer Patientin wurde dringend geraten, doch bitte endlich die Schule zu verlassen. Man könne es nun wirklich nicht mehr mit ansehen: So schlechte Leistungen, so viele Probleme! Dann fand dieses Mädchen einen netten Freund, der ihr Selbstbewusstsein stärkte. Sie glaubte wieder an sich, lernte – und machte ein mehr als passables Abitur. Während der Therapie schloss sie ihr gewiss nicht einfaches Biochemiestudium mit einer glatten »1« ab. Ihre Abschlussurkunde hatte sie gerne ihren Lehrern von damals gezeigt.

Eine andere hatte schon die Schulkarriere aufgegeben, vor allem in den Jahren der Pubertät mit den üblichen Selbstwertproblemen, um es dann ein letztes Mal an einer anderen Schule – mit der Unterstützung unvoreingenommener Lehrer – zu probieren. Und plötzlich lief es!

Förderer und Saboteure

> **Haben Sie Ihre Übung wirklich gemacht?** Also noch einmal: Fertigen Sie eine Liste an. Schreiben Sie einige Minuten ohne abzusetzen! Nehmen Sie keine Rücksichten! Es sieht keiner!

Teilen Sie dann ein:
Menschen, die für mich *positiv* waren: Vater, Mutter, Bruder A oder B, Schwester C, Lehrer X oder Y, Chef F oder Z ... jeweils mit einer Begründung: Das fällt mir ein, weil er/sie mir ... etwas beigebracht, mich geliebt, mich umsorgt hat ...

Menschen, die ich rückblickend als *negativ* für mich einschätze: Klassenlehrer A, Klavierlehrerin H, Freund B und C ...

Besonders schlimm fand ich ...

Könnte es sein, dass Ihnen die Negativ-Liste leichter gefallen ist? Unser Gedächtnis ist selektiv und speichert negative Dinge leider besser und intensiver als positive. Immerhin können Sie jetzt daran gehen, auch die Förderer in Ihrem Leben etwas genauer zu betrachten – und Ihnen vielleicht einen Dank abzustatten! Damit geben Sie Ihnen etwas zurück.

Vielleicht brauchen Sie ein paar Tage, um herauszufinden, wie Sie über einen Menschen denken. Sicher wird Ihnen auch auffallen, dass oft Zwiespältiges in Ihren Gedanken auftaucht, Positives wie Problematisches. Trotzdem bleibt meist ein Fazit, das klar für die eine oder andere Seite spricht.

> **Unsere Übung ist erst vollständig, wenn wir die Gegenwart betrachten:**
> Welche Menschen in meiner jetzigen Umgebung tun mir gut, welche schaden mir?
> Auch hier müssen Sie ohne Zögern arbeiten. Später sollten Sie das Geschriebene allerdings noch einmal überdenken.

Wenn Sie nun Ihre Förderer und Saboteure identifiziert haben, können Sie daran gehen, wie Sie mit den Saboteuren besser umgehen können, etwa am Arbeitsplatz: Könnte ich versuchen, meinen Chef z. B. neutraler zu sehen? Dabei hilft es, sich probeweise einmal in seine Lage hineinzuversetzen. Er steht ja auch unter einem enormen Druck – sowohl von der Geschäftsleitung wie auch von den Mitarbeitern ... (Mir haben in meiner Cheffunktion oft Mitarbeiter geholfen, die mir ein ehrliches Feedback gaben.)

Wir sollten immer auch überlegen, was wir selbst zur Verbesserung eines Verhältnisses beitragen können. Wenn aber die Bilanz zu negativ ausfällt, mehrere Versuche zur Veränderung nichts gebracht haben, hilft kein Diskutieren mehr: Wo kann ich sonst noch arbeiten? Wie mache ich es geschickt mit dem Abschied?

Nicht wenige erfolgreiche Unternehmer wurden über eine persönliche Dissonanz quasi in die Selbstständigkeit gezwungen. Jahre später das Fazit: Etwas Besseres hätte mir gar nicht passieren können.

Die Förderer sollten wir uns noch einmal genauer anschauen: Wie verhalte ich mich selbst am besten, um zum Förderer für andere zu werden? Welche Eigenschaften machen den guten Partner/Trainer/Vorgesetzten/Sponsor aus?

Je länger das Leben dauert, desto häufiger kommen uns die Gedanken, was wir der Nachwelt hinterlassen. Das sind neben den eigenen Kindern vor allem Menschen, die von der Weitergabe unserer menschlichen und beruflichen Stärken profitiert haben, denen wir zum Vorbild geworden sind.

Tugenden, die wir uns abschauen bzw. weitergeben können

Autorität

Wer als Alt-Achtundsechziger den Übergang vom Neo-Militarismus der sechziger Jahre zur antiautoritären Phase intensiv miterlebt hat, dem fällt es nicht unbedingt leicht zuzugeben, dass positive Autorität vielleicht das entscheidende Moment ist, das z. B. den durchschnittlichen vom vorbildlichen Lehrer unterscheidet. Sogar der erfolgreiche Schulversager Karl Dall nannte Beispiele von Lehrern, die ihm imponiert und ihn stärker beeinflusst haben als Softies.

Auch hier wird deutlich, dass es immer auf das Maß ankommt. Wer mit Parolen arbeitet wie » ... dass euch das Wasser im Arsch kocht!« oder »Hier wird nicht diskutiert!«, kann nicht erwarten, als Vorbild ernst genommen zu werden. Wer aber eine natürliche und selbstverständliche Autorität ausübt, imponiert und hinterlässt positive Spuren.

Disziplin, Leistung, Pflichtbewusstsein

Schon wieder solche Reizwörter! Der Enkel von Marlene Dietrich hat von seiner Großmutter nur wenige Wörter Deutsch gelernt. Neben »Kartoffeln« war das z. B. »Pflicht«. Wenn die große Marlene später auch durch Alkohol und Medikamente häufig ins Schleudern kam, so begegnete sie ihrem anstrengenden Beruf doch mit enormem preußischen Pflichtbewusstsein, ihrer Herkunft als Generalstochter von Losch angemessen.

Erfolg

Die Erfolgstrainer haben Recht: Wir müssen darauf schauen, mit erfolgreichen und optimistischen Menschen zusammen zu sein. Deren Ausstrahlung, deren Erfolg steckt an.

Tun Sie sich also nicht mit Menschen zusammen, die ständig

ihren Misserfolg bejammern oder von einer Pleite in die andere rutschen, dabei natürlich stets betonen, andere seien schuld ... Wie beim Tennis: Am besten gegen Bessere antreten! Da kann man etwas lernen.

Lebensfreude

Ein enorm wichtiger Punkt: Achten Sie immer auf die Ausstrahlung Ihres Gegenübers! Wenn keine Welle von Lebenslust herüberkommt, stimmt etwas nicht. Auch bei Beratern wie Rechtsanwälten, Steuerberatern, Bankangestellten: Niemals längere Zeit mit jemandem verbringen, der muffig oder gar depressiv wirkt. Das steckt an wie die Grippe!

Insbesondere gilt diese Überlegung auch für die Wahl eines Psychotherapeuten: Verabschieden Sie sich wieder, wenn es nichts zu lachen gibt, wenn alles ernst und bleischwer daherkommt!

Überlegungen für die Zukunft

Wenn Sie künftig Menschen begegnen, die privat oder beruflich eine Bedeutung für Sie gewinnen könnten: Fertigen Sie gleich nach dem ersten Treffen einige Notizen an über Ihre Eindrücke! Wichtig auch, sich mit anderen über diese ersten Eindrücke auszutauschen. Allzu oft macht man die Erfahrung, dass man Eigenschaften von Menschen und ihre Reaktionen auf sich persönlich bezieht, obwohl andere ganz ähnliche Erfahrungen mit ihnen machen, dass also die Ursachen in dem Menschen liegen, nicht in uns.

Vor zwei Jahren musste ich feststellen, dass ich mich in einem langjährigen Freund (wie ich meinte!) und Geschäftspartner getäuscht hatte. Ausstehende Honorare in fünfstelliger Höhe muss ich wohl komplett abschreiben. Dabei befinde ich mich in bester Gesellschaft ... Jeder hatte sich durch die überzeugenden, in viel Charme verpackten Versprechungen des »Freundes« von den harten und wenig erfreulichen Fakten mit verzögerten Honorarzahlungen, falschen Planungen und auch mal einem ungedeckten Scheck ablenken lassen. Rückblickend schaute ich auf meine ersten Notizen zu Dr. M.: Da hatte jemand zu mir gesagt: »Also, wenn es um Geld geht, musst du bei ihm auf der Hut sein!«

Aus Erfahrungen lernen

Ist es Ihnen beruflich oder privat ähnlich ergangen? Haben Sie mehr Loyalität gezeigt, als es die Gegenseite verdient hätte? Ist Ihnen das sogar häufiger passiert? Hätten Sie bei genauerem, kompromissloserem Hinsehen auch erkennen können/müssen, dass das nicht gut gehen würde? Sicher: Hinterher sind wir alle klüger. Aber Erfahrungen sind nur dann wertvoll, wenn wir sie nicht übergehen, sondern aktiv in unser Wahrnehmungs- und Handlungssystem einbauen. Denn sonst kommt der Nächste, der uns ausbeuten will, gleich um die Ecke ...

Besonders gefährdet für schwierige Beziehungen sind Menschen aus Suchtfamilien, wie ich das in meinen beiden Büchern zur Sucht und Co-Abhängigkeit dargestellt habe: Hier sollten sie dringend psychotherapeutische Hilfe suchen, da ihre Mechanismen tief eingegraben und oft nicht durch rationale Einsichten korrigierbar sind. Der Konflikt resultiert daraus, dass Kinder in Suchtfamilien ihre Eltern auch dann heftig lieben, wenn diese krank sind, und in völlige Verwirrung geraten, wenn ihre ganz normalen Reaktionen mit verrückten, kranken Reaktionen der Eltern beantwortet werden. Erst viel später, mit Hilfe von Selbsthilfegruppen und Psychotherapie, kann es gelingen, z. B. den geliebten Anteil der Eltern vom kranken zu unterscheiden – und für sich selbst gesündere Kommunikationsformen mit klaren Grenzen zu entwickeln.

Fazit: Künftig achte ich sorgsamer auf mein menschliches Umfeld im Privaten wie im Beruf

Ganz wichtig: Ich lerne auch hier, nein zu sagen! Niemand hat ohne weiteres das Recht, über meine Zeit zu verfügen. Ich habe die Möglichkeit der Wahl. Es steht mir zu, mich intensiver um Menschen zu kümmern, die auch mir etwas geben, als nur um die Zuneigung von Menschen zu buhlen, die mir genau genommen nichts bedeuten. Geben und Nehmen müssen mindestens mittelfristig im Gleichgewicht sein.

Liebe deinen Nächsten – wie dich selbst!

Betreibe ich nur »people pleasing« – wahllos den Menschen gefallen wollen als Selbstzweck und zum narzisstischen Gewinn – oder bin ich auf dem Weg, eine wertvolle menschliche Beziehung aufzubauen? Das Leben ist zu kurz, um sich mit Flauem und Mittelmäßigem abzugeben.

Der persönliche Brief

Mit einigen Menschen in unserem Leben haben wir, wie Fritz Perls es nannte, »unfinished business«, also unerledigte Angelegenheiten: Das können alte Ressentiments sein, unbewältigte Konflikte, Scham-, Schuld- und Trauergefühle, aber auch Dank und Freude, die wir nie mitgeteilt haben. Um hier weiterzukommen, möchte ich Ihnen eine der effektivsten Methoden aus der Psychotherapie empfehlen, die Sie auch für sich allein anwenden können: ganz altmodisch einen Brief schreiben!

Nehmen Sie ein Blatt Papier oder eröffnen Sie ein Dokument am Computer und schreiben Sie – mit Anrede! – einen Brief an diesen Menschen. Franz Kafka hat seinem Vater einen über 40-seitigen Brief gewidmet, der in die Literatur eingegangen ist. Ihr Brief sollte aber mit keinerlei literarischen Ambitionen verbunden sein, Sie nur von dem Ballast aller Art in Zusammenhang mit diesem geliebten/gehassten/verehrten/betrauerten Menschen befreien.

Schreiben Sie so persönlich wie möglich, drücken Sie vor allem *Gefühle* aus. Versuchen Sie an *konkrete* Ereignisse bzw. Begegnungen anzuknüpfen. Schreiben Sie, bis Sie den Eindruck haben, jetzt sei alles Wesentliche gesagt! Dann ist es gut. Am Ende könnte ein Fazit stehen, ein Abschluss, wenn man so will eine (Los-)Lösung.

Seit ich vor über zehn Jahren das Briefeschreiben in meinen Alltag eingebaut habe, sind die Erfahrungen überwältigend positiv. Wann immer es einen Konflikt gibt, setze ich mich hin, notiere alles, was ich sonst grübelnd im Kopf hin und her wälze ... Ob ich den Brief schließlich abschicke, ist eine zweitrangige Geschichte. Jedenfalls habe ich meinen dicken Kopf entlastet, meine Gefühle beruhigt, aber auch meine Gedanken in Bezug auf diesen Menschen, diese Auseinandersetzung geklärt.

Was da auf dem Papier erscheint, ist oft überraschend. Die Ergebnisse sind häufig anders, als wir anfangs gedacht haben. Seien Sie spontan! Hier dürfen Sie es ohne Gefahr sein. Das weitere Schicksal des Briefes ist Ihrer Fantasie anheim gestellt. Manche legen die Briefe zu den Akten, manche verbrennen sie, manche Patienten überlassen mir die Papiere zur Aufbewahrung oder Vernichtung. Manchmal werden Briefe fortgeschrieben.

Wir sind nur für das verantwortlich, was wir sagen, nicht für das, was ankommt. Wir können den anderen Menschen nicht einmal dazu zwingen, den Brief anzunehmen und zu lesen. Aber immerhin haben wir ihn/sie ganz ernst genommen. Reden kann man viel. Schreiben erfordert viel mehr Mühe, Gedankenarbeit.

Die Wirkungen von Briefen beim Gegenüber sind erstaunlich. Manchmal müssen wir etwas zumuten, etwas riskieren. In der Therapie habe ich bei Patienten erlebt, dass Briefe an Angehörige auf geheimnisvolle Art verschwanden, niemals den Adressaten erreichten. Trotzdem ist die Botschaft erfolgreich angekommen. Wie kann das sein?

Durch das Schreiben gewinnen wir eine Klarheit, die sich auch in kleinen Gesten, in Energie, in einer Haltung spiegelt – und das führt zum Erfolg! Gerade in Partnerschaften und im Umgang mit Kindern können hier magische Dinge geschehen.

DIE WICHTIGSTEN ENTSCHEIDUNGEN UNSERES LEBENS: PARTNERSCHAFT UND BERUF

Wenn wir in den Prozess des Ausbrennens geraten, spielen Beruf und Partner unter Umständen eine wesentliche, wenn nicht die entscheidende Rolle. Die emotionalen Belastungen – oder die fehlende Unterstützung, der fehlende Ausgleich – machen uns fertig. Natürlich können vor allem Partner auch dazu dienen, von eigenen inneren Problemen im Sinne einer Übertragung abzulenken: Man sucht – und findet – im Gegenüber das, worauf man bei sich selbst gerne verzichten würde ...

Leider versagt bei den wichtigsten Entscheidungen unseres Lebens oft unser Verstand, lassen wir uns von irrationalen Strömungen beeinflussen. Das bleibt auch Menschen verborgen, die sonst gewohnt sind, viel über sich und andere nachzudenken, denn vieles davon geschieht unbewusst. Die Übungen in diesem Kapitel wollen Ihnen die Elemente dieser Entscheidungsprozesse bewusst machen.

Beruf

> **Übung:** Ich habe meinen Beruf ergriffen, weil ...
> Schreiben Sie Ihre Gedanken dazu wiederum einige Minuten ohne Unterbrechung auf, bevor Sie weiterlesen!

Einige Beispiele

Wenn ich in meinen Veranstaltungen diese Übung ankündige, ernte ich meistens ein vielfaches und vieldeutiges Lachen. Vielleicht ist da schon eine Ahnung, dass diese wichtige Entscheidung nicht immer rein rational getroffen wurde? Habe ich meinen Beruf wirklich »gewählt«? Oder hat ihn mein Vater bestimmt? Die Mutter? Der Großvater?

In Ärzterunden bekam ich nicht selten zu hören: »Eigentlich wollte ich ...« Das sogar bei einem Beruf, der zumindest bis zur Budgetierung (Einfrieren der Honorare durch die Kassen) vielen als Traumberuf galt! Einmal hatten wir eine ganze Runde von KollegInnen, die »eigentlich« Tierärzte hätten werden wollen ... Dann gab es verhinderte Musiker, Journalisten, Meeresbiologen, aber auch auffallend viele mit Doppelstudium.

Die materiellen Anreize spielen in der jüngeren Generation von Ärzten keine Rolle mehr, verständlicherweise. Das war vor Jahren noch anders. An meiner ersten Arbeitsstelle in einem kleinen Kreiskrankenhaus hatte ein Kollege seine Wahl so beschrieben: »Im Dorf hatten zwei einen Mercedes: der Metzger und der Arzt. Da war die Sache für mich klar!«

Oder der Vater war schon Arzt und hat seinen Sohn mit auf Hausbesuche genommen. Eine Kollegin wurde schon als Dreijährige selbstverständlich als Nachfolgerin des Vaters angesehen, was in den Augen beider einen Glanz hervorrief ... Ein Kollege sollte die extrem beanspruchende Nervenarztpraxis des Vaters auf dem Lande übernehmen. Der Vater schlief oft am Abend bei Tisch ein – ein klarer Fall von Burnout.

Der unbewusste Widerstand des Sohnes war so groß, dass er zweimal durch das Physikum fiel. Heute leitet er eine große Nervenarztpraxis, allerdings nicht in der Provinz, sondern in Berlin ...

In dem schon mehrfach zitierten Roman ›Die Buddenbrooks‹ von Thomas Mann – Ähnlichkeiten mit realen Personen sind nicht zufällig – geht es zentral um die Nachfolge in einer Kaufmannsfamilie, die sich plötzlich mit lästigen künstlerischen Ambitionen konfrontiert sieht. Keiner der Vorfahren konnte sich vorstellen, dass man mit Büchern sogar Geld verdienen kann. Zumindest Thomas Mann gelang das, sein Bruder Heinrich, sicher nicht weniger begabt, hatte da schon erheblich mehr Probleme.

Berufsentscheidungen sind in Familien hochkomplex und von heftigen Emotionen begleitet. Ein Patient berichtete, er habe vom Vater eine schallende Ohrfeige bekommen – die erste in seinem Leben –, als er ihm mitteilte, er wolle trotz Jurastudium nicht in diesem Bereich arbeiten, sondern ein Touristikunternehmen aufmachen.

Ein Schulfreund hatte Architektur studiert. Er war fertig und hatte eine gute Anstellung in einem Architekturbüro – nur um festzustellen, dass das nicht seine Erfüllung war. Also ging er zu seinem völlig verdatterten Vater (Beruf? Natürlich Architekt!) und teilte ihm mit, es täte ihm leid, aber er wolle nun Musik studieren, seiner heimlichen Liebe folgen. Immerhin war auch Musik ein Familienthema, so dass die folgenschwere Entscheidung vom Cello spielenden Vater irgendwann verdaut war.

Ich habe meinen jetzigen Beruf ergriffen, weil ...

Schauen Sie sich Ihre Notizen an! Hoffentlich können Sie sich über das Ergebnis freuen! Vielleicht reicht es zum Schmunzeln. Oder werden Sie nachdenklich oder gar traurig? Wenn Sie Ihre Motive geprüft haben, sind Sie in der Lage, Ihre Zielsetzung im Beruf eventuell zu korrigieren.

Entscheidungen können bewusst und rational sein, sozusagen der Großhirnrinde ganz nahe. Sie können aber auch unbewusst sein, gesteuert durch Gefühle und scheinbare äußere »Zufälle«, die oft, wie beschrieben, mit dem Drehbuch der Familie zusammenhängen.

Meistens verbinden sich in unseren Entscheidungen beide Ebenen auf mehr oder weniger komplizierte Weise. Es kann auch sein, dass wir eine Entscheidung als bewusst, d. h. gewollt und rational, empfinden und sie auch nach außen im Brustton der Überzeugung so vertreten. Tatsächlich handelt es sich aber um eine überwiegend irrationale, von unbewussten Quellen in unserer Seele gesteuerte Entscheidung, die mit Gefühlen von Angst, Trauer, Trotz etc. zu tun haben kann. Für Außenstehende kann die Diskrepanz unter Umständen leicht erkennbar sein.

Auf jeden Fall macht es Sinn, bei wichtigen Entscheidungen professionelle Berater hinzuzuziehen, die allein schon durch eine gute Fragetechnik mehr Klarheit in die Überlegungen bringen. Das kann ein guter Freund sein, aber auch ein Psychotherapeut.

Ein Mann, der jetzt mit Freude Ingenieur ist, wollte »eigentlich« Pilot werden, weil er schon immer gerne flog und außerdem einen Onkel hatte, der Pilot war. Ausgerechnet dieser fragte ihn, gerade noch rechtzeitig, ob er »Busfahrer« werden wolle? Verblüfft die Rückfrage, was er denn nun damit meine? »Ja, du bringst Menschen von einem Ort zum anderen, mehr nicht! Das kann natürlich Freude machen. Aber Vorsicht, der Glanz des Pilotendaseins kann schnell verfliegen, im wahrsten Sinne des Wortes!«

Partnerschaft

Kommen wir nun zu dem schwierigeren Thema.

> **Übung:**
> Warum habe ich meinen Partner/meine Partnerin geheiratet bzw. warum bin ich mit meinem Partner/meiner Partnerin zusammen?
> Schreiben Sie – wiederum ohne lange zu überlegen und ohne Unterbrechung – einige Sätze zu dieser Frage auf!

Die Motive für unsere Partnerwahl entziehen sich weitgehend dem rationalen Zugriff, vor allem seit in unserer Gesellschaft das Modell »Liebesheirat« überwiegt. Wie oft müssen Menschen feststellen, dass sie »genau die Mutter«, »genau den Vater« geheiratet haben, obwohl sie doch gerade das vermeiden wollten ...

Manche heiraten auch das genaue Gegenteil des Elterntyps – ebenfalls keine sicher Glück bringende Methode! Manche stellen fest: »Mein jetziger Partner hätte mich in früheren Stadien meines Lebens überhaupt nicht interessiert! Das ist schon erstaunlich ...«

Scheidungsanwälte leben u. a. davon, dass Menschen zu dem Fazit gelangen: »Das ist nicht mehr der Mann/die Frau, den/die ich geheiratet habe!« Man hat sich auseinander gelebt ...

> **Also los:**
> Ich lebe mit meinem Partner/meiner Partnerin zusammen, weil ...

Was ergeben Ihre Notizen? »Weil sie so schöne blaue Augen hat.« – »Weil er so groß und kräftig ist.« – »Weil er so seriös wirkte ...« – »Weil ich auf seine Stimme angesprungen bin.« Oder geht es rein um Sex: »Weil er besser im Bett ist als jeder andere.« – »Weil sie so heißblütig ist.«

Oder ist das Ergebnis ernüchternd: »Weil gerade kein anderer da war und ich endlich in festen Händen sein wollte.« – »Weil ein Kind unterwegs war.« – »Weil sie mich sonst verlassen hätte.« Das lässt sich natürlich fortsetzen: »Weil er so viel Geld hat.« – »Weil ihre Bratkartoffeln so gut geschmeckt haben.«

Die Beziehungsfrage ist so bedeutungsschwer, dass sie sicher nicht hier lösbar ist. Die Literatur dazu ist umfangreich und unübersichtlich. Ständig werden wir mit neuen Rezepten überrascht, wie wir unsere Partnerschaft verbessern können. Eines ist sicher: Schweigen und Rückzug verschlechtern die Situation.

Das beste Rezept: Miteinander reden

Miteinander reden ist immer die Regel Nr. 1, selbst wenn wir oft genug in den Kommunikationsfallen landen, wie sie Vicco von Bülow alias Loriot so schön dargestellt hat, am besten vielleicht in dem Dialog über das harte Ei. Damit Sie nicht Gefahr laufen, die Drohung wahr zu machen: »Ich bringe sie um! Morgen bringen ich sie um!«, müssen Sie etwas tun.

Die durchschnittliche Zeit für Gespräche schrumpft bei Paaren statistisch innerhalb weniger Jahre auf täglich wenige Minuten! Das reicht also gerade noch zum Austausch wichtiger Sachmitteilungen oder zur Äußerung von Liebes- oder Hassbekundungen ...

Das einfachste Mittel gegen das allmähliche Verstummen scheint gleichzeitig das schwierigste zu sein: reden, reden, reden ...

Sollten Sie bei sich den ernüchternden statistischen Normalzustand feststellen, verabreden Sie mit Ihrem Partner/Ihrer Partnerin wöchentlich Gesprächstermine. Hier gibt es kein Fernsehen, keine Ablenkung. Nur Sie beide. Sie können sich Themen vornehmen, die in der Hektik des Alltags zu kurz kommen. Sie können es auch darauf ankommen lassen.

Wenn man sich nichts mehr zu sagen hat: Was ist los? Da kann die Hilfe eines Profis nützlich und notwendig sein. Es gibt genügend Ehe- und Familien-Beratungsstellen, in denen Sie kostenlos Hilfe bekommen.

Als Einstieg kann auch die Internetseite meines Kollegen Dr. David Wilchforth dienen: www.couplecoaching.de. Er hat dazu passend ein Doppelbuch geschrieben – eine Hälfte für »sie«, eine für »ihn« – mit vielen konkreten Anregungen und Übungen.

Und Sie sollten sich unbedingt die gut lesbaren Bestseller von Friedemann Schulz von Thun gönnen mit dem griffigen Titel ›Miteinander reden‹. In witziger Form hat er mit seinen Mitarbeitern die Themen menschlicher Kommunikation und Fehlkommunikation aufgegriffen und theoretisch, trotzdem kurzweilig aufgearbeitet.

Stellen Sie sich z. B. folgenden Dialog vor: Ausnahmsweise fährt sie. Er kommentiert: »Du, da vorne ist grün!« Sie daraufhin: »Fährst du oder fahre ich?« Den Rest können Sie sich denken ...

Als Einführung auch für jüngere Paare im Burnout ist Loriots Lehrstück ›Pappa ante portas‹ geeignet. Hier wurde gerade eine Laufbahn beendet – doch längst hat das berufsbedingte Burnout seine schädigende Wirkung in der Familie entfaltet.

ENTLASTENDE RITUALE UND HANDLUNGEN

Aberglaube

Im Burnout neigen wir alle zum Grübeln, auch »Nachdenken« genannt. Eine wesentliche Rolle spielen dabei Ängste: »Wie wird es weitergehen? Geht es überhaupt weiter?« Hilfreich zur Vermeidung dieser Gefühle sind die kleinen Tricks des Unbewussten: Wenn ich nur das und das nach einem bestimmten Ritual mache, wird es schon gut gehen ...

Wir haben wohl alle unsere abergläubischen Mechanismen, gespeist aus tiefer Angst. Darauf angesprochen, leugnen wir wahrscheinlich – aus Scham, blöd dazustehen. Bei Sportlern werden immer wieder Marotten bekannt: »Don't step on lines!« (»Tritt nicht auf Linien!«) meinte Martina Hingis, als sie auf ihren persönlichen Tick angesprochen wurde. Dann geht alles gut ... Haben Sie vielleicht als Kind mal versucht, beim Straßenpflaster nicht auf die Linien zu treten, sondern immer schön auf die Mitte der Steine, damit z. B. eine Klassenarbeit gut gehen möge, die Eltern sich wieder versöhnen, die Katze wieder heimkommt o. Ä.?

Gerade im Tennis, wo man absolut auf sich allein gestellt ist, sind abergläubische Ticks verbreitet. Man könnte sie auch Rituale nennen. Wenn ein Spieler immer den linken Socken zuerst anzieht (um später zu gewinnen), immer vor oder nach seinem Gegner die Tasche abstellt, unbedingt in dem uralten Hemd antreten will, in dem er einen großen Sieg errungen hat, lächeln wir darüber verständnisvoll, weil wir eben auch solche Erfolgsgeheimnisse kennen. (Erzählen Sie mir bloß nicht, dass Sie davon völlig unberührt sind! Dann merken Sie es vielleicht heute Nachmittag ...)

Irgendwelche Formen von Angst vermeidenden Ritualen haben wir alle. Sie sollten sich natürlich nicht zur Zwangskrankheit ausweiten, wo Menschen zu Gefangenen ihrer krankhaften Rituale werden wie Händewaschen, Duschen, Kontrollieren, Abzählen etc. Aber greifen Sie nicht gleich zum Branchenbuch und suchen nach der Sparte »Psychotherapie«, wenn Sie sich mit kleineren abergläubischen Tricks gelegentlich Ihre Angst nehmen! Solange es gelingt, sich selbst mit einer liebevollen ironischen Distanz zu sehen und über sich selbst zu lächeln, ist alles in Ordnung.

> **Übung:**
> Meine kleinen abergläubischen Tricks sind: _____.
> Und damit habe ich folgende Erfahrungen gemacht: _____.

Der noch immer weltbeste Torjäger Gerd Müller vom FC Bayern München bestand (wie viele seiner prominenten Kollegen) auf »seiner« Rückennummer, der 13. Als Fußballer hat sie ihm viel Glück gebracht. Ja, hat sie wirklich? Natürlich nicht die Nummer, sondern der *Glaube* daran, der bekanntlich Berge versetzen kann!

Genauso wie das Hufeisen über der Tür – bitte mit der Öffnung nach unten, damit das Glück runterfallen kann – oder der Mistelzweig oder das Zeichen der drei Könige aus dem Morgenland an der Haustür oder die Münze im Schuh, der Glück bringende Stein, das alte Kuscheltier etc.

Sogar bei Fußballweltmeisterschaften sollen vielfältige Rituale ausgeübt werden – von Voodoo-Gläubigen genauso wie von gläubigen Katholiken.

Ist das nun Glaube oder Aberglaube?

Niemand kann das so genau unterscheiden. Im Kapitel »Der Glaube« (S. 105) haben wir die ernsthaften Aspekte der Gretchenfrage (»Wie hältst du's mit der Religion?«) behandelt. Hier geht es um Grenzbereiche.

Glauben Sie z. B. an Horoskope? Was manche als absoluten Humbug abtun, wird auch von vielen Intellektuellen als geradezu wissenschaftliche Methode gepriesen: »Das passiert nur, weil du das und das im Dritten Haus hast!«

Gerade jetzt tobt ein heftiger Streit im maroden Gesundheitswesen, ob denn z. B. die Akupunktur oder die Homöopathie wissenschaftlich beweisbare Therapien seien oder allein über den Placebo-Effekt funktionieren. Bei Medikamententests gilt eine neue Substanz erst dann als wirksam, wenn in einem so genannten Doppelblindversuch die Verbesserungen in der Verum-Gruppe (von Patienten, die die neue Substanz wirklich erhalten haben) die in der Kontrollgruppe signifikant übertreffen. Der Suggestionseffekt von Medikamenten ist messbar und hängt eng mit dem Auftreten des Verschreibenden zusammen. In einer treffenden Karikatur übergibt ein Arzt seiner Patientin die neuen Pillen mit der Aufforderung, sie täglich drei Mal zu nehmen: »Außerdem lesen Sie morgens, mittags und abends diese Gebrauchsanleitung, damit Sie wissen, wie wunderbar das Medikament wirkt!«

Gegenstände und ihre Magie

Hier kommen wir zu einer weiteren wichtigen Frage: Was bedeuten Gegenstände aller Art für uns? Das beginnt bei Steinen oder Muscheln, die wir aus dem Urlaub als Erinnerung vom Strand mitgebracht haben, geht weiter über Einrichtungsgegenstände und endet bei Kleidung, Accessoires, Taschen, Koffern, Schmuck, Nippes auf dem Schreibtisch. Wohl jeder von uns verbindet mit einem bestimmten Stück irgendeine Erinnerung. Falls Sie das leugnen oder ein in dieser Hinsicht »schlechtes Gedächtnis« haben, fragen Sie sich in den nächsten Tagen: »Ja, woher habe ich denn das?« Oder: »In welcher Lebenssituation habe ich mir diesen Mantel gekauft?« – »Wer hat mir dieses Schmuckstück geschenkt? Und was verbinde ich damit?«

> **Übung:**
> Welche Gedanken/Erinnerungen verbinde ich mit den Gegenständen auf/in meinem Schreibtisch? Was fällt mir zu bestimmten Kleidungsstücken und Einrichtungstücken ein?

Wenn wir uns diese Frage stelle, fühlen wir plötzlich, dass da einzelne Assoziationen vorhanden sind, zum Teil aber auch ganze Geschichten in Verbindung mit einem Lebensabschnitt oder Menschen aus unserer Umgebung, meist positiv, aber vielleicht auch negativ getönt.

Warum greifen wir immer wieder zum selben Hemd oder zu denselben Socken, obwohl da noch so viele andere liegen? Das hat nicht nur mit Geschmack zu tun oder Mode. Also verführt uns ein gewisses Etwas, eine besondere Magie dazu, manche Gegenstände zu lieben, andere zu meiden, manche vielleicht herunterzuwerfen oder unnötig zu verschmutzen, rein zufällig ...

Auch mit Büchern, Musik und Filmen verbinden wir angenehme Erlebnisse oder Erfahrungen. Da ist der gefühlsmäßige Gehalt oft noch greifbarer.

Wer hängt nicht selbst gemalte Bilder der eigenen Kinder auf, auch wenn sie künstlerisch nicht großartig sind? Wer von uns trägt nicht kleine Gegenstände mit sich herum, die an einen geliebten Menschen erinnern? Das stärkt uns energetisch. Es ist nichts anderes als ein Talisman, den viele im Auto, in der Geldbörse oder in der Aktentasche mit sich führen. Da entsteht ein magischer Draht zu den schützenden Kräften, seien es nun höhere Mächte oder reale Menschen.

> **Übung: Mein Talisman**
> Haben Sie einen Halbedelstein im Portemonnaie, der Ihrem Horoskop oder dem des Partners/der Partnerin entspricht?
> Oder haben Sie ein kleines Spielzeug, das Sie an die schönen Zeiten der Kindheit erinnert? Einen kleinen Bären, ein Häschen aus Ton?
> Oder ist es ein Kreuz aus Familienbesitz? Ein kitschiger Anhänger vom letzten Urlaub in Italien oder Griechenland? Ein Armreif von der Großtante?

Ballast abwerfen: Freiräume für Neues schaffen

In der Entwicklung zum Burnout belasten wir uns oft mit Gegenständen, Büchern, Zeitschriften, Kleidungsstücken, die genau genommen nicht notwendig sind. Wir vernachlässigen vielleicht die bewusste Gestaltung unserer Umgebung und unseres eigenen Aussehens.

Versuchen Sie es mit Feng Shui: Bei dieser chinesischen Philosophie der harmonischen Lebens- und Wohnraumgestaltung geht es um gute Energie, darum, alles Überflüssige, allen Ballast zu eliminieren und sich auf das Wesentliche zu konzentrieren. Das ist ja auch unser Thema: die Inventur, die Bestandsaufnahme – und Freiräume für Neues zu schaffen!

Erstaunlich, wie viel ich icht brauche!«
OPHOKLES

Blättern Sie in der zugänglichen Literatur, z. B. in dem Buch ›Feng Shui gegen das Gerümpel des Alltags‹ von Karen Kingston, oder nehmen Sie den Rat eines Beraters/einer Beraterin in Anspruch, um Ihre Einrichtung neu zu gestalten, eventuell neue Farben zu wählen und alles Überflüssige hinauswerfen.

In Partnerschaften gibt es fast immer zwei gegensätzliche Haltungen, was das Wegwerfen angeht: Der eine will lieber sammeln und festhalten und horten, der andere lieber wegwerfen, ganz rigoros, ohne Rücksicht auf Verluste. Wie in Loriots schon zitiertem Film ›Pappa ante portas‹: Dort entdeckt der gerade zwangspensionierte Herr Lohse mit Wut und Entsetzen, dass seine Frau den wunderschönen alten Mantel für die Kleidersammlung vorbereitet hat, obwohl er ihn doch als prachtvolles Erbstück für seinen gerade erwachsenen Sohn vorgesehen hat ...

Welcher Typ sind Sie?

Werfen Sie weg – oder stapeln Sie? Der Mann einer Patientin sammelte Zeitungen – und blockierte damit nach und nach zuerst den Keller, dann den Dachboden und zuletzt jede Ecke in der Wohnung. Es könnte ja irgendein interessanter Artikel im Feuilleton noch nicht gelesen sein ... Oder der unersetzliche politische Kommentar zu Ereignissen von vorvorgestern.

Meine eigene Zielvorgabe geht eindeutig in die Richtung: mehr loslassen, wegwerfen, frei machen von Ballast. Ich neige zum – manchmal sentimentalen – Festhalten. Meine Sammlungen von mehr oder weniger sinnvollen Erinnerungsgegenständen sind in der Familie nicht unumstritten.

Manchmal packt mich der Rappel und ich miste aus. Vielleicht freut sich ja sogar jemand über meine seit Jahren nicht mehr benutzte Daunenjacke, über den nicht mehr ganz modernen Anzug, die Hemden? So ganz nebenbei landen dann auch viele kleine Erinnerungsstücke wie Konzertprogramme, Namensschilder von Tagungen, Informationsmaterial aus den letzten Urlaubsorten etc. in der Mülltonne. Trotz der freudigen Erleichterung, die mich regelmäßig nach so einem Tag überfällt, fange ich wahrscheinlich übermorgen wieder das Aufbewahren an.

> **Übung: Heute mache ich Inventur**
> Der Blick in den Kleiderschrank: Alles, was ich im letzten Jahr nicht oder nur äußerst selten getragen habe, kommt weg!
> Alle Gegenstände in meinem Zimmer, in der Wohnung, im Haus, die überflüssig sind, werden weggeräumt. Sie sind Ballast.

Die Magie des Zeichensystems Kleidung

Der ebenso skurrile wie geniale Musiker Erik Satie erwarb gleich zwanzig graue Anzüge derselben Firma. Das war sein persönliches Markenzeichen, das ihn aus der Masse heraushob – so wie der Modeschöpfer Giorgio Armani, der ständig schwarze Hosen und T-Shirts trägt ...

Kleidung setzt Zeichen und Signale für uns wie für andere. Modische oder klassische Trends, streng oder salopp, lebhafte oder gedeckte Farben, verhüllend oder enthüllend, körperbetont oder wallend – all das ist Ausdruck unserer inneren Verfassung nach außen. Wie bei anderen Signalen sind die der Kleidung vielfältig und mehr oder weniger verschlüsselt – und werden unterschiedlich entschlüsselt und verstanden.

Wichtig die Wahrnehmung und bewusste Gestaltung unserer Kleidungsbotschaften: Was will ich ganz für mich selbst sein? Was möchte ich anderen mitteilen? Ist meine Kleidung für die Menschen, zu denen ich heute Abend gehe, angemessen? Oder bin ich over-dressed, d. h. für den Anlass unangemessen teuer/aufwendig angezogen? Und ist die Uhr nicht zu protzig?

> **Übung:**
> In nächster Zeit achte ich auf meine Kleidung – und mache mir dazu Notizen in meinem Tagebuch.

Es bleibt in den Kleidern hängen

Nach einem anstrengenden (Arbeits-)Tag unbedingt die Kleidung wechseln, komplett! Nur so können wir uns äußerlich distanzieren von Mühe und Plage, von Ärger und Misserfolg. Auch Freizeitkleidung will sorgfältig ausgewählt sein und ist keineswegs belanglos. Man muss sich wohl fühlen. Man muss sich und anderen aber auch gefallen. Sonst geht ein Teil des Freizeitgenusses verloren. Es müssen also nicht unbedingt die verbeulten Trainingshosen aus dem letzten Jahrzehnt und die Adiletten aus Mallorca sein ... Aber wie gesagt: die Geschmäcker sind verschieden. Jeder nach seiner Façon.

Die Auswahl

Beim nächsten Kleidungskauf sorgfältig vorgehen: mal unverbindlich in Geschäfte gehen, etwas anprobieren, die Verkäufer nach ihrer Meinung fragen (wenn man will). Oder selbst entscheiden: Passt etwas zu mir? Welche Aspekte an meiner Person/Persönlichkeit betont diese oder jene Farbe/Form? Bringen Sie buchstäblich neue Farbe in Ihr Leben: Riskieren Sie etwas jenseits von »Hauptsache Grau!« Wie wäre es mit Rot oder Grün oder Beige oder Pink?

Was Frauen vielleicht manchmal übertreiben, vernachlässigen wir Männer meistens. (Ich kann allerdings nicht begreifen, dass Männer sich häufig ihre Kleidung kaufen lassen. Obwohl Frauen glauben, den besseren Instinkt zu haben, sollten wir Männer uns nicht entmündigen lassen. Einkaufen macht Freude, solange es nicht zum »Shopping« ausartet.)

Achten Sie bei der Auswahl der Kleidung für den nächsten Tag – am Abend vorher, nicht erst in der Hetze zwischen zwei Schluck Kaffee! – auf Ihre Gefühle! Wie bei allen anderen Gegenständen müssen wir uns die Kaufgeschichte, den emotionalen Gehalt eines Kleidungsstücks vor Augen führen, ihm nachspüren. Sollte er negativ sein: Weg damit, auch wenn es ein noch so gutes und teures Stück sein sollte! »Das erinnert mich an meine verpatzte Ex!« – »Damals ist gerade mein Hund überfahren worden.« – »Das stammt aus der Zeit, als man mich aus der Firma rausgeekelt hat.«

Und nun die positive Variante: »Das Hemd gefällt mir! Jetzt traue ich mich endlich, es anzuziehen. Diese Socken sind nicht nur bequem, sie passen auch hervorragend zu der hellen Hose.« – »Dieses Jackett wollte ich schon lange mal wieder mitnehmen.« – »Diese Schuhe sind für den heutigen Anlass genau richtig.«

»Nur oberflächliche Menschen urteilen nicht nach dem Äußeren!«
OSCAR WILDE

Und befreien Sie sich von dem Schon-Syndrom: Wahrscheinlich hat man Ihnen als Kind auch oft gesagt, dieses oder jenes Kleidungsstück sei nur für außergewöhnliche Festtage gedacht und ansonsten zu schonen – mit dem Erfolg, dass man schon rausgewachsen war, nachdem man es drei Mal getragen hatte ... Also: Ziehen Sie Ihre schönsten Sachen so oft wie möglich an!

STÄRKEN UND SCHWÄCHEN: ERKENNE DICH SELBST

> »Ich möchte nicht zu dem Club gehören, der mich als Mitglied aufnimmt.«
> GROUCHO MARX, der auch zitiert wird mit: »Ich habe meine Frauen nie geschlagen, nur in Notwehr.«

Die uralte Aufforderung, einmal über sich selbst nachzudenken, wird im Burnout-Prozess oft abfällig beiseite geschoben: »Also, dafür ist jetzt wirklich keine Zeit! Und was soll diese Selbstbespiegelung? Soll ich mich etwa auf die Couch legen? Das bringt doch nichts.«

Eigenschaften werden im hektischer werdenden Berufsalltag oft nur noch unter Effektivitätsgesichtspunkten betrachtet. Erst in der Krise bestehen der Zwang und die Chance, zu sich selbst zu kommen. Das Nachdenken über eigene Potenziale und Schwächen kann uns zu einer völlig neuen Lebenseinstellung bringen – im Zusammenhang mit unserer Wertehierarchie, unserer Kreativität und Spiritualität, denn der vollständige Satz lautet: »Erkenne dich selbst – damit du Gott erkennst!«

Aktive Selbstreflexion

Bei meinen amerikanischen Kollegen lernte ich etwas kennen, das mir aus meinen bisherigen analytisch bzw. tiefenpsychologisch orientierten Fort- und Weiterbildungen nicht vertraut war: Der Patient selbst musste aktiv werden, war nicht nur relativ passives Mitglied z. B. einer Gruppe. Jeder war sich von Beginn an bewusst, dass er/sie zum Gelingen der Therapie selbst beizutragen hatte. Vielfach ging es um ausgebrannte Manager, aber auch Musiker, Schauspieler und andere Künstler, die es gewohnt waren, im Beruf zwar sehr aktiv zu sein, privat aber eher passiv verwöhnt zu werden.

Um das Therapieprogramm überzeugend vertreten zu können, sollten wir es am eigenen Leib erfahren. Also waren alle potenziellen Mitarbeiter verpflichtet, eine Woche als Quasi-Patienten einen Workshop zu absolvieren und sich selbst der Konfrontation mit dem Programm zu stellen.

Ein Schlüsselerlebnis war für mich das Ausfüllen eines ausführlichen und indiskreten Fragebogens (im Jargon der Amerikaner »PsychSocial« genannt), in dem ich zu meinen Einstellungen, meinem Lebenslauf, meinem Alkohol- und Drogenkonsum, ja sogar zu meinem Umgang mit Geld und zu meinem Sexualleben detailliert Stellung beziehen musste. Das war ja etwas ... Da konnte man sich nicht, wie ich es in Ausbildungsgruppen zur Psychotherapie erlebt hatte, erst einmal stunden-, ja tagelang hinter blumigen Äußerungen oder Schweigen verstecken. Da ging es also gleich ans Eingemachte.

Selbsterkenntnis – das Schwierigste

Am Ende des Fragebogens, den ich auch in meinen Therapien verwende, befinden sich die Kategorien »Selbstbeschreibung«, ergänzt durch die Kategorien »Stärken« bzw. »Schwächen«, für die sogar einige Vorschläge zu finden sind. Trotz allem scheint dieser Abschnitt der schwierigste zu sein: »Also, da ist mir gar nichts eingefallen!« Meistens gebe ich die betreffenden Seiten dann noch einmal mit, sozusagen als Hausaufgabe.

Vorsichtig fange ich vielleicht auch an: »Was könnte denn da stehen?« Wenn es so gar nicht vorwärts geht, formuliere ich etwas aus früheren Stunden: »Ich erinnere mich, dass Sie einmal gesagt haben, Sie seien schon ziemlich zäh, wenn es etwas zu erreichen gäbe! Was für Eigenschaften sind da gefragt?« – »Es könnte was mit Willenskraft und Durchhaltevermögen zu tun haben!« – »Genau, sind das keine – sogar guten – Charakterzüge?«

Übung:
Schreiben Sie einige Minuten, ohne zu zögern, wahllos Eigenschaften hin! Was Sie als negativ empfinden, kommt rechts hin, das Positive links.

Stärken	Schwächen

Was ist Ihr Ergebnis?
War es sehr mühsam, etwas auf das Papier zu bringen? Macht nichts! Es arbeitet schon in Ihrem Kopf – und innerhalb weniger Tage, vielleicht schon Stunden sind Sie in Ihrer Selbsterkenntnis weitergekommen! Für so etwas eignen sich die schon häufiger angesprochenen Wartezeiten auf den Zug, in der Einkaufsschlange o. Ä.! Und: Geben Sie es zu: Wieder sind Ihnen die Schwächen leichter gefallen, oder?

Als kleine Hilfestellung hier das Beispiel eines Patienten:

Unter *Stärken* steht da: »Energie, Kraft, Stehvermögen. Physische Stärke. Naive Freude. Allgemeinwissen, Optimismus, Sensibilität, Einfühlungsvermögen, Kreativität.« Also schon eine ganze Menge ...

Unter *Schwächen*: »Ungeduld, Neigung zu Neidgefühlen, Unordnung, Arroganz. Wutausbrüche. Manchmal launisch. Überempfindlichkeit. Egozentrik.«

Als Ergänzung gab der Patient eine Tugend an, bei der er zwischen den Extremen schwankt: »Disziplin«. Das laufe in Wellen. Manchmal sei er sehr diszipliniert, fast zwanghaft, dann wiederum reichlich faul und chaotisch ...

Das Werte- und Entwicklungsquadrat

Friedemann Schulz von Thun hat u. a. die Problematik absoluter Werte herausgestellt. Genau genommen besteht die Welt eben nicht aus Schwarz und Weiß, Gut und Böse, Positiv und Negativ, sondern aus einer bunten Mischung. Es geht wieder einmal um das Maß. Auch bei Eigenschaften kann »die Menge das Gift« machen. ›Vom Schlechten des Guten‹ hat Paul Watzlawick eines seiner Bücher genannt. Wer das »Gute« übertreibt, landet definitiv beim Schlimmen ...

Schulz von Thun hat die Theorie und Philosophie der Begriffe genauer ausgeführt. Hier ein praktisches Beispiel: »Sparsamkeit verkommt ohne ihren positiven Gegenwert Großzügigkeit zum Geiz, umgekehrt verkommt auch Großzügigkeit ohne Sparsamkeit zur Verschwendung. Die hierbei regelmäßig entstehenden vier Begriffe lassen sich nach Helwig zu einem Wertequadrat anordnen, wobei jeweils die beiden positiven Gegenwerte oben und die entsprechenden Unwerte unten zu stehen kommen:

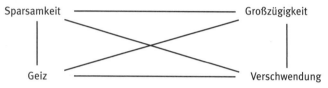

Allgemeine Struktur eines Wertequadrats am Beispiel »Sparsamkeit« aus: Friedemann Schulz von Thun: Miteinander reden, Bd. 2, S. 38.

Im Prinzip hat das schon Aristoteles in seiner ›Nikomachischen Ethik‹ vorgedacht, nach der jede Tugend als die rechte Mitte zwischen zwei Extremen zu suchen ist, z. B. Mut zwischen übermäßigem Leichtsinn und Feigheit.

Eine angemessene und eingängige Darstellung dieser Zusammenhänge ist auch das »Yin-Yang-Verhältnis«: Die Werte durchdringen sich, enthalten auch ein wenig des Gegenpols.

Da uns das Verhältnis zum Geld alle angeht, versuchen Sie doch einmal, sich bei diesem Wertequadrat einzuordnen! Sie spüren sicher, dass Sie sich irgendwo in dem Spannungsfeld befinden –

und erkennen vielleicht auch, wohin die Entwicklung gehen könnte. Haben Sie eher die Sparsamkeit oder die Großzügigkeit übertrieben? Oder schwanken Sie zwischen den Polen? In welche Richtung wünschen Sie sich Ihren persönlichen Weg? Meistens ist es leichter, bei anderen die Ausrichtung einzuschätzen:
Mein Vater/Meine Mutter ... Mein Partner/Mein Partnerin ...

Liebe und Hass

Wahrscheinlich kennen Sie den Witz von der englischen Dame, die nach dem Geheimnis ihrer fünfzigjährigen Ehe gefragt wird. Ob sie denn nie an Scheidung gedacht hätte? »An Scheidung nie, aber an Mord mehrfach!« Meistens kommt es nicht dazu. Das Gegenteil von Liebe ist eben Gleichgültigkeit und nicht Hass. Theoretisch betrachtet, liegt die Spannung bei Liebe und Kampf bzw., negativ gesehen, bei »Friedhöflichkeit« (eine wunderschöne Wortschöpfung Schulz von Thuns) versus »feindselige Zerfleischung«, d. h. der so genannten Strindberg-Beziehung (nach den autobiografisch geprägten düsteren Bühnenstücken des schwedischen Dramatikers).

Wer also die Harmonie zu sehr betont hat mit der Tendenz zur Friedhöflichkeit, könnte mehr in Richtung Konfrontation, Konflikt, Streit, Kampfgeist arbeiten. Umgekehrt könnte der allzu kritische Partner wieder mehr auf Akzeptanz achten: den andern so nehmen, wie er/sie ist.

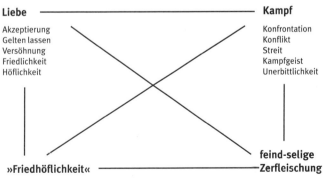

aus: Friedemann Schulz von Thun: Miteinander reden, Bd. 2, S. 47.

A + K = E
A-kzeptanz plus **K**-onfrontation ergibt **E**-ntwicklung.

Das ist sozusagen die Weltformel der Beziehungen. Auf die Erziehung und die Liebe angewandt heißt das: Liebe plus (besser: mal!) Konfrontation gleich Entwicklung. (Das hat mit E wie Energie viel zu tun!)

In meinen Seminaren gebe ich die Buchstaben in verschiedenen Größen wieder, um anzudeuten, dass ein Ungleichgewicht der Faktoren nicht gut sein kann.

$$\mathbf{A}_{+K=E}$$

$$_{A+}\mathbf{K}_{=E}$$

Keine Entwicklung ohne Konfrontation

Ein Kind, das nie gelobt wird, kann sich nicht entwickeln. Umgekehrt wird ein Kind, das gehätschelt, in Watte gepackt und nie kritisiert wird, sich genauso wenig entwickeln können.

Auch in einer Beziehung kann das eine nicht ohne das andere existieren. In ›Pappa ante portas‹ führt Loriot am Ende zwei Ehepaare auf der Fahrt zu Omas 80. Geburtstag vor, die die beschriebene Problematik wunderbar demonstrieren. Das Heldenpaar Lohse, dem Zuschauer bestens bekannt, übt sich in hervorragend trainiertem ehelichen Streit und kommuniziert nur noch über den gemeinsamen Sohn. Das neu eingeführte Kontrastpaar – die verwandtschaftlichen Verhältnisse werden sorgfältig erläutert – sülzt sich gegenseitig so unerträglich zu, dass Frau Lohse nur noch die Augen nach oben verdrehen kann ... »Du und dein Helmut, diese Milchsemmel!«

Zur Illustration von Paardynamik führe ich in Seminaren zunächst immer nur den ersten Abschnitt dieses Films vor und frage, welches Paar die besseren Entwicklungschancen hat? Es hat noch nie jemanden gegeben, der die penetrante »Friedhöflichkeit« des Harmoniepaares nicht durchschaut und für gefährlich gehalten hätte. So kommt es denn bei der großen, abschließenden Familienfeier zum 80. Geburtstag der Mutter zum Eklat: Die Frau des Harmoniepaares wird von dem angetrunkenen Bürgermeister angemacht: »Du bist das Schärfste, was mir je zwischen Heringsdorf und Borkum begegnet ist!« Schon ist die ständig penetrant beschworene Harmonie dahin: Sie fasst die anzügliche Bemerkung als Kompliment auf. Ihr Mann ist empört: »Ich möchte dich daran erinnern, dass wir nie verschiedener Meinung sind!« Das Vorführpaar gerät sich in die Haare – und distanziert sich vor allen Gästen voneinander. Und der vorher entwertete und ständig bekrittelte Ehemann des Streitpaares Lohse bemerkt: »Habe ich mich verhört, oder hast du mit mir gesprochen?« Das könnte der Neubeginn einer längeren Freundschaft sein.

Bindung und Befreiung

Nirgendwo ist der scheinbar abstrakte Begriff der Dialektik greifbarer als in der Beziehung. Wer etwa die Spannung von männlich/weiblich und Überordnung/Unterordnung ins Extrem treibt, landet bei den Taliban, die ihre Frauen nicht einmal allein auf den Balkon gehen lassen ...

Wir sollten uns aber nicht überheblich zeigen. Könnte es nicht sein, dass wir weniger spektakuläre andere Werte verabsolutiert haben? Leben wir nicht in einer Welt der Bindungslosigkeit, verborgen hinter den Idealen von »Autonomie« und »Selbstverwirklichung«? Treiben wir nicht, unterstützt vom Wahn der Medien, den Hedonismus so weit, dass wir beim puren krankhaften Narzissmus landen, bei der übertriebenen Selbstliebe? Was sagen die Scheidungswaisen dazu? Von der Selbstverwirklichung zur Selbstenthemmung ist es oft kein weiter Weg.

Hingabe an die Aufgabe/den Beruf

Mit einer leichten Abwandlung können wir auch das Verhältnis zum Beruf entsprechend beschreiben: indem wir an die Stelle von Hingabe an den Partner die Hingabe an den Beruf setzen, auch »Pflichtgefühl« – und an die Stelle von Verschmelzung »Selbstentfremdung« (wobei die kritiklose Verschmelzung in der Beziehung eben auch eine Selbstentfremdung bedeutet).

Wer »mit dem Beruf verheiratet« ist, kennt sich selbst kaum mehr – und schon gar nicht seine Mitmenschen. Wer zu sehr auf den eigenen Vorteil schaut, ist für seinen Arbeit-/Auftraggeber uninteressant und fühlt sich selbst womöglich fehl am Platze.

Unter den Brücken ist man in mancher Hinsicht auch bei der völligen Selbstverwirklichung angekommen: Niemand kann einem mehr dreinreden. Aber ist das erstrebenswert? Interessanterweise kümmern sich um die Obdachlosen auffällig viele Menschen, die unbewusst gerade in diesen Menschen ihr eigenes Gegenbild suchen – die Kehrseite ihrer Medaille. Luxus versus Bedürfnislosigkeit ... Narzissmus pur versus »alles scheißegal«.

Erwachsen sein

Das heißt vor allem, für die eigenen Stärken und Schwächen geradezustehen, die Verantwortung für das eigene Handeln zu übernehmen. In der Psychotherapie hat man in den siebziger Jahren zeitweilig geglaubt, man könne den »neuen Menschen« schaffen. Das ist unserem Berufsstand genauso wenig gelungen wie politischen Systemen, die es mit der Umerziehung wirklich ernst gemeint haben bis hin zur physischen Folter.

Inzwischen sehen wir deutlich, dass schon viel erreicht ist, wenn Menschen lernen, mit ihren spezifischen Charakterzügen zurechtzukommen, die sich nun einmal ziemlich früh im Leben verfestigen.

»Wer ist stärker:
ich oder ich?«
JOHANN NESTROY

Das ist keineswegs eine resignative Haltung. Es bleibt genügend Spielraum für konkrete Veränderungen des Lebensstils und der Lebenseinstellung, wie wir das in allen vorhergehenden Kapiteln gesehen haben.

Übung:
1. Künftig werde ich an der Verstärkung folgender positiver Eigenschaften arbeiten:

   _____
   _____

2. In naher Zukunft achte ich darauf, dass meine folgenden negativen Charakterzüge weniger Platz in meinem Leben haben:

   _____
   _____

LOSLASSEN: ENTSPANNUNGSTECHNIKEN ZUM TÄGLICHEN GEBRAUCH

Fast hätte ich dieses Kapitel »vergessen« – so selbstverständlich sind mir tägliche Entspannungsübungen. Vielleicht haben auch Sie schon eine Methode, mit der Sie regelmäßig für die Umstimmung Ihres Organismus, Ihres Körpers sorgen von der Alltagsanspannung mit Hektik, hochgezogenen Schultern und eingeengten Denkmustern zur ruhigen, gelassenen, lustbetonten Haltung des Feierabends. Es ist grundsätzlich egal, wie Sie diesen Zustand erreichen. Falls Sie irgendeine Methode erlernt haben, besinnen Sie sich darauf und wenden Sie sie wieder an!

Ich bin immer wieder überrascht, dass viele meiner Patientinnen und Patienten ja »eigentlich« etwas kennen, das ihnen gut tut. Aber in der Krise auf dem Weg zum Burnout vergisst man vieles, sieht nur noch die Probleme. Man nimmt sich so viel vor – und hat dann doch keine Zeit dafür ...

Die Methoden sind vielfältig und laufen alle auf das hinaus, was wir (wie schon im Kapitel über die Gesundheit gesehen) die Umstimmung des vegetativen, unwillkürlichen Nervensystems vom Sympathikus – Angst, Flucht, Kampfbereitschaft – auf den Parasympathikus nennen: Erholung, Verdauung, Kontemplation, Lust.

Der Markt der Entspannungstechniken ist groß, ebenso der der zahllosen Veröffentlichungen mit Büchern, Videos, Kassetten ... Grundsätzlich geht vieles auf die jahrhundertealte Technik und Tradition des Yoga zurück, das aus dem Indischen kommt und inzwischen auch bei uns vielfach praktiziert wird. Daraus haben sich zahlreiche andere Methoden entwickelt, u. a. das Autogene Training (nach J. H. Schulz) mit zahlreichen Kurzvarianten (u. a. Derbolowsky) und die Progressive Relaxation nach Jacobson.

Diese wissenschaftlich in ihrem positiven Effekt bestens abgesicherten Techniken sind in vielen Kliniken verbreitet und sollten als Basis-Psychotherapeutikum nirgendwo fehlen, wo es Menschen psychisch und/oder körperlich schlecht geht, da sie wie das Gebet und die Meditation zur Heilung beitragen können. Und den Helfern aller Berufe, die ja so häufig vom Burnout betroffen sind, kann es auch nicht schaden.

Was wäre möglich, wenn in Schulen eine der genannten Techniken zum Unterrichtsalltag gehören würde? Modellversuche dazu gibt es bereits. Sie sollten unbedingt ausgebaut werden, um die Adrenalin-Ausschüttungen von Schülerinnen und Schülern ebenso zu vermindern wie die der Lehrerinnen und Lehrer.

Verschiedene Techniken

Autogenes Training

Vielleicht haben Sie schon mal einen Kurs in Autogenem Training (AT) gemacht? (»Der rechte Arm ist ganz schwer ...«, dann die Wärme-Übung, die Herz-Übung etc.) Hat es Ihnen gefallen? Dann greifen Sie es wieder auf! Oder wiederholen Sie den Kurs. Wenn Sie nur mal hineinschnuppern wollen, sind die Bücher meines Kollegen Volker Dürr hilfreich: ›Autogenes Training für Anfänger‹ bzw. ›Autogenes Training für Fortgeschrittene‹, jeweils mit einer CD, in der die Übungen zum Entspannen bzw. mit einer Variante zum Einschlafen gesprochen werden. Damit können Sie sich sehr schnell aus dem Burnout-Zustand zumindest probehalber an einen Ort der Entspannung und Erholung begeben.

An und für sich ist das Training »autogen«, d. h., es ist »selbst erzeugt« durch inneres Vorsprechen oder innere Bilder. Das AT beginnt mit Ruhe-Schwere-Wärme, als Fortgeschrittener können Sie Ihre eigenen heilenden Formulierungen, so genannte Vorsatzbildungen einbauen, sozusagen eine umfassende heilsame Fantasie-Umgebung schaffen.

Schon die Anfangsübungen können eine wesentliche Hilfe bei der Entspannung sein. Man kann sie jederzeit anwenden, auch in der U-Bahn, im Bus – und am Arbeitsplatz! Bei Studien zum Schlaf-Wach-Rhythmus des Menschen in gleichmäßig hellen Räumen (Bunker) hat man herausgefunden, dass der Mensch auch tagsüber, nicht erst am Abend, Müdigkeitsphasen hat, die wir – besonders die Burnout-Hektiker! – normalerweise überspielen mit einer Extra-Tasse Kaffee etc. Wahrscheinlich ist es aber effektiver und gesünder, eine kleine Entspannungsübung einzulegen, wenn schon kein kurzer Büroschlaf möglich ist.

Progressive Relaxation nach Edmund Jacobson

Die Progressive Relaxation arbeitet im Gegensatz zum Autogenen Training mit einem akustischen Einflüsterer, also einer Stimme (auf Kassette oder CD), die den Ablauf der Übungen beschreibt. Diese beruhen auf einem denkbar einfachen Prinzip: Anspannung und Entspannung. Durch die maximale Anspannung einer bestimmten Muskelgruppe, z. B. am Unterarm, erfahren wir erst, was Kontraktion bedeutet. Im Kontrast dazu spüren wir bei der nachfolgenden Entspannung umso deutlicher, wie sehr wir zuvor ver-spannt waren. Wenn die Reise von An- und Entspannung durch den ganzen Körper beendet ist, fühlen wir uns rundum wohl (vgl. dazu das Buch von Siegfried Gröninger und Jutta Stade-Gröninger: Progressive Relaxation. Übungsanleitungen, CD, Tiefenentspannung nach E. J.).

Das Autogene Training und die Progressive Relaxation schließen sich übrigens keineswegs gegenseitig aus. Manche kommen über die Relaxation zu der insgesamt komplexeren Methode des Autogenen Trainings.

Yoga

Eine gute Einführung bietet hier z. B. ›Das Yoga-Buch‹ von Volker Christmann. Der Begriff »Yoga« kommt aus dem Sanskrit und heißt wörtlich »Joch«. Gemeint ist die Gotteserkenntnis, das Anschirren an Gott. Im Westen wenden wir aus den vielen Yoga-Wegen hauptsächlich den des Hatha-Yoga an, eine Verbindung von Körper- und Atemübungen. Beim Yoga hängt vieles von den Gruppenleitern ab, von deren Ausstrahlung und Kenntnis der Methode. Viele Menschen gehen über Jahre in Yoga-Gruppen, haben das zu einem Teil ihres Lebensinhalts gemacht.

Natürlich gibt es viele weitere Methoden, die hier nicht im Einzelnen aufgeführt werden können, weiterhin eine Vielzahl von Büchern, CDs und Kassetten, die spezielle Varianten von Entspannung bzw. Meditation anbieten, auch bei Krankheiten wie z. B. Krebs. Gehen Sie hier bei Bedarf auf Entdeckungsreise, lassen Sie sich beraten, fragen Sie Freunde nach ihren Erfolgsmethoden! Am wichtigsten: Probieren geht über Studieren!

Nun möchte ich Ihnen noch einige ganz persönliche Empfehlungen geben, die Ihnen Entlastung vom Burnout bringen können – falls Sie sie anwenden.

Augenübungen – eine Wohltat für die Seele

Viele Burnout-Geschädigte neigen zum Tunnelblick, sind krankhaft auf einige wenige Dinge fixiert. Genau dieser Tendenz sollen die Augenübungen entgegenwirken. Denken und Sehen hängen eng zusammen, wie etwa der für beides verwendete Begriff »fixieren« andeutet. Aus dem konzentrierten und energiereichen Schauen bei einer produktiven Tätigkeit kann schnell ein angestrengtes Starren werden, das keine kreativen Gedanken mehr zulässt. Im Burnout wird dies dann häufig zum ergebnislosen Grübeln. Manche meiner Patienten berichten, dass sie oft lange an einem Fleck sitzen und ins Leere starren ...

Aus der Therapie bei einem Schüler Wilhelm Reichs kenne ich dessen Augenübungen, die wiederum Teil eines umfassenden Konzepts sind.

Setzen Sie sich bequem auf einen Stuhl oder legen Sie sich auf eine Liege oder ein Bett. Atmen Sie nun einige Male tief durch, lassen Sie die Schultern fallen und seufzen Sie! Vielleicht gelingt es Ihnen, die Ausatmung jedes Mal etwas länger werden zu lassen. Lassen Sie den Kopf kreisen und die Schultern.

Schauen Sie in Ihrem jetzt entspannten Zustand ein paar Mal ganz nach oben an die Decke und wieder auf den Boden. Den Kopf dabei nicht drehen, die Bewegungen sollen aus den Augen selbst kommen. Erst jetzt bemerken Sie vielleicht, wie beweglich unsere Raubtieraugen sind.

Lassen Sie es ruhig angehen. Die Geschwindigkeit spielt keine

Rolle. Konzentrieren Sie sich auf das Sehen. Keine leeren Bewegungen wie bei einer Puppe. Vielleicht entdecken Sie etwas an der Decke oder auf dem Boden ...

Wenn Sie beim ersten Üben einen gewissen Schwindel spüren oder ein merkwürdiges Gefühl im Magen, ist das nicht ungewöhnlich – und nicht schlimm. Das Aktivieren der Augen bringt Sie auf ein neues Energieniveau, an das Sie sich erst gewöhnen müssen. Aber dafür werden Sie nach Beendigung der Übungen reichlich belohnt: mit mehr Lebendigkeit und Klarheit.

Jetzt schauen Sie einmal ganz rechts nach oben und dann ganz links. Wieder ein paar Mal hin und her, zu Beginn ganz langsam.

Als Nächstes erholen Sie sich mit einer kleinen Übung, die Sie jederzeit und überall völlig unauffällig anwenden können, wenn Sie wieder einmal »fixiert« sind: Klappern mit den Augendeckeln wie eine Filmdiva. Damit wird der starre Blick optimal unterbrochen.

Jetzt greifen wir die Sehübung wieder auf: Schauen Sie horizontal tief in die Ecken wie ein Detektiv, der schnüffeln will, ohne seinen Kopf zur Seite zu drehen.

Dasselbe noch einmal am Boden: ganz rechts nach unten und dann ganz links schauen! Wieder ein paar Mal hin und her.

Wählen Sie nun einen schönen Gegenstand, z. B. eine Vase, einen Silberleuchter oder ein schönes Bild in Ihrem Raum. Oder draußen einen Baum oder eine Blume. Nun schauen Sie genau hin, schicken Sie Ihre gesamte Energie aus den Augen in die Richtung Ihres Ziels. Ihr Blick, Ihr positiver Energiestrahl ist nun etwas völlig anderes als ein oberflächlicher Kontakt. Nun schließen Sie Ihre Augen, unterbrechen damit die energetische Verbindung. Warten Sie einige Sekunden. Und jetzt ein zweites Mal: hinschauen – und wieder wegnehmen. Nach einigen Malen bemerken Sie viele weitere Einzelheiten, entdecken Details, Farben, Formen, die Ihnen beim ersten Mal sicher nicht präsent waren.

Kreisen der Augen: Versuchen Sie, Ihre Augen kreisen zu lassen in Bögen oder Spiralen, einmal rechts, dann links herum! Das ist zu Beginn gar nicht einfach. Aber nach und nach wird es flüssiger, weniger eckig.

Nachdem Sie nun genug getan haben, eine Schlussentspannung: Nehmen Sie Ihre Handinnenseiten und legen Sie die Handballen (an der Seite des kleinen Fingers) ganz leicht auf Ihre Augäpfel, wie ein Samtkissen. Bedecken Sie die Augen mindestens zwei Minuten lang, bis sie zur Ruhe gekommen sind. Zu Beginn werden Sie vielleicht noch ein Zucken bemerken. Das sind Reste der Einstellbewegungen (Nystagmus), die unsere Augen ständig vollführen müssen.

Wiederholen Sie die Übungen drei Mal pro Tag – oder wann immer Sie Lust darauf haben! Die Starre des Denkens lässt nach. Ihr Augenausdruck wird sanfter, weicher, lebendiger. Achten Sie einmal darauf, wie gesunde Kinder schauen! Manche Erwachsene können sich diesen offenen, neugierigen Blick erhalten. Hinter kalten, aggressiven oder toten Augen verbergen sich keine guten, menschenfreundlichen Gedanken ...

Grimassen schneiden – und brüllen!

Zur Ergänzung möchte ich Ihnen zwei Dinge vorschlagen, die gar nicht simpler sein könnten: Fratzen schneiden und laut losbrüllen! Aber beides bitte, wenn niemand sonst dabei ist. Was spüren Sie, wenn Sie z. B. morgens nach dem Aufwachen all Ihre Gesichtszüge entgleisen lassen und Grimassen schneiden? Die Müdigkeit weicht. Vielleicht kommt auch eine Portion Ärger oder Angst hoch. Anschließend haben Sie vielleicht noch Zeit, Ihr Gesicht leicht zu massieren, vor allem die Stirn, die Schläfen, die Wangen, das Kinn. Sehr angenehm auch eine Massage der Kopfhaut.

Nicht wenige aus dem Burnout-Club fahren häufig aus der Haut, auch wenn es dazu kaum Anlass gibt. Der Stresspegel ist einfach zu hoch. Kleine Irritationen genügen – und wir sind an der Decke wie Dagobert Duck ...

Warum nicht mal zur Entspannung brüllen?! In der Wohnung haben Sie vielleicht Bedenken? Dann nehmen Sie sich eine zusammengeknüllte Bettdecke oder ein Kissen – und legen Sie los! Es tut gut, seinen ganzen Frust mal loszuwerden. Auch im Auto klappt es gut: Da hört es keiner. Oder singen Sie mal ganz ordinär bei einem Schlager mit! Das öffnet die Kehle und befreit von Spannungen.

Für alle Entspannungsübungen gilt: Die Wiederholung bringt es! Üben, üben, üben heißt auch hier die Devise – bis Ihre Entspannungsmethode zu einem Teil Ihres Tagesablaufs geworden ist. Es sollten – wie bei der sportlichen Betätigung – geradezu Entzugssymptome auftreten, wenn Sie mal nicht dazu kommen ...

JAHRESRÜCKBLICK UND WUNSCHZETTEL FÜR DAS KOMMENDE JAHR

In allen Medien gibt es die Aufarbeitung des vergangenen Jahres: Wer ist gestorben? Wer waren die Gewinner, wer waren die Verlierer des Jahres? Was hat sich gesellschaftlich geändert? Was ist in Deutschland und in der Welt passiert?

Nun – warum sollten wir nicht auch einen Jahresrückblick halten mit den Menschen, die uns wichtig und nah sind? (Um Bilanz zu ziehen, müssen wir allerdings nicht bis zum Jahresende warten – auch ein Geburtstag kann ein guter Anlass sein.) Wenn wir uns die Zeit nehmen, eine oder zwei Stunden zusammenzusitzen, die Dinge des Jahres zusammenzutragen und noch einmal zu reflektieren, kann das sehr aufschlussreich sein.

Was war schön? Was nicht so? Was hätten wir z. B. an Auseinandersetzung vermeiden können/sollen? Wo haben wir etwas gut gemeistert? Wo sind wir auf Grund gelaufen? Welche Beziehungen zu Freunden haben wir gepflegt? Welche haben wir vernachlässigt?

Was ist beruflich passiert? Läuft der Beruf/die Ausbildung so, wie wir uns das wünschen? Was könnten wir tun, dass es noch besser funktioniert?

Was ist mit unserer Freizeit? Haben wir uns genug freie Zeit gegönnt? Was ist mit unseren Hobbys? Wie waren die Ferien?

Direkt daran anschließen können wir die Überlegungen und Planungen für das nächste Jahr. Alle meine Patientinnen und Patienten frage ich nach ihrem *Wunschzettel* für Weihnachten bzw. für das neue Jahr: Was sollte im nächsten Jahr passieren, damit Sie am Ende zufrieden sind?

Nur Wünsche, die wir haben, können in Erfüllung gehen. Wer seinem Bewusstsein, aber auch seinem Unterbewusstsein nicht signalisiert, was wünschenswert und schön wäre, kann nicht erwarten, dass sich etwas in dieser Richtung ereignet. Auch hier ist schriftliche Planung alles. Erinnern Sie sich doch einfach an die Vorfreude, wenn Sie als Kind den Wunschzettel geschrieben und sich all die schönen Geschenke vorgestellt haben, die da vielleicht kommen könnten ...!

Es geht durchaus nicht nur um materielle Wünsche. So wie wir während des gesamten Buchs alle Bereiche des Lebens berücksichtigt haben, so sollte es auch hier sein. Vielleicht wünscht sich der eine oder andere, dass die bestehende Beziehung wieder mit mehr Leben erfüllt ist: »Es sind die Begegnungen mit Menschen, die das Leben lebenswert machen« (Guy de Maupassant). Dass der Beruf wieder mehr Freude macht. Dass Kreativität und Spiritualität wieder mehr Raum haben. Und dass wir Negativem in unserem Leben weniger Beachtung schenken.

Sie können die Probleme »im Griff haben«. Aber wo befinden sie sich dann? In Ihrer Hand, die dann für nichts anderes mehr frei ist. Sie können sich auch Sorgen »machen«, sie selbst fabrizieren. Oder Sie können kreative Lösungen finden – und loslassen.

Und zur viel beschworenen »Streitkultur« sollte unbedingt die »Kultur der Versöhnung« kommen.

DER FLUSS DES LEBENS

Das Leben als Wildwasserfahrt

Für den Verlauf des Lebens gibt es vielfältige Bilder. Die meisten haben interessanterweise mit Wasser zu tun, mit dem Element, aus dem wir kommen, ursprünglich wie auch ganz direkt aus dem Fruchtwasser der Mutter.

Das Leben kann man sehen wie einen Fluss, mit leisem Beginn, mal wild und unruhig, mal breit und langsam dahinfließend. Es gibt Stromschnellen, größere und kleinere Biegungen, Altwässer, Steine im Flussbett, Sand, Pflanzen ...

»Das Leben ist wie eine Wildwasserfahrt. Man muss den Fluss reiten, sagen die Wildwasserkanuten. Und den Fluss reiten kann ich nur gerade *jetzt* – ich kann ihn nicht einen Meter vor mir oder zehn Meter hinter mir reiten. Wenn ich ständig mit dem Kopf Ziele fünfzig Meter vor mir anvisiere und diese starr verfolge, dann werde ich gegen irgendeinen Felsen fahren. Ich muss mich dem Fluss anvertrauen – in Analogie mit dem Lebensfluss – denn der Fluss ist weise ... und sucht sich immer den besten Lauf.

Wenn ich nicht ständig alles mit dem Kopf machen würde und krampfhaft an Zielen festhalte, sondern mich dem Leben anvertrauen würde und zwar immer da, wo es ist (im Jetzt), dann führt es mich an die richtigen Orte« (René Egli, zitiert in: Das Birkenbihl-ALPHA-Buch).

Die Rutsche des Lebens

Da die meisten von Ihnen wahrscheinlich keine Wildwasserkanuten sind, schlage ich Ihnen eine Alternative vor: die Rutsche in einem Schwimmbad. Gerade in den letzten Jahren haben viele Gemeinden ihr besonderes Prestige darin gesucht, aufwändige und fantasievolle Wasserrutschen zu bauen. Das ist durchaus nicht nur etwas für Kinder! Ich kam mir trotzdem etwas blöd vor, als ich das erste Mal zwischen aufgeregten Mädchen und Jungen auf den Startturm kletterte. Aber nach den ersten Rutschpartien machte es richtig Spaß. Je mehr ich losließ, mich hineinstürzte ins Vergnügen, desto besser. Wenn man sich in den rasanten Kurven wehrt, verkrampft, Angst aufbaut, wird es zur Tortur. Aber wenn man sich hineinlegt und alles sausen lässt, ist es wunderbar.

Die Überheblichkeit führt zum Untergang

Wie bei der berühmten Titanic, die 1913 nach einer – vorhersehbaren! – Kollision mit einem Eisberg versank und viele hundert Menschen in den Tod riss, so können auch in unserem Lebensfluss oder -meer Eisberge warten, steinhart gefrorenes Wasser. In dem Projekt und dem Schicksal der Titanic wird zu Recht eine tiefgehende Symbolik gesehen: Der Mensch denkt (kurzsichtig), Gott bzw. die – unbesiegbare – Natur lenkt ...

Vielleicht sind auch wir im Burnout überheblich geworden: Jede Aufgabe ist machbar, nur keine Schwäche zeigen ... Mit ein bisschen mehr Leistung ist alles möglich. Dabei überheben wir uns oft genug – und die Natur schlägt zurück, bestraft mit allen möglichen Anzeichen der Erschöpfung und Krankheit bis hin zum tödlichen Herzinfarkt.

Angemessene Bescheidenheit

Die meisten Menschen mit beginnendem oder fortgeschrittenem Burnout sind leistungs- und erfolgsbezogen. Das will ihnen auch niemand ausreden. Aber das Schicksal der Titanic zeigt, dass die mangelnde Vorsorge die Katastrophe bewirkt hat: Hätte man nur die Möglichkeiten der Technik voll ausgeschöpft, dann wäre vermutlich nichts passiert. Aber warum musste die Passage so gewählt werden, dass man in die gefährlichen Bereiche der Eisberge geriet? Weil man einen neuen Geschwindigkeitsrekord aufstellen wollte! Die Übertreibung bringt den Tod.

Woran hatte man gespart? An den Ferngläsern für die Matrosen im Ausguck. Und an den Rettungsbooten. So was brauchen wir doch nicht! Leider brauchen wir im Leben Rettungsboote,

Sicherheitsgurte, Seile, Airbags allzu häufig. Am besten noch einen Schutzengel dazu. Sonst wären viele von uns wahrscheinlich nicht mehr unter den Lebenden.

Tauchen – zurück in unser Element

Immer mehr Menschen suchen das ultimative Abenteuer im Tauchen. Auch das ist erst einmal verbunden mit Angst vor der Tiefe – wie vor der Tiefe des Lebens. Hat man die ersten vorsichtigen Vorübungen in einem Schwimmbad hinter sich und auch die ersten flachen Tauchgänge, kann man ins Mittelmeer oder den Ozean hinabtauchen – wahrlich eine fantastische Welt voller Überraschungen. Man bekommt ein völlig anderes Körpergefühl, fühlt sich wie ein Fisch in seinem Element. Aber auch hier lauert die Sucht, der Tiefenrausch, der tödlich enden kann.

Das Bild des Tauchens hat viele Parallelen zum Leben. Vieles entzieht sich unserer Kontrolle. Die Angst vor dem Unbekannten. Wer zu viel strampelt, verbraucht zu viel Kraft und Luft, muss bald wieder auftauchen ...

Gleichzeitig ist es ein faszinierendes Erlebnis mit immer neuen Wendungen und Eindrücken. Wer es einmal begonnen hat, kann kaum noch davon lassen. Nach jedem Tauchgang gibt es viel zu erzählen. Das Gemeinschaftsgefühl der Gruppe wird gestärkt. Jeder weiß, dass er ohne den »buddy«, den Mittaucher, verloren sein kann, wenn unten die Technik der Tauchgeräte versagt oder sonst etwas Gefährliches passiert.

> **Kommen wir nun zu unserer letzten Übung:**
> Der Fluss des Lebens
>
> Wenn Sie das nächste Mal über eine Brücke gehen, zweigen Sie bitte ein paar Minuten (nicht nur Sekunden!) ab, bevor Sie weiter auf Ihr Ziel zumarschieren!
> Teil 1: Etwa auf der Mitte der Brücke gehen Sie zu dem Geländer, das flussabwärts gewandt ist. Dann schauen Sie in Richtung des abfließenden Wassers: Das sind die Momente in Ihrem Leben, die gerade vorüber sind. Einiges ist noch gut erkennbar, anderes entschwindet schon in der Ferne, womöglich in der nächsten Flussbiegung. Versuchen Sie es nicht festzuhalten, es geht sowieso nicht – genau wie in

unserem Leben!

Jeder Moment, ob wichtig oder unwichtig, schön oder belastend, lustig oder traurig, ist im nächsten Augenblick auch schon wieder vorbei. Um wirklich loslassen zu können, finden Sie innerlich eine Formel, z. B. »Ich lasse los! Ich will und kann loslassen!«

Einfach ist das für viele Menschen nicht. »Augenblick, verweile doch, du bist so schön!« Aber wir müssen uns damit abfinden, dass das mehr oder weniger schnell fließende Wasser unter unseren Füßen auf der Brücke der Moment ist, der gerade stattfindet. Alles andere ist Vergangenheit oder Zukunft.

Teil 2: Gehen Sie jetzt auf die andere Seite der Brücke, die flussaufwärts gewandt ist! Was auf Sie zukommt, ist die Zukunft. Wenn man sich dem Gefühl hingibt, kann durchaus so etwas wie Angst entstehen. So schnell, so reißend, so unerbittlich ... Aber es hilft nichts: Die Zukunft stellt uns gleich vor maximale Aufgaben. Einarbeitungszeit gibt es da selten. Aber wenn wir innerlich loslassen, uns auf die jeweilige Geschwindigkeit einlassen, kann uns eigentlich nichts passieren.

Vielleicht finden Sie auch hier eine Formel wie z. B. »Ich nehme das Leben, wie es kommt.« Oder: »Das Leben ist spannend und unvorhersehbar. Ich nehme das Abenteuer an!«

HÖREN – LESEN – SCHAUEN: EINIGE EMPFEHLUNGEN

Zur Erholung für Burnout-Geschädigte eine kleine, subjektive Auswahl an empfehlenswerter Musik, Literatur, sehenswerten Filmen, hilfreichen Ratgebern, interessanten Internet-Adressen.

20 Musikstücke klassisch

Sie werden es gleich erkennen: Mit dem Zählen stimmt es nicht so ganz. Bei der Zusammenstellung fiel mir auf, dass ich mich nicht auf so wenige Stücke festlegen kann und will. Deshalb hier ein erweitertes Angebot:

1. ANTONIO VIVALDI: *Vier Jahreszeiten:* Interpretation z. B. von Nikolaus Harnoncourt, Musica Antiqua, I Musici, Julia Fischer. (Es muss nicht Nigel Kennedy sein mit seiner bisweilen ruppigen Interpretation, die zur meistverkauften Klassik-CD der letzten Jahre wurde.)
2. JOHANN SEBASTIAN BACH: *Goldberg-Variationen* (Murray Perahia, Glenn Gould, 1. und 2. Version).
3. Alles von BACH: *Klavierkonzerte* (Perahia, Gould, Andras Schiff, Cyprien Katsaris), *Violinkonzerte* (Gidon Kremer!), *Wohltemperiertes Klavier* (Kult: die Aufnahme mit Svjatoslav Richter), *Weihnachtsoratorium, Matthäuspassion* (immer die Frage: historische Instrumente oder neo-romantische Interpretation, Helmuth Rilling, Nikolaus Harnoncourt etc.), *Solo-Sonaten bzw. -Partiten für Cello* (Pablo Casals, der die angeblich unspielbaren Stücke wiederentdeckte, Pierre Fournier, Peter Wispelwey etc.) bzw. *Violine* (Nathan Milstein, Hillary Hahn).
4. WOLFGANG AMADEUS MOZART: Für gute Stimmung sämtliche *Klavierkonzerte,* auch die in Moll (c-Moll und d-Moll), Aufnahmen von Alfred Brendel, Daniel Barenboim, Mitsuko Uchida, Friedrich Gulda.

5. Mozart: seine *Kammermusik* (z. B. Violin-Sonaten mit Itzhak Perlman und Barenboim), seine *Opern*, vor allem »Don Giovanni« und »Die Hochzeit des Figaro«.
6. Domenico Scarlatti: viele seiner *Sonaten*, Aufnahmen mit Vladimir Horowitz, Christian Zacharias, Ivo Pogorelic. (Viele der großen Pianisten haben einzelne Sonaten eingespielt.)
7. Carl Orff: *Carmina Burana*
8. Erik Satie: *Parade, Piccadilly*
9. Franz Schubert: *8. Sinfonie* (so genannte Unvollendete), Aufnahmen von Leonard Bernstein, Nicolaus Harnoncourt (zu glatt: Herbert von Karajan).
10. Schuberts früher verkannte späte *Klaviersonaten:* Man bekommt einen anderen Begriff von Zeit, Glück, Ewigkeit. Aufnahmen z. B. von Alfred Brendel oder Andras Schiff.
11. Robert Schumann: das *Klavierkonzert,* Aufnahmen von Alfred Brendel, Martha Argerich, Svjatoslav Richter, Maurizio Pollini. (Wie kann ein Mensch mit so vielen gravierenden psychischen Problemen wie Schumann so eine Musik schreiben? Eines der Wunder der Kreativität!)
12. Robert Schumann: *Kreisleriana* (Charakterstücke), *Kinderszenen, alle kleinen Formen*, Aufnahmen mit Murray Perahia (Kaiser lobt die Aufnahme mit Wilhelm Kempff).
13. Johannes Brahms: beide *Klavierkonzerte. Sinfonien mit Klavier.* Auch hier kaum zu überbieten Maurizio Pollini, Alfred Brendel, Svjatoslav Richter. (Kaiser lobt die alte Aufnahme des 1. Konzertes mit Clifford Curzon.)
14. Joseph Haydn: viele seiner *Klaviersonaten.* Glänzend die Aufnahme der letzten Sonaten mit Glenn Gould. *Streichquartette! Späte Sinfonien!*
15. Felix Mendelssohn-Bartholdy: u. a. die *4. Sinfonie* (so genannte Italienische), z. B. mit George Szell; Lieder ohne Worte, Oktett.
16. Frédéric Chopin: die *Klavierkonzerte, Etüden op. 28, op. 10, Nocturnes, Scherzi, Balladen.* Hier an erster Stelle zu nennen der Interpret Arthur Rubinstein, sodann Anna Gourari und Maurizio Pollini.
17. Modest Mussorgsky: *Bilder einer Ausstellung,* die Original-

fassung für Klavier (!) u.a. mit Vladimir Horowitz oder Jewgeni Kissin.
18. LUDWIG VAN BEETHOVEN: die *Klaviersonaten* und die *Klavierkonzerte,* jeweils mehrere Fassungen mit Alfred Brendel, die Konzerte mit Simon Rattle. (Gerade hier reizen die Vergleiche auch mit den Pianisten der neuen Generation!)
19. LUDWIG VAN BEETHOVEN: die *Streichquartette* – alle, z. B. Alban Berg-Quartett, Emerson-Quartett.
20. LUDWIG VAN BEETHOVEN: *Cello-Sonaten, Violin-Sonaten* (DVD mit Anne-Sophie Mutter, Lambert Orkis) – und natürlich sein *Violinkonzert,* besonders gut mit Hillary Hahn oder Gidon Kremer!

Und dann wären da noch Antonin Dvořak, Béla Bartók, Sergej Prokofjew, Peter Tschaikowsky, Dmitrij Schostakowitsch ... Vielleicht vermissen Sie auch Richard Wagner, Giuseppe Verdi, Richard Strauss, Gioacchino Rossini etc.?

Sie sehen, das Repertoire ist unerschöpflich. Riskieren Sie immer mal wieder ein Ohr für klassische Musik! Bei Zweitausendeins gibt es hervorragende und preisgünstige CDs, zum Teil in umfangreichen Paketen, die zu Entdeckungsreisen verlocken.

Wenn möglich, hören Sie in Aufnahmen hinein, bevor Sie sie erwerben. Nicht jede Interpretation wird Ihnen zusagen. Umgekehrt kann eine überraschende Version uns in den Bann ziehen.

Hören Sie bei Classic Radio hinein! Versuchen Sie es mit Professor Dr. Joachim Kaiser (und seinen KollegInnen), seinen Büchern, Kolumnen und Interpretationssendungen z.B. über Beethoven, Chopin etc.! Je mehr man über die Struktur der Musik erfährt, desto besser. Kaiser versteht es hervorragend, uns durch die Besprechung von Details und den Vergleich verschiedener Interpreten (und manche Schlaglichter auf die Persönlichkeit der Künstler und ihr Schicksal!) die Musik nahe zu bringen.

10 Literaturempfehlungen

1. Thomas Mann: *Die Buddenbrooks.* Dazu passend Heribert Kuhn: Thomas Mann. Rollende Sphären. Eine interaktive Biographie. Eine vielfach gelobte CD-Rom von systhema (bei www.zweitausendeins.de)
2. Joseph Roth: *Radetzkymarsch.* Auch wenn es um die Welt der k. u. k-Monarchie geht, ein psychologisch und sprachlich spannendes Werk.
3. Johann Wolfgang von Goethe: *Faust I und Faust II, Italienische Reise.*
   (Dazu die CD-Rom: J. W. von Goethe: Zeit, Leben, Werk. Von Jürgen von Esenwein und Harald Gerlach. Stiftung Weimarer Klassik. Schroedel Lernverlag, auch bei Zweitausendeins.)
4. Gustave Flaubert: *Die Erziehung des Herzens*
5. Robert Musil: *Die Verwirrungen des Zöglings Törless*
6. Fjodor M. Dostojewski: *Die Brüder Karamasov*
7. Leo N. Tolstoj: *Krieg und Frieden*
8. William Shakespeare: *Hamlet*
9. D. H. Lawrence: *Lady Chatterley*
10. Die *Bibel* (in der Übersetzung Martin Luthers): nicht nur ein geradezu unerschöpfliches Buch, sondern auch die Geburt der deutschen Sprache.

20 Filme

1. *Chocolat* (Regie: Lasse Hallström, 2000): ein wunderbarer Film über eine allein erziehende Zuckerbäckerin und ihre Tochter, die neues Leben in eine muffige französische Kleinstadt bringen. Sehr heiter und trotzdem von großem Tiefgang. Die Liebe und der Alkohol und der Diabetes – alles kommt vor.
2. *Manche mögen's heiß* (Billy Wilders Klassiker, 1959): Zwei Männer kommen verkleidet in einer Frauenkapelle unter. Dort spielt, singt und tanzt ausgerechnet Norma Jean, genannt Marilyn Monroe ...
3. *8 Frauen* (Regie: François Ozon, 2001): Die gesamte Garde

der französischen Top-Schauspielerinnen tritt an, um u. a. zu beweisen, dass auch Frauen ganz schön böse sein können. Nicht nur für Männer ein großer Genuss. In Wirklichkeit ist die Realität ganz anders ...

4. *Aus der Mitte entspringt ein Fluss* (Regie: ROBERT REDFORD, 1992): In der wunderschönen Bergwelt von Vermont wachsen zwei sehr unterschiedliche Pfarrerskinder auf, der eine der geradlinige Held, der andere mit der Neigung zum Dunklen. Fliegenfischen ist das Familienhobby. Unaufdringlicher Film über die Familie, über Religion, über menschliche Schicksale und ihre Verarbeitung.

5. *Der Schuh des Manitu* (Regie: MICHAEL »BULLY« HERBIG, 2000): Muss man dazu noch was sagen? So viel brillant inszenierter Klamauk und Unsinn. Vielleicht lacht man manchmal unter Niveau, aber man lacht.

6. *Die fabelhafte Welt der Amélie* (Regie: JEAN-PIERRE JEUNET, 2001): Kann ich das Leben anderer Menschen magisch beeinflussen? Audrey Tautou allein macht den Film sehenswert.

7. *Schiffsmeldungen* (Regie: LASSE HALLSTRÖM, 2001): ein großer Film (wegen gleichzeitiger Konkurrenz durch lärmende Action-Streifen leider kommerziell etwas untergegangen). Ein Mann findet über maximale Enttäuschung auf einem langen Weg zu sich selbst und zu einer neuen Liebe. Das alles in einer kargen Landschaft Nord-Kanadas. Sparsam inszenierte Verfilmung des Bestsellers von Anne Proulx.

8. *Marx Brothers auf See* (Regie: NORMAN MCLEOD, 1931): Der wachhabende Offizier: »Wir haben vier blinde Passagiere an Bord!« – »Woher wissen Sie das?« – »Sie haben gerade ein vierstimmiges Lied gesungen.« Groucho Marx (das Vorbild von Woody Allen) stellt mit seinen ungeratenen Brüdern einen Passagierdampfer auf den Kopf, macht Musik, stellt den schönen Frauen nach, treibt den Kapitän zum Wahnsinn.

9. *Casablanca* (Regie: MICHAEL CURTIZ, 1942): Der Film, der in allen Auflistungen der Klassiker vorkommt. Zu Recht. Es geht um alle menschlichen Themen: Liebe und Leidenschaft, Freiheit vom Faschismus, Völkerfreundschaft, Korruption,

menschliche Schwächen, die Unwägbarkeit des Schicksals, Musik (»Play it again, Sam!«).
10. *Hannah und ihre Schwestern* (Regie: WOODY ALLEN, 1985): Hinter bürgerlichen Fassaden spielen sich die üblichen Verwicklungen ab. Man verliebt sich in die Frau des Bruders, man hat Affären ... Zuletzt findet sogar der beziehungsgestörte Hypochonder Allen eine Partnerin. (Nicht zu vergessen all die schon zitierten Filme Allens, aber auch ›Eine andere Frau‹ (1988) über die Lebenskrise einer Frau, die an ihrem 50. Geburtstag mit all ihren Stärken und Schwächen konfrontiert wird.)
11. *Die Katze auf dem heißen Blechdach* (Regie: RICHARD BROOKS, 1958): Das schöne junge Paar – Elizabeth Taylor und Paul Newman – scheint (nicht nur sexuelle) Probleme zu haben. In einem mitreißenden Film entwickeln sich die Charaktere einer Großfamilie anlässlich der Geburtstagsfeier des Vaters/ Großvaters. Dieser ist eigentlich todkrank – und alle spekulieren auf sein Erbe. Endlich setzt er sich auch mit seinem schwachen Sohn auseinander...
12. *Hochzeit auf Italienisch* (Regie: CARLO PONTI, 1965): Sophia Loren kämpft mit den Waffen einer starken Frau. Marcello Maistroianni wirkt da fast schwach.
13. *Rain Man* (Regie: BARRY LEVINSON, auch in einer Nebenrolle zu sehen, 1988): Ein anrührender Film über ein bis dahin in der Öffentlichkeit kaum bekanntes Krankheitsbild, den Autismus. Zwei Brüder treffen sich nach langer Zeit wieder, als es ums Erben geht: Tom Cruise spielt den arroganten Ferrari-Händler, Dustin Hoffman den Autisten, der in einem Heim lebt.
14. *Alexis Sorbas* (Regie: MICHAEL CACOYANNIS, 1964): Der berühmte Film nach dem Buch von Nikos Katzanzakis über eine Männerfreundschaft zwischen einem englischen Weichei und einem kraftstrotzenden Kreter. Nicht zufällig erinnern sich fast alle Zuschauer nur an Anthony Quinn als Alexis Sorbas und vielleicht noch an Irene Pappas als begehrte schwarz gekleidete Witwe. (Quinn ist Mexikaner, der Sirtaki im Film eine auf Kreta unbekannte Version, aber das macht nichts.)
15. *Pappa ante Portas* (Regie: VICCO VON BÜLOW alias LORIOT,

1991): Direktor Lohse (Loriot) wird überraschend zwangsberentet – und steht morgens bedrohlich im Wohnzimmer (wie damals Hannibal vor Rom). Er klärt seine völlig entsetzte Ehefrau (Evelyn Hamann) auf: »Ich *wohne* hier!« – »Aber doch nicht um diese Zeit!« Eine perfekt inszeniertes ironisches Spiel über eine lebensgeschichtliche Schwellensituation, über Paar- und Familiendynamik, nicht nur für Frührentner ...

16. *Jenseits von Afrika* (Regie: SIDNEY POLLACK, 1985): Die große Liebesgeschichte in Kenia. Robert Redford zieht alle Register, einschließlich Klarinetten-Konzert von Mozart am Lagerfeuer ... (Als Gegenstück ›Nirgendwo in Afrika‹ von Caroline Link aus dem Jahr 2000 über eine deutsch-jüdische Auswandererfamilie.)

17. *Somersby* (Regie: JON AMIEL, 1992): Richard Gere kehrt aus dem Krieg heim, aber er ist nicht der Mann, als der er sich ausgibt. Seine (Pseudo-) Ehefrau zieht ihn trotzdem dem brutalen Ex vor. Der argwöhnisch beobachtete Fremde erweist sich als Führungsfigur, bringt unglaubliche Projekte in Gang – bis zum Ende, das hier nicht verraten wird. Was ist Gerechtigkeit? (Mindestens so gut die kaum beachtete französische Version mit Gerard Depardieu ›Le Retour de Martin Guerre‹, Regie: Daniel Vigne, 1982.)

18. *Tootsie* (Regie: SIDNEY POLLACK, 1982): Nach unzähligen vergeblichen Castings versucht es ein arbeitsloser Schauspieler verkleidet als Frau – und landet einen Erfolg in einer dämlichen Fernsehserie. Es kommt zu den erwarteten Verwicklungen, da Tootsie alias Dustin Hoffman nach wie vor eindeutig als Mann reagiert ...

19. *Die Vögel* (Regie: ALFRED HITCHCOCK, 1963): Kann man »suspense« mit Spannung übersetzen? Harmlose Krähen werden in Schwärmen zur Bedrohung. Schön, wenn Sie hinterher ruhig schlafen können!

Und natürlich

20. *2001 – Odyssee im Weltraum* (Regie: STANLEY KUBRICK, 1968): Nicht nur völlig neue Sehgewohnheiten, neue Dimensionen von Zeit und Raum. Auch die Frage: Wann übernimmt ein Computer dank eigenen Bewusstseins die Macht?

»Mit einem Erdbeben anfangen und dann ganz langsam steigern!«
Forderung des Filmbosses SAMUEL GOLDWYN *an seine Drehbuchautoren*

Verpassen Sie auch Kubricks andere visionäre Klassiker nicht wie ›Dr. Strangelove oder Wie ich lernte, die Bombe zu lieben‹ (1963), ›Lolita‹ (1962), ›Eyes wide shut‹ (1999), ›Barry Lyndon‹ (1973–75).

Die Filmgeschichte hat natürlich noch viel mehr zu bieten: Ingmar Bergman, Claude Chabrol, Steven Spielberg, Roman Polanski etc.

10 Ratgeber

1. WOLF SCHNEIDER: *Wörter machen Leute* (München, Piper, 1996): Über die Entstehung von Sprache, über Macht und Ohnmacht verlogener, falscher und richtiger Wörter.
2. JULIA CAMERON: *Der Weg des Künstlers – Ein spiritueller Pfad* zur Aktivierung unserer Kreativität (Knaur, München, 1996): »Dieses Buch spricht ein delikates und komplexes Thema an. Die Arbeit mit dem hier vorgestellten Programm ist eine wertvolle Hilfe, die eigene Kreativität zu aktivieren.« Der Filmregisseur Martin Scorsese (»Gangs of New York«)
3. FRIEDEMANN SCHULZ VON THUN: *Miteinander reden, Band 1–3* (Reinbek, rororo, 2001): Der witzig geschriebene Kommunikations-Bestseller. Erspart u. a. die Lektüre vieler anderer Bücher über Psychologie und angrenzende Gebiete.
4. VERA F. BIRKENBIHL: *Der Birkenbihl Power-Tag* (Landsberg, mvg, 1998): Die teuerste Seminarleiterin Deutschlands versteht ihr Publikum zu faszinieren. Viele originelle Tipps zum Lernen und Leben, (s. auch ›Stroh im Kopf‹, ›Sprachenlernen leicht gemacht‹ etc.!)
5. SOL STEIN: *Über das Schreiben* (München, Zweitausendeins, 2001): Obwohl ich schon über 30 Jahre schreibe, fand ich hier interessante Hinweise, wie man es besser machen kann.
6. MELODY BEATTIE: *Kraft zum Loslassen* (München, Heyne, 2001): Kluge, meditative Texte und Reflexionen für jeden einzelnen Tag im Jahr, durch ein Verzeichnis gezielt für einzelne Themen verwendbar.

7. WERNER T. KÜSTENMACHER: *Simplify your life* (Frankfurt, Campus, 2002): Einfacher und glücklicher leben: Fast ein Kochbuch zum inneren und äußeren Aufräumen. Viele wertvolle, leicht umsetzbare Tipps und Tricks.
8. ANTHONY ROBBINS: *Grenzenlose Energie. Das Power Prinzip* (München, Heyne, 1998): »Wir müssen die Kreisläufe stärker aktivieren, die zu Begeisterung führen, und die Kreisläufe abstellen, die Leid erzeugen.« Viele vor allem mentale Strategien zu Glück und Erfolg: Gewinnen fängt an mit Beginnen.
9. NEIL POSTMAN: *Die zweite Aufklärung. Vom 18. ins 21. Jahrhundert* (Berliner Taschenbuchverlag, 2001): Der Autor von ›Das Verschwinden der Kindheit‹ (durch die neuen Medien) und ›Wir amüsieren uns zu Tode‹ meint, dass uns nach Aufstieg und Fall der schrecklichen »Erzählungen« des 20. Jahrhunderts (Faschismus, Kommunismus und Nazismus) noch eine neue, tragfähige, sinnstiftende Erzählung fehlt. Die Tendenz zum moralischen Handeln (die uns die modernen Medien abzugewöhnen drohen) ist ein wieder zu belebendes Erbe der Aufklärung.
10. PAUL WATZLAWICK: *Anleitung zum Unglücklichsein* (München, Piper, 1983): »Die Zahl derer, die sich ihr eigenes Unglück selbst zurechtzimmern, mag verhältnismäßig groß scheinen. Unendlich größer ist die Zahl derer, die auch auf diesem Gebiet auf Rat und Hilfe angewiesen sind.« Das ironische Buch, von dem die meisten nur den Titel kennen, sollte man gelesen haben. Wiederholt zitiert Watzlawick einen gewiß nicht glücklichen Schriftsteller, Fjodor M. Dostojewskij, zuletzt mit einer Figur aus ›Dämonen‹: »Alles ist gut ... Alles. Der Mensch ist unglücklich, weil er nicht weiß, dass er glücklich ist. Nur deshalb. Das ist alles, alles! Wer das erkennt, der wird gleich glücklich sein, sofort, im selben Augenblick ...« So hoffnungslos einfach ist die Lösung. (Und damit endet die Anleitung doch mit einem Hinweis zum Glücklichsein!)

ZUM GUTEN SCHLUSS: KEEP IT SIMPLE

Einfachheit, Bescheidenheit und Zufriedenheit sind wohl die entscheidenden Ingredienzien eines glücklichen Lebens. Durch unsere hochkomplexe arbeitsteilige Gesellschaft neigen wir dazu, uns in den Strudel des Komplizierten und Unübersichtlichen hineinziehen zu lassen. Ohne zu übertreiben, kann man unsere Welt als süchtig und narzisstisch diagnostizieren: Der Überfluss verleitet uns, das Maß zu verlieren und in der Sucht zu landen. Der Kampf um den sozialen Spitzenplatz macht die Verlierer wie auch die Gewinner unglücklich.

Nicht zufällig erinnern die Teilnehmer von Sucht-Selbsthilfegruppen sich gegenseitig immer wieder an das Grundmotto »Keep it simple!« Sich auf das *Einfache* besinnen. Alles Komplizierte dient als erneute Ablenkung von den wesentlichen Dingen des Lebens, nicht selten auch als Alibi für Rückfälle in die alten Gewohnheiten.

Wie arbeite ich am besten an mir?

Indem Sie immer weiter an Ihrem Glückstagebuch schreiben. Nehmen Sie sich nicht zu viel vor, lassen Sie die Dinge sich entwickeln. Manche Menschen sagen: »Ich möchte das und das *können*!« Wandeln Sie es um in »Ich möchte das und das *lernen*!«

Fangen Sie mit kleinen Veränderungen an, die großen kommen dann von selbst. Auch der längste Marsch beginnt mit dem ersten Schritt. Die jahrelange Entfremdung von unseren ureigensten Interessen und Fähigkeiten können wir nicht an einem Wochenende rückgängig machen.

Lernprozessse verlaufen nicht geradlinig

Viele von uns sind frustriert, wenn sie nach wochenlangen Bemühungen um ein bestimmtes Thema merken, dass es irgendwie nicht mehr voran geht... Beim Lernen z. B. einer Sprache oder einer neuen Sportart oder eines Instruments ist das aber völlig normal: Die Lernkurve hat immer wieder Plateaus, um erst danach wieder anzusteigen. Nehmen wir die Plateaus nicht als Kränkung oder Niederlage, sondern als Teil eines natürlichen Prozesses, brauchen wir uns nicht zu ärgern, sondern können uns wie auf einer Bergwanderung auf den Gipfel freuen.

Arbeit an den Übungen

Nehmen Sie sich immer wieder Ihre grafischen Darstellungen der *Energieverteilung* und der *Lebenskurve* zur Hand und Ihre *Wertehierarchie*! Was ist mit der Entwicklung Ihrer *Kreativität*? Und wie sorgen Sie für Ihren *Körper*?

Wie sieht es mit Ihrem Umkreis von *Freunden* und mit Ihrer *Partnerschaft* aus?

Mit Ihren *Stärken* und *Schwächen*? Ihrer *Spiritualität?*

Verantwortung übernehmen

Versuchen Sie stets, die Falle des »blaming«, des Beschuldigens anderer Menschen für Ihr Unglück, zu vermeiden! Wie wir Erlebnisse guter und problematischer Art verarbeiten, steht völlig in unserer eigenen Regie. In einem gelungenen Theaterstück zum Suchtverhalten Jugendlicher rätseln die Protagonisten, wer denn nun schuld sei, »das Elternhaus«, »die Mutter«, »die Schule«, schließlich – genial – der Einwurf »die Gesellschaft!«. Trockene Replik:»Wenn ick die sehe, hau ick ihr eine runter!«

Niemand ist für unsere Gefühle verantwortlich – außer wir selbst. Wie zu Beginn gesehen, entsteht die Welt in unserem Kopf. Nicht die Ereignisse sind es, sondern unsere Art sie zu verarbeiten. Krise als Chance, nicht als Gelegenheit zum Jammern.

Sprachlich hilft uns der Übergang vom JA, ABER zum JA, UND! Das ABER verstärkt unsere Zweifel. Das UND ist das Signal: Ich schaffe es trotzdem. Ich habe schon ganz andere Situationen gemeistert.

Positive Gefühle kultivieren

Wir können also selbst dafür sorgen, die Anzahl der Glücksmomente zu vermehren. Wenn uns die dunklen Gefühle einholen wollen, können wir – mit etwas Übung – auf ein anderes Programm wechseln wie beim Radio! Eine andere Wellenlänge bietet ein anderes Programm. Beim Autoradio werden Sie nicht lange bei einem Sender bleiben, der schreckliche Musik spielt. Halten Sie es in Ihrem Kopf genauso. Das erfordert allerdings Disziplin – und will gelernt sein.

In der Psychotherapie habe ich es ständig mit Menschen zu tun, die deprimiert oder niedergeschlagen sind und Schlimmes durchleben oder durchlebt haben. Wenn ich dann z. B. den Bericht einer ganzen Woche gehört habe mit vielen belastenden Erlebnissen, gehe ich manchmal überhaupt nicht darauf ein. Vielleicht erfahre ich zudem noch etwas über heftige Kopfschmerzen, die den Patienten gerade plagen ...

Stattdessen frage ich: »Und was haben Sie denn in der letzten Woche Schönes erlebt?« Vierundzwanzig Stunden am Tag und sieben Tage die Woche trübsinnig zu sein, ist gar nicht einfach, ist nicht einmal möglich.

Durch meine Frage gelingt es mir meistens, den Gesichtsausdruck des Patienten schlagartig zu ändern. Statt mit ihm gemeinsam in einer so genannten Problemtrance zu versacken, orientieren wir uns am hellen Streifen am Horizont oder an den blauen Flecken zwischen den Wolken.

Am Ende der Therapiestunde erkundige ich mich dann, wie es im Moment gehe. Meistens wesentlich besser – und nach den Kopfschmerzen brauche ich gar nicht mehr zu fragen.

Glücksmomente in allen Einzelheiten notieren

Unser Gehirn lässt sich in vielerlei Hinsicht umtrainieren. So können wir unsere Bereitschaft stärken, neben all den Problemen, die uns begegnen, das Positive besser wahrzunehmen. Auch dabei helfen uns unsere Aufzeichnungen. Das berühmte Lied »Wie schön leuchtet der Morgenstern« wurde von einem Menschen geschrieben, der in einer von der Pest heimgesuchten Umgebung ständig um sein Leben und das seiner Lieben fürchten musste. Die später ermordete Pazifistin Rosa Luxemburg hat im Gefängnis Briefe geschrieben, bei deren Lektüre man annehmen könnte, sie verbringe gerade ihren Urlaub in der Toskana und sitze bequem in der Loggia ...

Diesen glücksbegabten Menschen sollten wir nacheifern. Und dazu verhilft eben nicht Untätigkeit, sondern Aktivität: »Die eigentlichen Geheimnisse auf dem Weg zum Glück sind Entschlossenheit, Anstrengung und Zeit.« So formulierte das der Dalai Lama.

Trägheit macht traurig

Diese Weisheit von Thomas von Aquin entspricht der modernen Wissenschaft von der Seele und dem Gehirn. Wer sich vor Angst, Ärger, Wut, Trauer immer mehr zurückzieht, dabei noch Alkohol und Zigaretten konsumiert, wird immer depressiver. Raus aus der Situation, Bewegung ist die Zauberformel.

Alle negativen Stressfaktoren können wir positiv beeinflussen, für unsere Zwecke vielleicht sogar umdefinieren. Den meisten Sträääss machen wir uns selbst! Sogar die Glückssuche kann zum Stress werden.

Deshalb mein vorerst letzter Ratschlag: *Lachen Sie sich gesund*! Humor ist, wenn man trotzdem lacht. Der berühmte Evolutionsforscher Charles Darwin hat sich, lange bevor das heutige Wissenschaftler taten, mit dem menschlichen Gesichtsausdruck und seinen Auswirkungen beschäftigt. Er kam zu dem einfachen Schluss, dass sich jedes Gefühl verstärkt, wenn wir es aktiv mit der Mimik darstellen. Also nicht nur die negativen, sondern auch die positiven Gefühle!

Diese Rückwirkungen können wir nutzen, indem wir mehr lachen und lächeln als bisher. Aber es muss ein echtes Lachen sein, das nicht nur ein »cheese« am Mund zeigt, sondern die Augen mit einbezieht! Wenn Sie den Unterschied wissen wollen, probieren Sie es aus. Oder nehmen Sie sich Familienfotos mit lächelnden Menschen vor. Wenn Sie nun den Mund abdecken: Lächelt der

Fotografierte immer noch? Oder schaut er eigentlich ziemlich traurig, weil die charakteristischen Lachfalten an den Augen fehlen?

Kinder lachen am Tag mehrere hundert, Erwachsene laut einer Studie nur 47 Mal. Da gibt es also bei den meisten von uns Nachholbedarf ...

Humor und freundliche Selbstironie

Betrachten und beobachten Sie sich nicht zu bierernst! Lächeln Sie ruhig mal über sich selbst, über einen Faux pas, über Schwächen und Fehler! »Au, da hast du wieder mal ein Ding gedreht! Aber bis du alt bist, lernst du es schon noch!«

Neugier

Der Hang zur Neugier, zum »sensation seeking«, ist ein ziemlich beständiger Persönlichkeitszug. Da Sie sich auf dieses Buch eingelassen haben, gehören Sie wahrscheinlich auch zur Fraktion der Neugierigen – und nicht zu jenen, die 26 Mal in dasselbe Urlaubsquartier fahren.

Mein erster Therapeut war schon siebzig, als ich ihn kennen lernte. Keinen Moment hatte ich das Gefühl, er sei wirklich alt. Im Kopf sind manch Zwanzigjährige gewiss älter, als er damals war. Trotzdem musste ich lachen, als er mich am Schluss einer Therapiestunde plötzlich ganz aufgeregt fragte: »Sagen Sie mal, sind Sie auch so schrecklich neugierig?!«

Die berühmte, nicht unumstrittene Tänzerin, Schauspielerin, Fotografin und Regisseurin Leni Riefenstahl feierte 2002 ihren 100. Geburtstag. In einem drei Jahren zuvor gedrehten Portrait der bekannten Moderatorin Sandra Maischberger stehen die beiden vor einem faszinierenden, aber fast schon Furcht auslösenden Video-Schnittplatz für die von Leni Riefenstahl vorbereiteten Tauchfilme: »Ja, wann haben Sie gelernt, mit diesem komplizierten Gerät umzugehen? Ich muss sagen, ich hab da immernoch mei-

Also lautet ein Beschluss,
dass der Mensch was
lernen muss.
Lernen kann man,
Gott sei Dank,
aber auch sein Leben lang.
WILHELM BUSCH

ne Probleme!« – »Vor zwei Jahren!« »Also mit 95?!« – »Ja!« (Das Tauchen hatte die Riefenstahl mit 72 gelernt, war nur mit Hilfe einer kräftig abgeänderten Altersangabe zu den Kursen zugelassen worden ...)

Sie sehen: Das Leben ist ein lebenslanger Lernprozess. Es ist nie zu spät.

ANLEITUNG ZUM UNGLÜCKLICHSEIN
10 wirksame Gebote

1. Investieren in Objekte aller Art
2. Vor sozialen Beziehungen fliehen
3. Neid!
4. Das Leben kompliziert machen
5. Viel an Geld denken
6. Arbeiten bis zum Umfallen
7. Sich stets ein Hintertürchen offen halten
8. Kleinigkeiten ignorieren
9. Die Gene als Schicksal sehen
10. Perfektionismus!

ANLEITUNG ZUM GLÜCKLICHSEIN
10 einfache Regeln

1. Gesundheit als höchstes Gut pflegen
2. Beziehungen ausbauen
3. Geistig und körperlich in Bewegung bleiben
4. Erfahrungen sammeln
5. Spiritualität suchen
6. Kreativität
7. Liebe und Sexualität
8. Anderen geben
9. Finanzielle Zufriedenheit
10. Das Schicksal annehmen

DANK

An erster Stelle stehen hier natürlich meine Frau Angelika und meine Kinder Matthias und Marlene, die mir in meiner kreativen Einsamkeit reichlich Geborgenheit, Liebe und Verständnis gegeben haben, auch wenn sie von meinem Buchprojekt verständlicherweise manchmal nichts mehr hören wollten. Sie sind mir eine ständige Quelle der Inspiration für die wesentlichen von mir angesprochenen Themen wie Kreativität, Lebenslust, Spiritualität. Nicht zu vergessen die konkrete konstruktive Kritik, wenn ich mal wieder einen Gedanken sprachlich nicht so auf die Reihe gebracht habe ...

Wichtig die Hilfe meiner Weiterbildungsassistentinnen, vor allem von Dr. Brigitte Zakaria (auch für sachliche Anregungen und Material) und Andrea Schuch-Widdel in der stets parallel zum Schreiben laufenden Psychotherapiepraxis.

Unseren Patientinnen und Patienten habe ich zu danken für die lebhafte Auseinandersetzung mit den Themen in der Therapie.

Für fachliche Unterstützung danke ich besonders Dr. Anne Gutschy mit ihrer Doktorarbeit zur Salutogenese und Dr. Katja Obenaus für den Hinweis auf die »Lebenslinie«. Weiterhin Dr. Susanne Hauser, Dr. Bettina Klingler, Dr. David Wilchfort, Prof. Dr. Heiner Ellgring, meinem langjährigen Freund Johannes Cammerer und seiner Frau Graciela.

Herzlicher Dank geht an meine Lektorin Katharina Festner und die Mitarbeiter des Deutschen Taschenbuch Verlags, die das kleine Gesamtkunstwerk Buch erst ermöglicht haben.

Wie immer danke ich auch den Komponisten und den Musikern, deren Kunst mich in schwierigen Stimmungen getröstet und animiert hat.

Schwabing, im September 2008

HILFREICHE INTERNET-ADRESSEN

www.aerztegesundheit.de: die Homepage meines Kollegen Dr. Bernhard Mäulen mit ständig neuen Themen (u. a. Burnout, Gewalt etc.), Filmen, Literatur etc.
www.arbeitssucht.de
www.systeme-in-aktion.de: Kristine Alex' (geb. Erb) Seite zu ihren Seminaren: Problemlösungen in Familie und Beruf durch Aufstellungen nach Bert Hellinger (siehe auch ihr Buch: Kristine Erb: Die Ordnungen des Erfolgs – Eine Einführung in die Organisationsaufstellung. München: Kösel 2001).
www.simplify.de: die Homepage zu dem Bestseller
www.psychotherapiesuche.de
www.rki.de: Robert-Koch-Institut: wechselnde Gesundheitsthemen
www.rauchen-heute.com: nichts für die, die unbedingt Raucher bleiben wollen (kostenpflichtiges Angebot)
www.bzga.de: Bundeszentrale für gesundheitliche Aufklärung
www.bmgesundheit.de: Bundesministerium für Gesundheit
www.wareg.de: Wissenschaftliche Arbeitsgemeinschaft Raucher-Entwöhnung und Gewichtsreduktion
www.geizkragen.de: wie Sie billiger leben können, Sparen als Hobby oder Notwendigkeit
www.openthedoors.de: Homepage für psychisch Kranke und deren Angehörige. Viele Links, viel Material, Literaturhinweise, Filmkritiken etc.
www.addiction.de: Prof. Dr. Michael Klein und Mitarbeiter zum Schwerpunkt Co-Abhängigkeit, Sucht und Familie. U. a. sehr gute wissenschaftliche Artikel und Zeitungsberichte
www.Zweitausendeins.de: wie beschrieben, viele preiswerte Angebote: CDs, Bücher, Software
www.dhs.de: Deutsche Hauptstelle für Suchtfragen e. V.
www.aerztlichepraxis.de: für Ärzte und Patienten. Viele Themen, medizinisches Wörterbuch etc.
www.labournet.de: vieles zur Arbeit, Arbeitsatmosphäre, Arbeitssucht etc.
www.kolitzus.de: demnächst in überarbeiteter Form: Literatur, Veröffentlichungen, Presseberichte. Infos zu aktuellen Seminaren

LITERATURVERZEICHNIS

Antonovsky, Aaron: *Unraveling the Mystery of Health.* San Francisco: Jossey-Bass 1990. Deutsche Ausgabe 1992, vergriffen.

Birkenbihl, Vera F.: *Das Birkenbihl-ALPHA-Buch.* Neue Ein-SICHT-en gewinnen und im Leben umsetzen. München: mvg 2002.

Burisch, Matthias: *Das Burnout-Syndrom – Theorie der inneren Erschöpfung.* 2. Auflage. Berlin: Springer 1994.

Cameron, Julia: *Der Weg des Künstlers.* Ein spiritueller Pfad zur Aktivierung unserer Kreativität. München: Droemer Knaur 2000.

Christmann, Volker: *Das Yoga-Buch.* München: Knaur 1992.

Csikszentmihalyi, Mihaly: *Flow. Das Geheimnis des Glücks.* Stuttgart: Klett-Cotta 1992.

Csikszentmihalyi, Mihaly: *Das Leben ist kurz. Mach was draus!* In: Psychologie heute, 2/1999, S. 22–28.

Dürr, Volker: *Autogenes Training für Einsteiger.* Das ganze Grundwissen in Theorie und Praxis. Buch mit CD. 4. Auflage. Zürich: Kreuz 2001.

Dürr, Volker: *Autogenes Training für Fortgeschrittene.* Dynamik, Technik und psychologisches Potenzial der Oberstufe. Zürich: Kreuz 1998.

Gröninger, Siegfried, Stade-Gröninger, Jutta: *Progressive Relaxation. Tiefenentspannung nach E. Jacobson.* Übungsanleitung (als Kassette oder CD). Stuttgart: Klett-Cotta 1999.

Jahrbuch Sucht 2000. Geesthacht: Neuland 1999.

Kingston, Karen: *Feng Shui gegen das Gerümpel des Alltags.* Reinbek: rororo 2000.

Klein, Stefan: *Die Glücksformel. Oder Wie die guten Gefühle entstehen.* Reinbek: Rowohlt 2002.

Kolitzus, Helmut: *Die Liebe und der Suff ...* Schicksalsgemeinschaft Suchtfamilie. München: Kösel 1997.

Kolitzus, Helmut: *Ich befreie mich von deiner Sucht. Hilfen für Angehörige von Suchtkranken.* München: Kösel 2000.

Kubesch, Sabine, Spitzer, Manfred: *Sich laufend wohlfühlen: Aerobes Ausdauertraining bei psychisch Kranken.* In: Nervenheilkunde, 7/1999.

Maslach, Christina, Leiter, Michael P.: *Die Wahrheit über Burnout. Stress am Arbeitsplatz und was Sie dagegen tun können.* Wien, New York: Springer 2001.

Mitteilungen des ÄARG – Ärztlicher Arbeitskreis Rauchen und Gesundheit, 24 (2)/2002.

Pingsten, Anne: *Grundformen der Salutogenese bei Thomas Manns ›Felix Krull‹.* Dissertation Universität Würzburg 1999.

Poser, Sigrid, Poser, Wolfgang: *Medikamente: Missbrauch und Abhängigkeit.* Stuttgart: Thieme 1996.

Redmann, Alexander, Rehbein, Isabel: *Gesundheit am Arbeitsplatz. Eine Analyse von mehr als 100 Mitarbeiterbefragungen des WIdO* (Wissenschaftliches Institut der AOK) 1995–1998. WidO-Materialien, Band 44. Bonn 2000.

Richter, Anke: *Aussteigen auf Zeit. Das Sabbatical-Handbuch. So klappt's wirklich.* Köln: vgs 2002.

Schulz von Thun, Friedemann: *Miteinander reden.* 3 Bände. Reinbek: rororo 2001.

Thomas, Carmen: *Vom Zauber des Zufalls. Eine Einladung zum Mitmachen.* München: Droemer Knaur 2000.

Wagner-Link, Angela: *Der Stress.* Broschüre der TKK 1999.

REGISTER

Aberglaube 203 f.
Akupunktur 204
Ärzte 13, 19 f., 23 ff., 75, 130, 137, 141, 148, 152, 160, 198
Alkohol 13, 16, 28, 30 ff., 45, 50 f., 58, 62, 65, 74 ff., 78, 93, 96 ff., 102, 105, 117, 124, 135 f., 138, 141 ff., 152, 155, 158, 161, 164, 181, 192, 212, 236, 245
Allen, Woody 106 f., 110, 147, 237 f.
Angehörige 13, 26, 35, 46 f., 74 ff., 78, 81, 138, 196
Antonovsky, Aaron 145 ff., 149 ff., 251
Arbeit 13, 16, 20, 22, 25, 27 f., 32 f., 43, 68, 70 f., 74 ff., 95 ff., 103, 114, 118, 124, 133, 178, 180
Arbeitssucht 15, 51 f., 54, 62, 68, 74 ff., 136, 138, 144 f.
Aristoteles 173, 214
Autogenes Training 220 ff., 251
Autorität 192
Bauer, Joachim 22
Bercovich, Pascale Noa 134
Beruf 19, 22 ff., 28 ff., 32 ff., 39, 47, 53, 55, 57, 68 f., 71, 73, 75, 121, 123, 126, 143, 176, 185 f., 192, 194, 197 ff., 211, 218, 221, 227 f.
Bettelheim, Bruno 146
Birkenbihl, Vera F. 40, 229, 240
Bluthochdruck 20, 43, 152
BMI, Body Mass Index 154
Brahms, Johannes 116, 234
Brustkrebs 139, 161
Buñuel, Luis 109
Burisch, Matthias 26, 28 ff., 39
Busch, Wilhelm 38, 51, 246
Cameron, Julia 117 f., 125, 128 ff., 132, 240
Canguilhem, Georges 146

Carr, Alan 139
Chargaff, Erwin 111, 113
Christmann, Volker 222
Churchill, Winston 159, 173
Cicero 175
Coelho, Paulo 11
Computer 16, 60, 70, 74, 87, 89, 92, 98, 121, 171, 176, 187, 195
Csikszentmihalyi, Mihaly 176
Curie, Marie 90
Dalai Lama 245
Darwin, Charles 245
Depression 20, 23, 49, 53, 137, 159 f., 164, 167, 172
Derbolowsky, Jakob 220
Diät 14, 137, 149, 155, 158
Disziplin 22, 83, 102 f., 115, 172, 192, 213, 244
Dostojewskij, Fjodor M. 241
Drogen 16, 22, 26, 28, 45, 85, 117, 124, 139, 161, 212
Dürr, Volker 221
Egli, René 229
Energie 14, 21, 30 f., 42, 60, 67 ff., 81, 89 f., 173, 180, 196, 207, 213, 223 f., 243
Energiequellen 68 f., 71 ff.
Energiebilanz 14, 69, 72 f., 81, 99
Entspannung 18, 31, 33, 51, 126, 144, 220 ff., 225 f.
Epiktet 167
Erfolg 11, 15 f., 18, 71 f., 76, 96 f., 106, 114, 122, 124, 135, 139, 161, 169, 192, 196, 203, 223
Erste Allgemeine Verunsicherung 179, 185
Essen 13, 21, 24, 50, 64, 69, 71, 85, 118, 153, 155, 157 f.

253

Fagerström-Test 140
Familie 13, 16, 21, 25, 27 ff., 45, 63, 68 f., 71, 73, 77 ff., 86 ff., 94, 100, 103, 109, 129, 133, 138, 143, 151, 153, 171 f., 174, 183, 186, 194, 198 f., 202
Fassbinder, Rainer Werner 122, 135
Fasten 88, 142, 180 f.
Faust 105, 107, 110, 112, 147, 236
Feng Shui 206 f.
Fernsehen 17, 50, 82, 84 ff., 92, 118 f., 130, 158
Fett 138, 156 f., 159
Frauen 16, 28, 49, 59, 64 f., 69, 96 f., 136, 139, 155, 159, 163, 172, 209
Freud, Sigmund 51, 53, 110, 141, 146, 165
Freudenberger, H. J. 19, 141
Geld 15, 44, 56, 78, 92 f., 95 ff., 100 f., 124, 166, 178 ff., 212, 214
Gesundheit 21, 23, 25, 27 f., 34, 53, 63, 73, 75, 96, 134 f., 137 ff., 145 f., 148 f., 151 ff., 158 ff., 166 ff., 204
Gewicht 26, 60, 65, 135, 138, 152 ff., 157, 161, 163
Glaube 20, 105, 107 ff., 116, 150, 204
Glück 15, 17 f., 73, 82, 94, 104, 115, 135, 141, 164 ff., 182, 185, 200, 204, 242, 244 f.
Goethe, Johann Wolfgang von 16, 18, 105, 107, 128, 139, 147, 166, 182, 236
Gott 29, 48, 76, 106 f., 109 f., 114 ff., 183 f., 211, 222
Gröninger, Siegfried 222
Hackethal, Julius 148
Hamlet 146 f., 167, 236
Handke, Peter 50
Handy 84, 130
Hass 18, 121, 195, 201, 215
Hawking, Stephen 134
Heide, Holger 74
Heroin 16, 93, 147
Hilbert, Thomas 23
Hobby 68, 81, 126, 163, 227

Höflichkeit 22, 82, 103
Homöopathie 207
Horoskope 204
Humor 245 f.
Hutcheson, Francis 167
Huxley, Aldous 113, 144
Hypertonie 159, 161
Internet 19, 128, 158, 187
Jacobson, Edmund 220, 222
Jung, Carl Gustav 133
Kandinsky, Wassily 120
Kant, Immanuel 11, 177
Kaufsucht 39
Kinder 55, 76, 81, 91 f., 94, 99 f., 102, 125, 133, 139, 151 f., 155, 164, 171, 175, 194, 246
Klein, Stefan 164 f., 167, 169 f., 172
Kohärenzsinn 150 f.
Körper 73, 75, 103, 134 f., 137, 142, 148, 156, 160 f., 163 f., 172, 185, 220, 222, 243
Konfuzius 146, 165
Kopfschmerzen 105, 182
Krankenschwestern 25
Kreativität 31, 50, 73, 86, 103, 116 ff., 125 ff., 130 f., 213, 228, 243
Krebs 47, 110, 139, 223
Krise 29, 36, 92 f., 98, 167, 220, 243
Kubesch, Sabine 160, 162
Künstler 14, 118, 126, 129, 132
Lauderdale, Michael 31
Laufen 160, 163, 176
Lebenserwartung 64, 167 f., 172
Lebensfreude 103, 116, 134 f., 166, 175, 177, 193
Lebensqualität 14, 20, 55 ff., 146, 168
Lehrer 19, 21 ff., 189 f., 192
Leiter, Michael P. 33, 36
Lesen 68, 89, 133, 233
Liebe 14, 52, 55, 78, 91, 102 f., 111, 130, 137, 158, 171, 177, 194, 215, 236 f.
Lust 74, 78, 173, 193, 220, 225
Mann, Thomas 52 f., 66, 119, 123 f., 198, 236

Martial 146
Marx, Groucho 211, 237
Maslach, Christina 33, 36
Maupassant, Guy de 228
Medikamente 28, 32, 63 f., 75, 135, 137 f., 144, 192, 204 f.
Mobbing 34, 37, 39, 147
Mumford, Lewis 113
Narzissmus, narzisstisch 76, 105, 132, 195, 217 f., 242
Neid 48, 132, 174, 184 f., 213
Nestroy, Johann 218
Neugier, neugierig 39, 225, 246
Nietzsche, Friedrich 18, 98, 114, 166
Nikotin 51, 53, 138 ff.
Novalis 18, 177
Oeppen, Jim 64
Oettingen, Gabriele 169
Paracelsus 44, 75
Partner, Partnerschaft 13, 45, 55 ff., 71 f., 74, 76 f., 81, 84, 88, 91 f., 171 f., 188, 191, 196 f., 200 f., 206 f., 215, 218, 243
Perfektion 48, 62, 93 f.
Persönlichkeit 16, 151, 209
Persönlichkeitsentwicklung 180
Persönlichkeitsentzug 246
Persönlichkeitsstörung 53, 60, 250
Pflegekräfte 23 ff., 30
Pflichten 11, 192
Pflichtbewusstsein, Pflichtgefühl 192, 218
Picasso, Pablo 117, 125, 128, 173
Pingsten, Anne 145 f., 148 ff., 153
PISA 85, 102
Poser, Sigrid und Wolfgang 144
Postman, Neil 84 f., 241
Prävention 50, 145 ff.
Progressive Relaxation 220, 222
Psychotherapie 14 f., 43, 51, 53, 58, 62, 110, 129, 137, 160, 193 ff., 204, 212, 218, 244
Pubertät 55, 100, 110, 125, 190

Puccini, Giacomo 116
Rauchen 13, 47, 52 f., 65, 138 ff., 170, 250
Reich, Wilhelm 51, 146, 223
Religion 14, 31, 76, 101, 105 ff., 117, 121, 158, 183, 204
Richter, Anke 36
Röttgers, Hanns Rüdiger 23
Ruebsam-Simon, Ekkehard 24
Salutogenese 145 ff., 149, 160
Satie, Eric 208, 234
Sauberkeit 93 f.
Schäfer, Bodo 180
Scham 21, 51, 74, 132, 184, 187, 195, 203
Schmidbauer, Wolfgang 47
Schulz, J. H. 220
Schulz von Thun, Friedemann 213 ff., 240
Schwächen 15 f., 155, 211 ff.
Schwanitz, Dietrich 85 f.
Schwindel 20, 49, 224
Selbstmord, Suizid 39, 58 f., 69, 74, 105, 118, 124, 147, 164
Selye, Hans 41
Seneca 11
Sex 33, 49, 51 f., 62, 76, 78, 85, 91 f., 121, 158, 201
Shakespeare, William 149, 158, 236
Sinn 13, 16, 20, 36, 49, 92, 100, 106, 150 ff.
Sophokles 11, 183
Sozialarbeiter 19
Spiritualität 14, 31, 50, 73, 96, 103, 110 f., 116 ff., 125, 129, 137, 183, 211, 243
Spitzer, Manfred 86 f., 160, 162
Sport 56, 68 f., 71, 96, 153, 159 ff., 170, 243
Stade-Gröninger, Jutta 222
Stärken 14, 192, 211 ff., 238, 243
Steuern 14, 27, 179
Strawinsky, Igor 121, 132

Stress 11, 16, 18, 21, 27 f., 31 ff., 35, 37 ff., 67, 74, 81, 112, 134, 137, 166, 170, 172, 225, 245
Stumpfe, K. D. 141
Sucht 14, 16, 26, 28, 31, 46 f., 53, 70, 76, 80, 84 ff., 93, 105, 118, 135, 138, 141 f., 144, 152, 158, 180 f., 194, 231, 242 f., 250
Süßstoff 156
Suizid, s. Selbstmord
Synchronizität 118, 132 f.
Tauchen 231, 247
Telefon 45, 82 ff., 130, 188
Test 32, 38 f., 74, 79, 138, 140 ff., 204
Thomas, Carmen 39
Übergewicht 65, 135, 152 ff.
Überstunden 24, 35, 170
Venter, Craig 112 f.
Verantwortung 45, 54, 100, 102 f., 138, 218, 243

Verkäuferinnen 30
Voltaire 18
Weihnachten 174, 227
Weltanschauung 100 f., 150
Werte 14, 44, 92 ff., 106, 164, 171, 213 f., 217
Wertehierarchie 14, 16, 73, 92 ff., 211
Winkel, Rolf 36
Wohlfühlgewicht 153 ff.
Yoga 220, 222 f.
Zeit 27, 42, 45, 53 f., 81 ff., 125 f., 129 f., 166, 193 f., 201, 211, 220, 225, 227, 234, 239, 245
Zigaretten 45, 50 f., 58, 65, 69, 93, 138 ff., 152, 164, 245
Zufriedenheit 175, 182, 185, 242
Zweig, Stefan 47 f.

Die Grafiken auf S. 214 und 215 haben wir mit freundlicher Genehmigung des Rowohlt Verlags entnommen aus: Friedemann Schulz von Thun: Miteinander reden 2. Stile, Werte und Persönlichkeitsentwicklung; Differentielle Psychologie der Kommunikation. Copyright © 1989 by Rowohlt Taschenbuch Verlag GmbH, Reinbek bei Hamburg.